凡启兵 / 著

RESEARCH ON ROME I REGULATION

《罗马条例 I 》研究

中国法制出版社
CHINA LEGAL PUBLISHING HOUSE

目　　录

序

　　涉外民商事合同，是涉外民商事交流的主要形式。而涉外民商事合同的法律适用问题，则是国际私法在规范涉外民商事关系中的重要问题。伴随国际民商事交流的发展，涉外合同种类的多样性以及各国在合同法律制度上的差异性，使得涉外合同之债的法律适用成为国际私法中最复杂的领域之一。

　　在合同法律制度尤其是合同冲突法制度的发展上，欧洲在世界上一直扮演着"领头羊"角色。为了统一合同法律适用规则，欧盟各成员国进行了不懈努力。作为欧盟合同法律适用制度统一化的成果，《罗马条例Ⅰ》自 2009 年 12 月 17 日起直接适用于除丹麦以外的所有欧盟成员国。无论在立法内容上，还是在立法技术上，《罗马条例Ⅰ》都可以堪称国际私法统一史上一座重要里程碑，也一定程度上预示着合同冲突法立法与司法实践的走向。因而，对他国国际私法的立法与实践，《罗马条例Ⅰ》的借鉴价值是毋庸置疑的。

　　我国一贯重视涉外民商事合同法制度尤其是合同法律适用制度的立法及司法实践的完善。自 1985 年我国首部合同法《涉外经济合同法》规定涉外合同法律适用制度以来，我国先后在《民法通则》、《海商法》、《民用航空法》、《合同法》以及于 2011 年 4 月起实施的《涉外民事关系法律适用法》中均对相关合同法律适用问题作出了规定，加之最高人民法院颁布的关于合同法律适用制度的系列司法解释，可以这样讲，我国涉外民商事合同法律适用制度体系的构建已经基本完成。但由于我国市场经济的建设历程短暂，对外开放国策的实施还有待进一步扩展和深入，尽管我国涉外合同法律适用制度的立法及司法实践已经进入一个崭新的历史时期，但仍存在诸多需要完善和健全之处。因此，系统研究《罗马条例Ⅰ》，借鉴其成功经验和做法，对完善我国涉外合同领域的法律适用制度无疑具有重要启示作用。

本书作者在多年学习和研究中，一直关注欧盟合同冲突法的统一问题。他在收集整理大量文献资料的基础上，对《罗马条例Ⅰ》进行了深入的探讨，完成了博士论文《〈罗马条例Ⅰ〉研究》。该著作以《罗马条例Ⅰ》的发展和我国涉外合同法律制度的完善为主线，运用比较分析、实证分析、历史分析和辩证分析等方法，系统研究了欧盟合同法律适用的一般性规定以及特殊合同的法律适用规则，着力厘清了《罗马条例Ⅰ》与欧盟其他条例的关系，并将该条例与我国的涉外合同法律适用制度进行了全面比较，审视了我国涉外合同法律制度的利弊得失，并据此提出了完善我国合同法律适用制度的若干建议。本书作为一部系统研究《罗马条例Ⅰ》的专著，一定程度上填补了我国相关研究的空白。

对本书尤其需要肯定的是，在注重所引证的外文文献全面、权威和准确基础上，全文对《罗马条例Ⅰ》一般性规定和特殊合同法律适用规则的研究较为系统、具体和细致，并在国内首次探讨了欧盟合同法律适用制度中的若干特色性规定。诸如确定准据法变更效力的"自助规则"；判断双重目的消费者合同的"可忽略不计商业目的标准"；适应信息技术和远程销售技术（特别是电子商务）的"活动指向"标准；消费者合同法律选择的自由选择原则、有限选择原则、"优法"方法和"无选择"方法等四种理论模式，等等。此外，本书还以意思自治原则、最密切联系原则及特征性履行方法、强制规则和特殊合同法律适用制度为主线，对《罗马条例Ⅰ》和我国涉外合同法律适用制度进行了较为全面比较，检讨了我国涉外合同法律适用制度的不足，所提出的完善我国相关立法的可行性建议具有相当的创新性。

通览全书，我们可以时时感受到作者关注与解决现实问题的学术热情和执著。当然，透过本书，我们也可以发现，在涉外民商事合同法律适用这一选题中，还有许多问题需要我们继续探讨。

作者在攻读硕士和博士学位期间，我是他的导师。这本专著是在其博士学位论文基础上修改而成的。得知论文将得以付梓出版，我由衷感到欣慰。

特致数语，聊以向读者诸君推荐和请教。

刘仁山

中南财经政法大学教授、教务部部长，前法学院院长

二〇一四年十月九日于武昌晓南湖畔

中文摘要

"确定合同效力的法律是冲突法领域中最复杂的问题。"由于国际合同种类的多样性以及各国在合同法律规范上的差异，使得合同的法律适用问题变得错综复杂，确定合同的准据法也因此成为国际私法领域最复杂、最混乱的领域之一。在合同法的发展史上，欧洲在世界上一直扮演着"领头羊"的角色。为了统一欧盟的合同法律适用规则，各成员国进行了不懈的努力。《罗马条例Ⅰ》是欧盟关于合同法律适用的最新统一立法，也被誉为国际私法统一史上一座重要的里程碑，它对于各国国际私法的立法与实践具有重要的借鉴价值。

2011 年 4 月 1 日起开始施行的《涉外民事关系法律适用法》堪称我国"涉外立法史上的里程碑"。该法弥补了我国有关涉外民事关系法律适用的法律规定的"五不"缺陷，较为系统构建了涉外合同法律适用的立法体系，也为中国合同冲突法的现代化注入了一针强心剂。然而，我国的涉外合同法律适用制度也存在诸多需要改进的地方。因此，深入研究和客观评价《罗马条例Ⅰ》，借鉴与吸收其优秀的立法成果，对于我国完善涉外合同领域的法律适用制度无疑具有重要启示作用。本文正是以《罗马条例Ⅰ》的发展和我国涉外合同法律制度的完善为主线，在国内外学者已有研究成果的基础上，运用比较分析、实证分析、历史分析和辩证分析等方法，系统地评述了《罗马条例Ⅰ》的主要制度，全面审视了我国有关涉外合同法律制度的利弊得失，并据此提出了完善我国合同法律适用制度的若干对策建议。

全文分七章，计20余万字。

第一章通过历史分析方法，全面回顾了《罗马条例Ⅰ》产生的背景与过程，简要介绍了《罗马条例Ⅰ》的基本内容和立法特点，总结了其制订与生效的重要历史意义。与《罗马公约》相比，《罗马条例Ⅰ》的立法位阶较高，兼具继承性、融合性和创新性特征，对欧盟各成员国具有直接适用性和普遍的约束力。《罗马条例Ⅰ》进一步增加了合同法律适用的确定性和可预见性，也在一定程度上反映了合同冲突法立法与司法实践的未来发展趋势，其统一立法的模式、先进的立法理念和立法技术无疑对国际私法的立法与实践具有重要的借鉴作用。

第二章主要通过与《罗马公约》的比较，详细介绍和分析了《罗马条例Ⅰ》适用的实质范围、地域范围和时间范围以及准据法的适用范围。《罗马条例Ⅰ》适用于涉及法律冲突情形的民商事合同之债。从地域范围来看，《罗马条例Ⅰ》不仅直接适用于除丹麦以外的欧盟各成员国及由其负责对外关系的欧洲地区，也适用于各成员国特定的海外领地。此外，《罗马条例Ⅰ》还具有普遍适用性，在即便不存在互惠和导致适用第三国法的情况下，它也是完全适用的。《罗马条例Ⅰ》中准据法的适用范围主要包括合同的解释、合同的履行、违约的后果、债务消灭的各种方法、诉讼时效以及合同无效的后果等。

第三章以历史发展为主线，运用比较分析和辩证分析等方法，对《罗马条例Ⅰ》中的当事人意思自治原则、特征性履行规则、最密切联系原则和强制规则等合同法律适用的一般性规则进行了述评。

在《罗马条例Ⅰ》中，当事人意思自治原则是统一规则中的首要原则。《罗马条例Ⅰ》在最大限度尊重当事人意思自治的同时，也对当事人的意思自治进行了一定的限制。在当事人选择法律的方式方面，双方当事人的选择并没有书面形式的要求，允许对合同进行分割，但要求当事人必须"明确地"或"清楚地"表明明示选择和默示选择。当事人可以在任何时间变更合同准据法，并采用了"自助规则"确定准据法变更效力的法律。《罗马条例Ⅰ》对当事人意思自治的限制主要体现在两个方面：（1）强制规则的限制；（2）不允许当事人选择"非国家法律"或国际公约作为合同准据法。

如果当事人未选择合同准据法，《罗马条例Ⅰ》第4条制定了适用于所有类型合同的一般缺省规则，其立法结构为：硬性规则——特征性履行规则——例外条款——兜底条款。《罗马条例Ⅰ》将特征性履行方法扶正为一般规则，最密切联系原则仅扮演着一般例外条款和兜底条款的双重角色。该条例将特征性履行场所化于特征性履行方的惯常居所地。

《罗马条例Ⅰ》清晰地厘定了"优先性强制规则"与"不能通过协议而减损的规则"的区别。强制规则的适用已经从法院地国扩展至其他国家，法院不再一味坚持只适用本国强制规则，而对外国强制规则的适用予以了适当考虑。但是，法院在实践中考虑适用外国强制规则往往是基于保护本国利益的需要，因此，要想真正实现平等适用外国强制规则这一目的，还需要各国的司法合作。

第四章通过历史分析法、比较分析法、案例分析法和辩证分析法等方法，对运输合同、消费者合同、保险合同和个人雇佣合同等四类特殊合同的法律适用规则进行了述评，这四类特殊合同的相关规则均体现了对弱方当事人的利益保护。

《罗马条例Ⅰ》为了保护旅客的利益，而采用了有限的意思自治原则，但对旅客所提供保护的程度令人质疑。

在消费者合同的法律选择模式方面，《罗马条例Ⅰ》采用的是"优法"方法，体现为"四部曲"。如果当事人未选择法律时，《罗马条例Ⅰ》运用特征性履行规则和最密切联系原则的双重功能链条（兜底和例外条款）来确定消费者合同的准据法。该规则的主要不足之处在于，其与欧盟的其他共同体立法（主要是各种条例）缺乏有效的协调；"活动指向"标准、"商家"、"消费者惯常居所地"等概念，还有待清晰地界定。

《罗马条例Ⅰ》第7条明确规定了其适用范围、大风险保险合同的法律适用规则、普通风险保险合同的法律适用规则以及其他保险合同的法律适用规则。该规则体系是对欧盟先前保险合同立法中的法律适用规则的优化和整合，充分体现了保护弱方当事人原则。但该规则的主要缺陷是，相关规则制度不成体系、缺乏完整性；"大风险"、"风险所在地"等相关概念的界定不尽科学；关于强制保险合同的法律适用规则也过于复杂。

有关个人雇佣合同的法律适用规则体系的基本逻辑结构为：一般规则——特殊规则——减损条款；该条的主要缺陷在于，"暂时性雇佣"概念的周延性不足；缺乏"海员雇佣合同"的特殊规则；也未对"雇佣合同"、"营业地"等概念进行明确、权威地解释。

第五章主要分析了《罗马条例Ⅰ》与《罗马条例Ⅱ》及《布鲁塞尔条例Ⅰ》的协调与整合。《罗马条例Ⅰ》、《罗马条例Ⅱ》和《布鲁塞尔条例Ⅰ》被誉为欧盟统一国际私法立法的"三部曲"，其协整作用是显而易见的，协整性主要体现在三个方面：基本原则的协调与整合、结构和解决方案的协调与整合以及解释的协调与整合。

第六章和第七章以《法律适用法》为视角，通过比较分析，全面总结了中国涉外合同法律适用制度的立法成就及其立法不足，在借鉴《罗马条例Ⅰ》立法经验的基础上，提出了完善我国合同法律适用制度的若干对策建议。

我国现行的合同法律适用的制度存在诸多不足之处。为完善我国有关涉外合同的法律适用制度，我国应有限度地承认合同当事人默示选择法律的方式；进一步放宽当事人选择法律的时间限制；完善当事人变更法律选择的若干规定；厘清最密切联系原则与特征性履行之间的关系，突出选法的层次性；适用"综合分析连结因素"标准确定最密切联系地；清晰区分各类强制规则；建立第三国优先性强制规则的适用制度；明确界定消费者合同的范围；有限承认劳动合同当事人的意思自治；确立保护性法律优先适用的原则。

Abstracts

How to determine the law of regulating the validity of the contract is the most complex problems in the field of conflict of laws. Due to the diversity of the types of contracts and the differences of legal rules in the conflict of law, the application of law becomes more and more complicated. Therefore, how to determine the law applicable to the contract has become one of the most complicated and confusing areas in the field of private international law. In fact, Europe has been playing the role of "leader" in the history of contract law. In order to unify the applicable rules of contract law in EU, all member states have made great efforts. As the lately uniform legislation in the law applicable to contract, The Rome I Regulation has also been known as an important milestone in the history of the unification of private international law, and thus made an important reference value for the legislation and practice in private international law.

As the milestone in the history of foreign legislation, PRC Law on the Application of Law to Foreign – related Civil Relations takes effect On April 1, 2011. This law is beneficial to make up five legislative defects, build up the foreign – related legal regimes, and thus just like injecting the cardiotonic into the modernization of the Chinese contract conflict law. However, there are still many areas for improvement in our existing system. Therefore, this article makes the in – depth study and objective evaluation on Rome I

Regulation in order to absorb its outstanding legislative achievements, which undoubtedly provide an important inspiration for the perfection of the legal system of China's foreign – related contracts. The article mainly focuses on the development of Rome I Regulation and the perfection of our legal system of application of law foreign – related contracts. Based on the existing research achievements of the domestic and foreign scholars, using the method of comparative analysis, empirical analysis, historical analysis and dialectical analysis, the article analyzes the main system of Rome I Regulation and reviews the pros and cons of our legal system of application of law foreign – related contracts. On the basis of above analysis, the article put forward some suggestions for the perfection of our legal system of application of law foreign – related contracts.

The whole article can be divided into seven chapters, and there are more than 200,000 words in all.

In Chapter one, through historical analysis method, the article makes a comprehensive review of the background and process of Rome I Regulation, introduces briefly the basic content and legislative characteristics of Rome I Regulation, and summarizes the important historical significance of its formulation and effectiveness. Compared with the Rome Convention, the legislation of Rome I Regulation has a higher rank and the characteristics of inheritance, integration and innovation. This Regulation can be applicable directly to the EU member states and has the feature of general binding. Rome I Regulation further increase the certainty and predictability of the law applicable to contracts, to some extent, reflect the future development trend of the contract conflict Legislation and judicial practice. Its mode of uniform legislation, the advanced legislative philosophy and legislative technology can be, undoubtedly, thought of as the important reference for the legislation and practice of private international law.

In Chapter two, compared with the Rome Convention, the article mainly introduces and analyzes of the scope of the application of Rome I Regulation, which mainly include the material scope, geographical scope and time range and the scope of applicable law. This Regulation shall apply, in situations involving a conflict of laws, to contractual obligations in civil and commercial matters. From the geographical point of view, Rome I Regulation is not only directly applicable to Member States except Denmark and its charge of external relations of the European region, but also applies to the specific overseas territories of the Member States. scope of the law applicable. This Regulation is universally applicable, that is, any law specified by this Regulation shall be applied whether or not it is the law of a Member State.

The law applicable to a contract by virtue of this Regulation shall govern in particular: (a) interpretation; (b) performance; (c) within the limits of the powers conferred on the court by its procedural law, the consequences of a total or partial breach of obligations,; (d) the various ways of extinguishing obligations, and prescription and limitation of actions; (e) the consequences of nullity of the contract.

In the third chapter, the article takes the historical development as the main line, using the method of comparative analysis and dialectical analysis, and comment on the general rules of Rome I Regulation such as principle of party autonomy, characteristic performance rule, the principle of the most closely connected, mandatory rules, etc.

The principle of party autonomy in Rome I Regulation I is the first principle of the uniform rules. Rome I Regulation shows the maximum respect for party autonomy, at the same time, makes certain restrictions. There is no written form requirement for the choice of the parties. This Regulation allows to split the contract, but the parties must be expressly or clearly demonstrate their express choice and implied choice. The parties may change the law of the contract at any time, and the Regulation use the bootstrap rule to determine its validity. The limitation of party autonomy is mainly reflected in two aspects: (1) limitation of mandatory rules; (2) It does not allow the parties to choose the non – State body of law or an international convention as the applicable law to the contract.

If the parties have not chosen the law of the contract, Article 4 of Rome I Regulation introduces the general default rules and applies to all types of contracts, The legislative structure should abide by the following steps: (1) hard and fast rules; (2) the characteristic performance rule; (3) escape clause; (4) fallback provision. In Rome I Regulation, the characteristic performance method becomes a general rule, however, the principle of the most closely connected only plays the dual role of general exceptions to the terms and fallback provision. The characteristic performance is located in the country where the party required to effect the characteristic performance of the contract has his habitual residence in Rome I Regulation.

In addition, The concept of overriding mandatory provisions should be distinguished from the expression " provisions which cannot be derogated from by agreement " and should be construed more restrictively. The application of mandatory rules can be extended to other countries, and the courts no longer blindly insist on the application of national mandatory rules. In practice, however, the court need to protect their own interests in considering whether should apply the foreign mandatory rules. Therefore, in order to realize the equal application of foreign mandatory rules, 1 judicial cooperation is also needed.

In Chapter four, using the method of the historical analysis, the comparative analysis, case study and the dialectical analysis, the paper reviews four types of special contracts such as the contract of carriage, consumer contracts, insurance contracts and individual employment contracts. These four types of special contract rules are reflected in the protection of the interests of the parties on the weak side.

In order to protect the interests of passengers, Rome I Regulation employs the principle of limited autonomy, but the degree of protection provided for passengers is questionable.

As for the mode of choice of law in consumer contracts, Rome I Regulation adopts the preferential law approach. If the parties have not chosen the law, Rome I Regulation I use the characteristic performance rule and the dual function of chain of the closest connection principle to determine the applicable law in consumer contracts. is lack of effective coordination with the Community legislation. Secondly, some concepts have not yet been defined clearly, such as targeted activity criterion, the professional, etc.

Article 7 of Rome I Regulation I defined its scope and explained the detailed applicable rules on large risks, mass risks and other risks. The rule system optimizes and integrates the related previous legal rules on insurance contract in the legislation of the European Union, which embodies fully the principle of the protection of weak party. Nevertheless, the rules have some defects. Firstly, this rule is not systematic and lack of integrity. Secondly, some concepts have not yet been defined reasonably, such as large risks, where the risk is situated, etc. Thirdly, the rules on compulsory insurance contract are too complex.

The basic logic structure of applicable law rules on individual employment contracts can be described as follows: (1) general rules; (2) Special rules; (3) fallback provision. Article 8 of Rome I Regulation has some defects. Firstly, the concept of temporary employment is too limited. Secondly, there are not the related rules about employment contract on Seafarers. Thirdly, some concepts have not yet been defined clearly and authoritatively, such as employment contract, place of business, etc.

In the fifth chapter, the paper analyzes the relationships of the coordination and integration among Rome I Regulation, Rome II Regulation and Brussels I Regulation, which is known as the trilogy in EU unification legislation in private international law. The synergy is mainly reflected in three aspects: the basic principles, the structure and solutions as well as the interpretation.

In Chapters six and seven, the PRC Law on the Application of Law to Foreign - related Civil Relations is chose as the perspective point. Through a comparative analysis, the paper summarizes the legislative achievements and defects in China. Based on the legislative experience of Rome I Regulation, the paper puts forward a number of suggestions for improving for the perfection of our legal system of application of law foreign - related contracts.

For the purpose of perfection of our legal system of application of law foreign - related contracts, we should take the following measures. Firstly, we should adopt limited party autonomy in implied choice of law, further extend the time limit for the parties to choose the law, and improve certain provisions of the parties to change the choice of law. Secondly, we should clarify the relationship between characteristic performance and the principle of the closest connection, highlight the different levels of choice of law, and apply a comprehensive analysis of the factors standard to determine the closest connection place. Thirdly, we should draw a clear distinction between the various types of mandatory rules and establish the applicable regime of the overriding mandatory rules in the third country. Last but not the least, we should define clearly the scope of the consumer contract, adopt limited party autonomy in labor contract, and establish a series of rule to protect the priority of the protective law.

第一章 《罗马条例 I》产生的背景与过程

第一节 《罗马公约》

有学者在上个世纪 20 年代指出，确定合同效力的法律是冲突法中最为复杂的问题。[①] 由于合同种类的多样性以及各国在合同法律规范上的差异，使得合同的法律适用问题变得错综复杂，确定合同的准据法也因此成为国际私法领域最复杂、最混乱的领域之一。[②] 为了统一各成员国有关合同的法律适用规则，欧盟进行了不懈努力。1980 年 6 月 19 日，欧共体在罗马签署了《合同之债法律适用公约》（以下简称《罗马公约》或公约），它不仅是欧盟统一国际私法的重要组成部分，也是欧盟早期国际私法统一化的杰出成果。《罗马条例 I》是欧盟关于合同法律适用的最新统一立法，它也是《罗马公约》不断完善的结果。研究《罗马公约》对于探寻《罗马条例 I》的产生原因并对其进行客观评价具有重要意义。

一、《罗马公约》的产生背景

欧洲经济共同体之所以要制定《罗马公约》以统一各国的合同

①　G. Goodrich, *Handbook on the Conflict of Laws*, West Pub. Co. , 1927, p. 228.
②　邵景春著：《国际合同——法律适用论》，北京大学出版社 1997 年版，第 5 ~ 7 页。

冲突法，是与共同体的目标休戚相关的。根据 1957 年《建立欧洲经济共同体的条约》① 第 2 条的规定，共同体的目标是：通过建立共同市场和逐步统一各成员国的经济政策，使整个共同体境内的经济活动得以更加协调、持续、平衡地发展和日益稳定的增长，使生活水平得到提高，成员国之间的经济、社会关系更加紧密。为实现该目标，该条约第 3 条规定，共同体应采取包括实行共同关税和共同贸易政策等措施，废除不利于货物、人员、服务和资本在成员国间自由流通的各种障碍。

统一、协调和稳定的法制环境是实现共同体目标的重要保障条件。"在一些领域，国内法律制度的差别和统一冲突法规则的缺乏肯定会妨碍成员国间人员、商品、服务和资本的自由流通。"② 直到 20 世纪 60 年代，欧共体虽然已在某些领域实现了实体法的统一，"但是，实体法的统一却不能总是跟上消除经济边界的步伐。随着成员国之间跨国私法关系的不断增加，需要解决法律适用问题的案件数量也日益上升。"③

从当时欧共体各国的合同法立法情况来看，不仅各国的实体法制度差异巨大，而且冲突法立法也参差不齐。1973 年，英国、丹麦和爱尔兰加入欧共体，英美法系和大陆法系的法律制度在欧洲大陆并存，法律冲突也随之加剧。1968 年 9 月 27 日，欧共体的六个成员国签署了《关于民商事管辖权和判决执行的布鲁塞尔公约》（以下简称《布鲁塞尔公约》），该公约统一了成员国法院的国际管辖权规则以及法院判决的承认与执行规则，但如果没有统一的冲突规范，将

---

① 经 1992 年《欧洲联盟条约》修改，《建立欧洲经济共同体条约》自 1993 年起直接称为《建立欧洲共同体的条约》；2009 年 12 月 1 日，《里斯本条约》生效后，《建立欧洲共同体的条约》更名为《欧盟运行条约》。

② Green Paper on the Conversion of the Rome Convention of 1980 on the Law Applicable to Contractual Obligations into a Community Instrument and Its Modernization, COM (2002) 654 final (Jan. 14, 2003), p. 10.

③ Report on the Convention on the Law Applicable to Contractual Obligations by Mario Giuliano, Professor, University of Milan, and Paul Lagarde, Professor, University of Paris I, Official Journal C 282, 31/10/1980, p. 1.

增加当事人"挑选法院"的可能性。为防止"挑选法院",增强法律的确定性和法律适用的可预见性,确有必要统一各国的冲突规则。①

在《布鲁塞尔公约》签订的过程中,欧共体的一些成员国同时也提出,在各国合同法差异一时难以消除的情况下,冲突法的统一更有利于共同市场的正常运行。在 1969 年 2 月召开的各国政府专家会议上,欧洲各大共同体委员会负责内部市场和相似立法(Internal Market and Approximation Legislation)事务的沃格拉(T. Vogelaar)主任对此给予了充分肯定,他总结说:"我们强烈建议在几个定义明确的法律关系层面尽快实现冲突规则的统一化,主要基于以下三点考虑:(1)国际私法的历史传统表明,试图在所有事项上进行统一可能是一种奢望,至少在可以预见的将来无法看到其实现;(2)我们有必要在一些具有重要经济利益的领域确保更大的法律确定性;(3)避免由于各个成员国之间冲突规则各异而产生的更加恶劣的后果。在某些特别重要的领域制定统一的冲突规则,使案件无论在哪国审理都适用同一法律,将是更为有效的办法。"② 为了继续推进业已开始的国际私法统一化运动,并在共同体范围内制定有关合同之债法律适用的统一规则,各成员国开始着手制定《罗马公约》。

二、《罗马公约》的制定

建立一个协调各国合同领域法律适用问题的公约这一动议,最早是由比利时提出的。1967 年 9 月 8 日,比利时常驻代表以比、荷、卢三国政府的名义,建议欧洲各大共同体委员会③召集各成员国专

---

① 邹国勇著:《德国国际私法的欧洲化》,法律出版社 2007 年版,第 44 页。
② Report on the Convention on the Law Applicable to Contractual Obligations by Mario Giuliano, Professor, University of Milan, and Paul Lagarde, Professor, University of Paris I, Official Journal C 282, 31/10/1980, p. 2.
③ 1993 年以后改称为欧洲联盟委员会。

家，以《比荷卢公约》（草案）（the draft Benelux Convention）① 为基础，广泛合作，力争统一欧共体内的国际私法，实现冲突法规则的法典化，② 减少各国冲突规则差异（尤其是合同法领域）而引发的种种不便。比利时代表的提议得到了委员会的积极支持，委员会为此专门组建了一个工作组。工作组由来自比、荷、卢、法、德、意等六国的专家构成，并于 1969 年正式开始工作。在 1969 年 10 月 20 日至 22 日召开的政府专家会议上，工作组最终就工作的范围、法律基础和程序等问题达成共识，同意以与共同市场正常运行联系最为紧密的事项为起点，开始国际私法的统一化工作，具体包括以下四个方面：

（1）有形和无形财产的法律适用；

（2）合同及非合同之债的法律适用；

（3）法律交易及证据形式的法律适用；

（4）前述问题所涉及的一般事项，如反致、识别、外国法的适用、既得权、公共政策、能力和代表等问题。

1970 年 1 月 15 日，欧共体常驻代表委员会明确授权工作组继续进行国际私法的统一工作，并同意优先考虑卜述四个领域。1970 年 2 月 2 日至 3 日，工作组会议选举比利时外交与外贸部长杰纳德（P. Jenard）为工作组主席，并指定了四个领域的报告人③，以加快工作进度。1970 年 6 月 1 日至 4 日，杰纳德主持报告人会议，在审议了 3 位报告人的调查问卷后，各位代表一致同意：工作组将优先审议朱利安诺（M. Guiliano）教授关于"合同及非合同之债的法律

---

① 该公约 1951 年 5 月 11 日制定于海牙，1969 年 7 月 3 日签署，全称为《荷兰、比利时、卢森堡关于国际私法统一法的公约》，迄今为止尚未生效。

② Report on the Convention on the Law Applicable to Contractual Obligations by Mario Giuliano, Professor, University of Milan, and Paul Lagarde, Professor, University of Paris I, Official Journal C 282, 31/10/1980, p. 1.

③ "有形和无形财产的法律适用"事项的报告人为德国代表阿恩特（K. Arndt）教授；"合同及非合同之债的法律适用"事项的报告人为意大利代表、米兰大学的朱利安诺（M. Guiliano）教授；"法律交易及证据形式的法律适用"事项的报告人为法国代表、巴黎第一大学的拉加德（P. Lagarde）教授；一般事项的报告人荷兰司法部范萨瑟（T. van Sasse van Ysselt）署长。

适用"的报告以及拉加德教授、范萨瑟署长报告中与之相关的事项，阿恩特（K. Arndt）教授的报告留待以后审议。1972 年 6 月，工作组完成了《有关合同及非合同之债的法律适用公约》的初步草案，并将其提交给欧共体常驻代表委员会，然后传达给各成员国政府。1973 年，英国、丹麦和爱尔兰加入欧共体，工作组也继而吸纳了新成员国的政府专家。由于新成员国代表需要征求其政府和各方意见，英国在共同体的政治地位也尚不确定①，工作组没有立即对草案进行重审，并一度暂停活动达 3 年之久。1975 年底，工作组才得以恢复了正常的公约起草工作。1978 年 3 月，工作组决定将公约的内容限定在合同领域，而把有关非合同之债的内容留待第二个公约去处理，这样便于节省时间，尽快完成关于合同之债的法律适用问题的谈判。工作组历经 14 次全体会议和 3 次特别会议后，最终于 1979 年 2 月完成了新的公约草案，并决定由朱利安诺教授和拉加德教授完成公约报告。1979 年 6 月 18 日至 20 日，工作组在报告人会议上通过了公约报告。

1979 年 5 月 18 日，工作组主席杰纳德将公约草案提交欧共体理事会，并要求各成员国政府在年底前对该草案作出评论，以便在 1980 年通过公约；公约报告草案亦应于 7 月 20 日前提交欧共体理事会。1980 年 1 月 16 日，欧共体常驻代表委员会设立了"国际私法"临时工作小组，具体负责完成公约的最后文本。临时工作组于 3 月和 4 月召开了两次会议，就公约的实质条款和所附报告达成了一致意见。3 月 17 日，欧共体委员会通过了公约草案意见，并在官方公报上予以公布。1980 年 6 月 19 日，欧共体理事会特别会议在罗马召开，各成员国司法部长经过最后一轮谈判，解决了公约的最后细节问题，一个完整的公约文本即日诞生，朱利安诺教授和拉加德教授完成了公约的有关解释报告。同日，比利时、联邦德国、法国、爱尔兰、意大利、卢森堡和荷兰等 7 国的全权代表签署了欧共体《合

---

① 英国在欧盟的政治地位最终于 1975 年全民公投后解决。

同之债的法律适用公约》。①

根据《罗马公约》第 29 条的规定，本公约应于交存第七份批准、接受或认可书后的第三个月的第一天开始生效；对以后批准、接受或认可的每一签字国应自交存其批准、接受或认可书的第三个月第一天起生效。

1981 年 3 月 10 日和 12 月 7 日，丹麦和英国分国分别签署了《罗马公约》。此后，从 1983 年至 1991 年，法国、意大利、丹麦、卢森堡、德国、比利时和英国等 7 国批准了《罗马公约》②，这样公约就具备了其第 29 条第 1 款规定的生效要求。1991 年 4 月 1 日，经过 11 年艰难历程，《罗马公约》最终对上述 7 个欧共体成员国正式生效。此后，希腊、荷兰、爱尔兰、西班牙、葡萄牙、奥地利、芬兰和瑞典等 8 国政府也相继批准了《罗马公约》，③ 批准公约的成员国达到了 15 个。1998 年 1 月 26 日，欧盟官方公报公布了《罗马公约》的综合版本（consolidated version）。2005 年 4 月 4 日，捷克、爱沙尼亚、塞浦路斯、拉脱维亚、立陶宛、匈牙利、马耳他、波兰、斯洛文尼亚和斯洛伐克等 10 国签署了加入欧盟的条约，随后上述 10 国也陆续完成了批准程序，④ 欧盟官方公报再次公报了新的《罗马公约》综合版本⑤。至此，《罗马公约》已为欧盟 25 个成员国所批

---

① Report on the Convention on the Law Applicable to Contractual Obligations by Mario Giuliano, Professor, University of Milan, and Paul Lagarde, Professor, University of Paris I, Official Journal C 282, 31/10/1980, pp. 1 – 5.

② 具体时间为：法国，1983 年 11 月 10 日；意大利，1985 年 6 月 25 日；丹麦，1986 年 1 月 7 日；卢森堡，1986 年 10 月 1 日；联邦德国，1987 年 1 月 8 日；比利时，1987 年 7 月 31 日；英国，1991 年 1 月 1 日。

③ [1992] OJ L333/1, [1997] OJ C15/10. 具体时间为：希腊，1991 年 4 月 1 日；荷兰，1991 年 9 月 1 日；爱尔兰，1992 年 1 月 1 日；西班牙，1993 年 1 月 1 日；葡萄牙，1994 年 9 月 1 日；奥地利、芬兰和瑞典，1996 年 11 月 29 日。

④ 具体时间为：捷克，2006 年 4 月 6 日；爱沙尼亚，2006 年 7 月 28 日；塞浦路斯，2006 年 8 月 23 日；拉脱维亚，2006 年 1 月 26 日；立陶宛，2006 年 9 月 22 日；匈牙利，2006 年 3 月 9 日；马耳他，2006 年 10 月 2 日；波兰，2007 年 2 月 9 日；斯洛文尼亚，2006 年 2 月 2 日；斯洛伐克，2006 年 .5 月 10 日。

⑤ [2005] OJ C169/1.

准，欧盟合同冲突法的统一化工作显然已取得了重大的阶段性成功。

三、《罗马公约》的主要内容

1980 年《罗马公约》的内容较为丰富，具体包括 33 条正文、3 个议定书、3 份"加入公约"和 4 项联合声明。①

《罗马公约》的正文部分由三大部分组成，共计 33 条。第一部分（第 1 条和第 2 条）主要规定了公约的适用范围；第二部分（第 3 条至第 22 条）主要规定了统一的合同冲突法规则，是公约的核心部分；第三部分（第 23 条至第 33 条）为最后条款，主要规定了生效、保留、减损、有效期限等事项。②

为了更好地统一适用和解释公约，比利时、丹麦、联邦德国、法国、意大利、英国等 12 国于 1988 年 12 月 19 日同时缔结了两份议定书：《第一布鲁塞尔议定书》③ 和《第二布鲁塞尔议定书》④。根据这两个议定书，成员国的最高法院和上诉法院均可就其受理案件以及有关公约的解释请求欧共体法院作出初步裁决。这两个议定书于 2004 年 8 月 1 日生效。第三议定书是 1980 年签署的，《1996 年加

---

① http：//www. rome － convention. org/instruments/index. Htm，(visited on April 28，2008).

② 关于公约正文部分的内容，因为国内学者已经进行了详细介绍，此处不再专门介绍。具体参见肖永平主编：《欧盟统一国际私法研究》，武汉大学出版社 2002 年版，第 129～168 页；刘卫翔著：《欧洲联盟国际私法》，法律出版社 2002 年版，第 105～164 页。

③ 公约全称为《关于 1980 年 6 月 19 日在罗马开放签署的〈合同之债的法律适用公约〉由欧洲各大共同体法院进行解释的第一布鲁塞尔议定书》（First Protocol on the Interpretation of the 1980 Convention by the Court of Justice（consolidated version），1980 Rome Convention Official Journal，C027，26/01/1998，pp. 47 － 51.）。

④ 公约全称为《关于将 1980 年 6 月 19 日在罗马开放签署的〈合同之债的法律适用公约〉的某些解释权移交给欧洲各大共同体法院的第二布鲁塞尔议定书》（Second Protocol Conferring on the Courtof Justice Powers to Interpret the 1980 Convention（consolidated version），1980 Rome Convention，Official Journal，C027，26/01/1998，pp. 52 － 53.）。

入公约》① 对此进行了补充，该议定书授权丹麦、芬兰和瑞典保留其国内有关海上货物运输法律适用的法律规定，并且对这些规定的修订无需遵循《罗马公约》第 23 条的程序。② 根据公约第 32 条的规定，三个议定书应为本公约的一个组成部分。

随着欧共体的不断扩大，《罗马公约》的缔约国也进一步增加。希腊、西班牙、葡萄牙、奥地利、芬兰和瑞典等 6 国分别在卢森堡、葡萄牙的丰沙尔（Funchal）和布鲁塞尔签署了三份"加入公约"，即《1984 年加入公约》③、《1992 年加入公约》④ 和《1996 年加入公约》。根据这三份加入公约，《罗马公约》对希腊、西班牙、葡萄牙、奥地利、芬兰和瑞典等 6 国生效。

各国在签署《罗马公约》及其加入公约时发表的四项联合声明也是公约的重要组成部分。1980 年，比利时、丹麦、联邦德国、法国、爱尔兰、意大利、卢森堡、荷兰、英国等国签署了两项联合声明。根据第一项联合声明，各成员国应在共同体层面适用与公约一致的冲突法规则，任何欧共体成员均应加入该公约；根据第二项联合声明，为了保证公约的统一适用，各国准备将某些事项的管辖权转移给欧共体法院，并就此事项进行定期会晤。1988 年，比利时、

---

① 公约全称为《关于奥地利共和国、芬兰共和国与瑞典王国加入 1980 年 6 月 19 日在罗马开放签署的关于合同之债的法律适用公约及其由欧洲法院解释的第一、第二议定书的布鲁塞尔公约》（Convention on the Accession of the Public of Austria, the Public of Finland and the Kingdom of Sweden to the Convention on the Law Applicable to Contractual Obligations, opened for signature in Rome on 19 June 1980, and to the First and Second Protocol on its Interpretation by the Court of Justice, Official Journal C015, 15/01/1997, pp. 10 – 15.）。

② 邹国勇著：《德国国际私法的欧洲化》，法律出版社 2007 年版，第 52 ~ 53 页。

③ 公约全称为《关于希腊共和国加入 1980 年 6 月 19 日在罗马开放签署的关于合同之债的法律适用公约的卢森堡公约》（Convention on the Accession of the Hellenic Republic to the Convention on the Law Applicable to Contractual Obligations, opened for signature in Rome on 19 June 1980, Official Journal L146, 31/05/1984, pp. 1 – 16.）。

④ 公约全称为《关于西班牙王国和葡萄牙共和国加入 1980 年 6 月 19 日在罗马开放签署的关于合同之债的法律适用公约的丰沙尔公约》（Convention on the Accession of the Kingdom of Spain and the Portuguese Republic to the Convention on the Law Applicable to Contractual Obligations, opened for signature in Rome on 19 June 1980, Official Journal L333, 18/11/1992, pp. 1 –25.）。

丹麦、联邦德国等12国签署了两项联合声明：第一项联合声明要求各成员国与各欧共体法院应交换有关合同法律适用的判决信息；第二项联合声明则要求欧共体新成员国在签署公约时应同时加入有关公约解释的议定书。

四、《罗马公约》简评

(一)《罗马公约》的重要意义

《罗马公约》是20世纪唯一的一部关于合同法律适用的专门性公约，从1969年9月8日比利时代表提出倡议到1991年4月1日正式生效，历经24年，过程甚为艰难。在欧盟国际私法统一化进程中，《罗马公约》具有重要的理论和实践价值。

首先，《罗马公约》的签署和生效，有利于为欧盟经济一体化清除制度上的障碍。毋庸置疑，《罗马公约》是欧洲政治、经济一体化的必然选择。同时，公约的生效又为欧盟经济一体化提供了一定的制度保障。各国合同实体法制度和冲突规则的差异，无疑会阻碍商品、资本、服务的自由流动和共同市场的正常运转，对自由竞争造成损害，使参与竞争的各国企业地位不同，这种障碍与在不同经济领域的关税壁垒一样，因而必须消除。① 公约生效后，欧盟各成员国拥有了一部统一的合同法律适用规则，从而有利于协调成员国之间的合同法律冲突，有利于共同市场的正常运转。

其次，《罗马公约》的生效，在一定程度上统一了各成员国的冲突法规则与管辖权规则，有助于减少在司法实践中挑选法院现象发生的频率，从而增加了诉讼结果的可预见性和法律适用的确定性。其实，早在《罗马公约》签署、生效前，欧共体在1968年9月签订了《民商事管辖权和判决执行公约》（以下简称《布鲁塞

---

① C. Schltittbof, *The E. E. C. Directives on Company Law Harrmnisatiom*, Hanmnisation of Eumpean Company Law, 1973, p. 66.

尔公约》），该公约统一了各国的国际管辖权规则，但赋予当事人在选择管辖法院方面较大的自由，从而增加了当事人挑选法院的可能性。《罗马公约》是作为对 1968 年《布鲁塞尔公约》的补充和自然延伸而构建的，它统一了有关合同的冲突规则，有助于实现各缔约国法院判决的一致性，从而在一定程度上使挑选法院变得毫无意义。

再次，《罗马公约》作为国际合同领域统一国际私法的成功典范，其中体现的立法精神和立法技术，不仅对欧盟各成员国修订和完善合同冲突法规则具有引导作用，而且对世界各国的国际私法立法与实践也具有重要的参考价值。公约是英美法与大陆法的成功融合，其冲突规则有效协调了普通法国家的"重心说"与东欧国家的"特征履行"方法①，同时兼顾了确定性与灵活性，体现出了极高的技巧性和现实必要性。在 1987 年的《瑞士联邦国际私法法规》、1995 年的《意大利国际私法制度改革法》和 2003 年的保加利亚《债务与合同法》中，我们均能发现公约的影子。②

（二）《罗马公约》的主要不足

《罗马公约》的制订过程中始终充斥着谈判和讨价还价，所以最终生效的公约只能是欧盟各成员国妥协的产物，其本身也具有两大内在的缺陷性。

第一，《罗马公约》并没有自然地成为欧盟法的一部分。与1968 年《布鲁塞尔公约》不同，《罗马公约》并不以《建立欧洲经济共同体条约》第 220 条③为基础的，因此，《罗马公约》还不能作为欧盟法的正式渊源。根据公约第 20 条的规定，欧盟法在效力上应优于《罗马公约》；1997 年的《阿姆斯特丹条约》也未直接赋予公

---

① 王军、陈洪武著：《合同冲突法》，对外经济贸易大学出版社 2003 年版，第 111～144 页。

② 邹国勇著：《德国国际私法的欧洲化》，法律出版社 2007 年版，第 54 页。

③ 该条经 1997 年的《阿姆斯特丹条约》调整为《建立欧洲共同体的条约》第 293条，2009 年的《里斯本条约》删除了该条规定。

约以欧盟法规则的地位。因此，公约的适用仍然受到了其立法层次的限制，它还不像是一个欧盟立法范围内的共同体条约，而更像成员国间的一般国际条约。① 《罗马公约》要成为欧盟法的一部分，尚需具有法律效力的规则或指令加以确认。②

第二，《罗马公约》的条文设计还有待完善。公约在制订的过程中，由于各成员国之间就许多事项分歧较大，意见难以统一，公约据此对合同权利与义务的一些重要方面未进行规定，有的规定较为模糊笼统，有的条文较为抽象、晦涩，导致在实践中难以统一适用。如1980年《罗马公约》第1条第2款规定，因汇票、支票和本票发生的债务以及其他流通票据而发生的债务，均不适用该公约。而公约对于"流通票据"的内涵和外延均未作规定。又如，在确定法院管辖权方面，被告的住所地是个极其重要的因素，但公约却没有对住所进行界定，第53条只规定公司的注册事务所应视为公司的住所，而该条又同时规定了注册事务所所在地将由受理案件的法官根据本国国际私法规则确定。③

总的来说，尽管1980年《罗马公约》存在着些许不足，但它将欧盟各成员国关于合同之债的法律适用规则从分散、不协调的状态变成系统、统一的公约，并用于指导欧盟各国的立法与司法实践，其重要意义是不言而喻的。此外，公约中所体现的立法原则和立法精神，如共同体法优先的原则、共同体法院的解释权原则、确定性与灵活性兼顾的原则等等，为欧盟国际私法乃至世界其他国家的国际私法的发展与完善作出了新的贡献。

---

① 邵景春著：《欧洲联盟的法律与制度》，人民法院出版社1999年版，第685页。
② 肖永平主编：《欧盟统一国际私法研究》，武汉大学出版社2002年版，第131页。
③ 肖永平主编：《欧盟统一国际私法研究》，武汉大学出版社2002年版，第33～34页。

第二节 《罗马公约》向《罗马条例Ⅰ》的转化

一、转化的背景

《罗马公约》统一了欧盟各国的合同冲突法，具有重要的时代意义，但也存在两个致命的缺陷：其一，它在法律性质上属于欧盟成员国之间的国际条约，立法层次不高，因此不能自动地适用于欧盟新成员国。新成员国要加入《罗马公约》，必须签署新的加入公约，再经过繁琐的国内批准程序才能对其生效。其二，在很长的一段时间内，

有权解释《罗马公约》的法院级别没有统一规定，虽然有关《罗马公约》的联合声明和两个议定书都涉及了将其解释权交给欧洲法院的问题，但现实情况是，两个议定书因比利时拖延批准程序最终于 2004 年 8 月 1 日才生效，各成员国对《罗马公约》的解释仍然参差不齐。① 因此，为简化欧盟各成员国的加入程序，将法律的解释权赋予欧洲法院，克服《罗马公约》的诸多缺陷，进一步加强共同体内部国际私法统一化的程度，对其立法形式和实质内容的改革势在必行。

欧洲的一体化进程推动了欧洲国际私法的统一化运动，也为《罗马公约》的改革与发展带来了新的生机。

1992 年 2 月 7 日，欧盟各成员国在马斯特里赫特签署了《欧洲联盟条约》，该条约于 1993 年 11 月 1 日正式生效。新建立的欧盟被设计为由两个子联盟和三个支柱组成。两个子联盟分别是欧洲经济与货币联盟和欧洲政治联盟。三个支柱分别为：三个欧洲共同体

---

① 邹国勇：《欧盟合同冲突法的新发展——〈罗马条例Ⅰ〉述评》，载《广西社会科学》2012 年第 7 期，第 65 页。

（第一支柱）①；共同外交与安全政策（第二支柱）；司法与内务合作
（第三支柱）。② 其中，在第一支柱内，共同体有权直接立法；而第
二、三支柱属于政府间的支柱，共同体无权就相关事项直接立法。
欧盟国际私法的统一化问题属于第三支柱的"民事司法合作"事项。
在这一时期，因受成员国中心主义的影响，欧共体在民事司法合作
领域的作用有限，许多以公约形式出现的立法成果因批准程序复杂
而沦为一纸空文。

1997 年 10 月 2 日欧盟签署了《阿姆斯特丹条约》，其对《欧洲
联盟条约》进行了修订和完善，"民事司法合作"事项从第三支柱转
移到了第一支柱，即该事项由欧共体管辖，而不再是各成员国协商
的事务。因此，统一欧盟国际私法的方法，由原来的在成员国之间
谈判和缔结条约，转变为由欧盟理事会颁布条例、指令和决定，从
而形成统一的规则。③《阿姆斯特丹条约》于 1999 年 5 月 1 日生效
后，欧共体在国际私法领域取得了直接立法权，欧盟国际私法的全
面统一成为可能。

为实现《阿姆斯特丹条约》设定的"自由、安全和公正"目
标，1998 年 12 月 3 日，欧盟理事会和委员会在维也纳通过了《欧盟
理事会和委员会为最优实施〈阿姆斯特丹条约〉有关建立自由、安
全和司法区域的规定的行动计划》④ （以下简称《维也纳行动计
划》）。该计划明确了未来五年的优先目标以及实现这些目标的时间
表，规划了欧盟发展的未来蓝图，并将《罗马公约》列为优先考虑
的行动。该计划第 50 项（c）特别提到了冲突法规则的统一问题，
第 40 项（b）也规定，"在考虑其他共同体文件中的特别冲突规则

---

① 三个欧洲共同体分别为欧洲经济共同体、欧洲煤钢共同体和欧洲原子能共同体。
② 曾令良著：《欧洲联盟法总论》，武汉大学出版社 2007 年版，第 15 页。
③ 王军、王秀转：《欧盟合同法律适用制度的演进》，载《清华法学》2007 年第 1
期，第 129 页。
④ Council and Commission Action Plan of 3 December 1998 on how best to implement the
provisions of the Treaty of Amsterdam on the creation of an area of freedom, security and justice,
OJ C 19, 23. 1. 1999.

后，必要时可对《合同之债法律适用公约》个别条款进行修订"。①
1999 年 10 月 15 日至 16 日，在欧盟理事会坦佩雷峰会（Tampere European Council）上，《维也纳行动计划》受到了与会各国首脑的肯定，该会议将"相互承认判决和其他司法机关决定"原则作为民事司法合作的基石，并敦促欧盟理事会和欧盟委员会制订贯彻执行该原则的具体措施方案。2000 年 11 月 30 日，欧盟理事会通过了委员会和理事会共同制订的《关于实施"相互承认民商事判决"原则的措施方案》，② 该方案指出，协调冲突法规则的措施有利于判决的相互承认。自此以后，欧盟颁布了一系列有关管辖权、破产、文书送达、取证等方面的国际私法条例和指令，主要包括《关于民商事管辖权与判决的承认及执行的第 44/2001 号（欧共体）条例》、③《关于破产程序的第 1346/2000 号（欧共体）条例》④、《关于各成员国法院在民商事事务中取证时合作的第 1206/2001 号（欧共体）条例》⑤ 等等。《罗马公约》事实上已经成为了唯一以条约为表现形式的欧盟统一国际私法渊源，⑥ 在欧共体国际私法中已变成被各种欧共体法包围的"孤岛"。⑦ 此外，《罗马公约》与《布鲁塞尔公约》联

---

① Green Paper on the Conversion of the Rome Convention of 1980 on the Law Applicable to Contractual Obligations into a Community Instrument and its Modernization, COM (2002) 654 final (Jan. 14, 2003). http: //eur – lex. europa. eu/LexUriServ/site/en/com /2002 /com2002 _ 0654en01. pdf, p14 (visited on April 28, 2008).

② OJ C 12, 15. 1. 2001, p. 1.

③ Council Regulation (EC) No 44/2001 of 22 December 2000 on jurisdiction and the recognition and enforcement of judgments in civil and commercial matters, OJ L 12, 16. 1. 2001, p. 1. Regulation as last amended by Regulation (EC) No 1791/2006 (OJ L 363, 20. 12. 2006, p. 1).

④ Council Regulation (EC) 1346/2000 of 29 May 2000 on insolvency proceedings, OJ L160, 30. 6. 2000, p. 1.

⑤ Regulation (EC) No 1206/2001 of the Council of 28 May 2001 on cooperation between the courts of the Member States in the taking of evidence in civil or commercial matters, OJ L 174, 27. 6. 2001, p. 1.

⑥ Andrea Bonomi, *The Rome I Regulation on the Law Applicable to Contractual Obligations: Some General Remarks*, 10 Ybk. Priv. Int'l L. 166 (2008).

⑦ 陈卫佐:《欧共体国际私法的最新发展——关于合同之债准据法的〈罗马Ⅰ规则〉评析》，载《环球法律评论》2010 年第 2 期，第 143 页。

系紧密，而《布鲁塞尔公约》业已转化为《第 44/2001 号条例》，为了使《罗马公约》与《建立欧洲共同体的条约》第 61 条①规定的国际私法统一化措施保持更紧密联系，将公约的解释权移交给共同体法院以便新成员国适用统一的冲突规则，欧盟各界纷纷要求将该公约转换成共同体立法。

二、转化形式的选择

关于《罗马公约》的转化，欧盟还面临着转化形式问题，即选择条例（regulation）还是指令（directive）？欧盟各界对此也进行了广泛的探讨。

作为法律规范的一种具体形式，条例与成员国内国法律体系上的"法律"在法律约束力方面是类似的。条例具有完整的约束力以及普遍的法律效力。② 《建立欧洲共同体的条约》第 249 条第 2 款（现为《欧盟运行条约》第 288 条第 2 款）明确规定："条例具有普遍效力。它的各个方面都有约束力，并直接在各成员国适用。"这意味着，条例不需要经过国内立法机关的批准、核准、确认和接受等转化程序，即在各成员国直接适用，且当成员国国内法与条例相抵触时，条例具有优先适用的效力。③ 条例应在欧盟官方公报上公布，其生效依条例的具体规定而定，如果没有规定生效日期，则从公布的第 20 日后开始生效。

指令的具体特点在于它对其发布对象所施加的义务的类型。④ 与条例相比较，指令具有两个显著性特征：（1）指令可以对任何一个

---

① 该条调整为 2009 年的《欧盟运行条约》第 81 条。

② ［德］马迪亚斯·赫蒂根著：《欧洲法》，张恩民译，法律出版社 2003 年版，第 144 页。

③ 王军、王秀转：《欧盟合同法律适用制度的演进》，载《清华法学》2007 年第 1 期，第 129 页。

④ Jo Shaw, *Law of the Euopean Union*, 2nd edition, Macmillan Law Masters, 1996, p. 200.

成员国发布,而不需要非对所有成员国发布不可;(2)指令就其要取得的结果对作为其发布对象的成员国有约束力,至于通过什么途径或采取何种方法来实现指令所要求的结果,则由作为指令发布对象的成员国自行选择。① 因此,指令要对成员国发生效力,通常须经两道程序:首先,由欧盟发布并在《官方公报》上公布,要求各成员国将指令转化为内国法;其次,由各成员国在规定的期限内(通常是1~3年不等)将其转化为内国实施细则。但由于在转化时,各成员国享有一定的自由酌定权,转化后的内国法并不是总能反映指令的立法精神。

对于《罗马公约》的转化形式问题,欧盟委员会专门设计了一份调查问卷,并建议选择转化形式的时候必须考虑以下三点:(1)冲突法的统一有助于欧盟内法院判决的相互承认;(2)规范的问题是有关合同之债的所有相关事项的国际私法问题,而不是部门指令调整的一个或多个问题;(3)如果未来的共同体立法能够采用条例的形式,那么就可以直接适用,这样可以避免条例转化而带来的不确定性。② 据此来看,欧盟委员会的意见还是倾向于选择条例形式的。

三、《绿皮书》及其反馈意见

为了使《罗马公约》与《建立欧洲共同体的条约》第61条规定的国际私法统一化措施保持一致,将公约的解释权移交给共同体法院,以便新成员国适用统一的冲突规则,欧盟各界强烈要求将公约换成共同体立法。2003年1月14日,欧盟委员会发布了《关于将

---

① 曾令良著:《欧洲联盟法总论》,武汉大学出版社2007年版,第142页。

② Green Paper on the Conversion of the Rome Convention of 1980 on the Law Applicable to Contractual Obligations into a Community Instrument and its Modernization, COM (2002) 654 final (Jan. 14, 2003). http://eur – lex. europa. eu/LexUriServ/site/en/com /2002 /com2002 _ 0654en01. pdf (visited on April 28, 2008).

1980 年〈合同之债法律适用的罗马公约〉转化为共同体立法及其现代化的绿皮书》（以下简称《绿皮书》）。《绿皮书》阐述了欧洲国际合同法的现状、问题以及可采取的解决方法，并就是否将《罗马公约》转化为共同体立法、转化为何种形式的立法，以及当事人意思自治、雇佣合同、消费者合同、保险合同等问题，设计了 20 个问题，以调查问卷的方式征求各国政府和社会各界的意见。《绿皮书》是欧盟委员会统一编撰有关合同之债的国际私法的一次重要举措。

截至 2003 年 9 月 15 日，欧盟委员会共收到了 81 份书面回复，主要来自各成员国政府（9 份）、商业界（27 份）、法律实务界（14 份）、学术界（24 份）以及消费者组织（7 份），[①] 回复者的地域范围涉及德国、英国、法国、奥地利、荷兰、西班牙、比利时、芬兰、瑞典、丹麦等 10 个成员国和挪威、南非等 2 个第三国。[②]

从对反馈意见来看，英国对《绿皮书》的内容表示反对，荷兰、捷克、德国等大多数国家、学术组织和商业机构则表示赞成，仅有国际商会持中立态度。

英国政府认为，《罗马公约》的整体运行状况是令人满意的，尽管还有一些需要改进之处，但尚无充分的理由来证明必须将其转化为共同体立法，现在的当务之急是督促各成员国尽快批准公约所附的各项议定书，以便实现法院管辖和法律解释的一致性。[③]

荷兰政府认为，将《罗马公约》转化为指令是一种消极的做法，应将其转化为条例，这不仅有利于欧盟各成员国及时实施统一的规则，也有利于欧洲法院进行统一的法律解释。[④] 捷克政府认为《罗

---

① http：//ec. europa. eu/civiljustice/applicable_law/applicable_law_ec_en. htm（visited on December 23，2007）.

② http：//ec. europa. eu/justice/news/consulting_public/rome i/doc/discussion_paper_final_en. pdf（visited on December 23，2007）.

③ http：//ec. europa. eu/justice/news/consulting_public/rome i/doc/united_kingdom_en. pdf（visited on December 23，2007）.

④ http：//ec. europa. eu/justice/news/consulting_public/rome i/doc/netherlands_en. pdf（visited on December 23，2007）.

马公约》带来了太多问题，也赞同将其转化为条例。① 德国政府和学界均对《绿皮书》较为关注，德国联邦司法部、德国国际私法参议会第二委员会和马普所②等都表现出了极大的热情，马普所的回复更是长达 121 页，③ 他们均赞成将公约转化为共同体立法，并建议采用条例的形式。英格兰与威尔士法学会（The Law Society of England and Wales）则认为，《罗马公约》的主要目的是提高欧盟冲突法的一致性，但它采用国际条约的形式却有损这一目标的实现，没有理由将与冲突法的立法与《布鲁塞尔条例》分离，因此他们赞成引入条例的形式。④ 欧洲银行联合会（The European Banking Federation, FBE）认为，《罗马公约》应当与有关国际私法的其他共同体立法一致，法律的确定性要求统一有关债法的国际私法规则，赞成采用条例而不是指令的形式。⑤

国际商会则表示中立，他们认为，尽管将公约转化为共同体立法有诸多好处，但还是不赞成对公约进行修改，如果确定要修改，则应该采用共同体立法。⑥

2004 年 1 月 7 日，欧盟在布鲁塞尔召开了"将 1980 年《合同之债法律适用的罗马公约》转化为共同体立法"的公开听证会，并公布了对《绿皮书》的反馈结果。从回复情况来看，大多支持将《罗马公约》转化为共同体立法，因为这样有利于欧洲法院的统一解释和其在新加入国家的直接适用；而且，绝大多数主张将公约重塑为

---

① http://ec. europa. eu/justice/news/consulting _ public/rome i/doc/czech _ en. pdf（visited on December 23，2007）.

② 即马克斯普朗克外国私法与国际私法研究所（Max Planck Institute for Foreign Private and Private International Law）。

③ http://ec. europa. eu/justice/news/consulting _ public/rome i/doc/max _ planck _ institute_ foreign_ private_ international_ law_ en. pdf（visited on December 23，2007）.

④ http://ec. europa. eu/justice/news/consulting _ public/rome i/doc/law _ society _ england_ wales_ en. pdf（visited on December 23，2007）.

⑤ http://ec. europa. eu/justice/news/consulting _ public/rome i/doc/fbe _ en. pdf（visited on December 23，2007）.

⑥ http://ec. europa. eu/justice/news/consulting _ public/rome i/doc/ international _ chamber_ commerce _ en. pdf（visited on December 23，2007）.

条例的形式，如此可以确保文本的统一性和它的直接适用；有的回复者特别强调此条例应与《布鲁塞尔条例Ⅰ》和未来的《罗马条例Ⅱ》保持一致，有的甚至希望将《罗马条例Ⅰ》和《罗马条例Ⅱ》进行单独立法。① 同时，听证会的示范稿（Discussion Paper）还罗列了一些对《罗马公约》进行修改的可行性建议以供专家讨论。②

2004 年 1 月 29 日，欧洲经济与社会委员会的各位代表公开表示赞成将《罗马公约》转化为共同体条例，并对其进行现代化修改。③ 2 月 12 日，欧洲议会在《有关当前欧盟民事诉讼法发展前景的决议》中也表明了同样的观点。④

为加强欧盟内的自由、安全与正义，2004 年 11 月 4 日至 5 日，欧盟首脑理事会通过了《海牙计划》（The Hague Programme）。在该计划中，欧盟理事会重申应积极地开展有关合同之债的冲突法规则的统一工作。⑤ 欧盟理事会和委员会在落实《海牙计划》的行动方案中指出，应在 2005 年制订出相关草案。

至此，将《罗马公约》转化为共同体条例的时机已经完全成熟，欧盟已经完成了立法前的所有准备工作，《罗马条例Ⅰ》也就逐步进入了立法程序。

---

① http：//ec. europa. eu/justice/news/consulting_ public/rome i/doc/discussion_ paper _ final_ en. pdf（visited on December 23，2007）.

② http：//ec. europa. eu/internal_ market/ insurance/docs/ 2005 – markt – docs/markt – 2508 – 05_ en. pdf（visited on December 25，2007）.

③ Opinion of the European Economic and Social Committee on the Green Paper on the conversion of the Rome Convention of 1980 on the law applicable to contractual obligations into a Community instrument and its modernisation. INT/176，29. 01. 2004.

④ European Parliament Resolution on the prospects for approximating civil procedural law in the European Union（COM（2002）654 – COM（2002）746 – C5 – 0201/2003 – 2003/2087 （INI））, A5 – 0041/2004.

⑤ The Hague Programme，Presidency Conclusions，5. 11. 2004，point 3. 4. 2，http：// www. europol. europa. eu/ jit/hague_ programme_ en. pdf（visited on May 23，2008）.

第三节　《罗马条例 I》的制定

一、《罗马条例 I 议案》

2005 年 2 月 17 日，欧盟各成员国专家举行会晤，共同探讨由欧盟委员会起草《罗马条例 I》的初步议案。

鉴于该议案对立法机构和有关各界的影响有限，委员会没有对此进行正式的影响评估。在充分考虑《绿皮书》反馈意见和广泛磋商的基础上，欧盟委员会于 2005 年 12 月 15 日发布了《欧洲议会和欧盟理事会关于合同之债的法律适用条例议案》（以下简称《罗马条例 I 议案》）①，以供公众讨论。

《罗马条例 I 议案》由序言（共 19 条）和四章（共 24 条）内容构成。序言部分主要说明了立法的目的、依据和条例的解释条款；第一章（第 1 条和第 2 条）为"适用范围"（Scope），主要包括适用范围和非成员国法律的适用；第二章（第 3~17 条）为"统一规则"（Uniform Rules），主要内容包括：法律选择的自由、未作选择时应适用的法律、消费者合同、个人雇佣合同、代理合同、强制性规则、同意与实质有效性、形式有效性、准据法的适用范围、无行为能力、自愿转让和合同代位、法定代位、多方债务、法定抵销和举证责任；第三章（第 18~23 条）为"其他规定"　（Other Provisions），主要内容为：惯常居所的同化、反致的排除、公共秩序、多法域国家、与共同体法其他规定和与现存国际公约的关系；第四章（第 24 条）"最后条款"（Final Provisions）主要规定了生效和适用时间。

---

① Proposal for a regulation of the European Parliament and the Council on the law applicable to contractual obligations（Rome I），http：// eur – lex. europa. eu/LexUriServ/site/en/com/2005/com2005_ 0650en01. pdf COM（2005）650 final.

《罗马条例Ⅰ议案》除了第 11 条、12 条、17 条、19 条和 20 条完全保留了《罗马公约》的规定外，对原公约的其他条款均作了很大改进。该议案对公约的修改主要表现在以下方面：

（1）在适用范围的排除条款方面，合并了有关公司或其他法人团体或非法人团体方面的规定；删除了关于代理的规定；补充了有关先合同义务的规定；将原公约第 2 条的"普遍适用"更改为"非成员国法律的适用"。

（2）在法律选择方面，要求法院应探知双方当事人默示选择的真正而非纯粹假设的意愿；当事人能选择"非国家法律"作为合同准据法。

（3）当事人未选择法律时，优先适用特征履行方惯常居所在地法，将一般推定原则转变为具体规则，废除了例外条款，并规范了几类特殊合同的法律适用规则。

（4）规定消费者合同应适用消费者惯常居所在地国的法律，并改变了其适用条件。

（5）在个人雇佣合同方面，规定了"暂时性雇佣"的指导原则，解决了不在一国主权范围内从事工作的受雇人的问题。

（6）统一了适用于代理合同的冲突规则。

（7）对强制性规则进行了界定，并规定了法院适用强制性条款的条件。

（8）增加了确认合同形式有效性时可供选择的连接因素。

（9）分别规定了合同代位和法定代位的法律适用规则。

（10）对惯常居所的概念进行了明确的界定。

《罗马条例Ⅰ议案》标志着欧盟在推动国际私法法典化，尤其是合同之债法律适用的统一方面，又迈出了重要的一步。该议案并未另辟蹊径，创制一套新的法律规则，而只是将既存的《罗马公约》转化为共同体立法，对其中一些条款的修订，使之更为清晰和准确，增强了法律适用的确定性。

二、《罗马条例Ⅰ》的通过与生效

《罗马条例Ⅰ议案》公开发布后，2006 年至 2008 年，欧盟理事会分别在芬兰（2006 年）、德国（2007 年）、葡萄牙（2007）和斯洛文尼亚（2008 年）对该议案进行了详细的讨论，① 欧盟各成员国政府和学术届也提出了各自的意见和建议。

2006 年 2 月 23 日和 4 月 19 日，克里斯汀（Dumitrescu Cristian）和简（Andersson Jan）分别代表法律事务处和就业与社会事务署在欧洲议会陈述了对《罗马条例Ⅰ议案》的意见。在此基础上，8 月 22 日，欧洲议会通过了由法律事务处克里斯汀先生负责的报告草案（draft report）。9 月 13 日，欧洲经济与社会委员会在其全体代表大会上，以 191：1 的绝对多数通过了对《罗马条例Ⅰ议案》的意见，并督促相关立法机构尽快修改该议案。② 在 2007 年 4 月 19 日至 20 日的欧盟委员会卢森堡会议上，与会的各成员国的政府代表就《罗马条例Ⅰ议案》的修改意见形成共识。11 月 29 日，欧洲议会一读通过了《欧洲议会有关〈欧洲议会和欧盟理事会关于合同之债的法律适用条例议案〉的立法决议》。③ 在 12 月 6 日至 7 日召开的欧盟理事会布鲁塞尔会议上，欧盟各成员国均赞成欧洲议会一读通过的立法决议，并同意将该文本交由法律语言学家修订，然后在 2008 年 1 月底召开的欧盟理事会上正式通过。至此，关于《罗马条例Ⅰ议案》的

---

① JIŘÍ VALDHANS, PETRA MYŠÁKOVÁ: *Rome I and Rome II Regulations – Alies or Enemies*? www. law. muni. cz/edicni/dp08/files/pdf/mezinaro/valdhans. pdf（visited on May 23, 2008）.

② OPINION of the European Economic and Social Committee on the Proposal for a Regulation of the European Parliament and of the Council on the law applicable to contractual obligations（Rome I）, CES1153/2006.

③ European Parliament legislative resolution of 29 November 2007 on the proposal for a regulation of the European Parliament and of the Council on the law applicable to contractual obligations（Rome I）, A6 – 0450/2007.

所有磋商全部结束。2008 年 6 月 5 日至 6 日，欧盟理事会批准了欧洲议会一读通过的文本，并同意以条例的形式来统一有关合同之债的冲突法规则。①

2008 年 6 月 17 日，《罗马条例Ⅰ》形成最终文本，即《欧洲议会和欧盟理事会 2008 年 6 月 17 日关于合同之债法律适用的第 593/2008 号（欧共体）条例（罗马Ⅰ）》（以下简称《罗马条例Ⅰ》或条例)②。2008 年 7 月 4 日，欧盟官方公报上公布了《罗马条例Ⅰ》，该条例 2008 年 7 月 24 日正式生效。2009 年 11 月 24 日，欧盟官方公报公布了勘误表，对该条例适用时间上的表述进行了修订。新修订的条款规定，《罗马条例Ⅰ》适用于 2009 年 12 月 17 日起签订的合同。③

根据《欧洲联盟条约》和《建立欧洲共同体的条约》的两个附件（《关于英国和爱尔兰地位的议定书》④、《关于丹麦地位的议定书》⑤），英国、爱尔兰和丹麦对《建立欧洲共同体的条约》第三 a 编（现《欧洲联盟条约》第四编）进行了保留，因而《罗马条例Ⅰ》对上述三国并不必然具有约束力和适用效力。但根据《关于英国和爱尔兰地位的议定书》第 3 条的规定，在欧盟理事会提出议案或动议之后的 3 个月内，如果英国和爱尔兰愿意参加拟议措施的制

---

① http：//ec. europa. eu/prelex（visited on May 23，2008）.

② Regulation（EC）No 593/2008 of the European Parliament and of the Council of 17 June 2008 on the law applicable to contractual obligations（Rome I），OJ L 177，4. 7. 2008.

③ 原来条例规定：适用于 2009 年 12 月 17 日后签订的合同。Corrigendum to Regulation（EC）No 593/2008 of the European Parliament and of the Council of 17 June 2008 on the law applicable to contractual obligations（Rome I），OJ L 309，24. 11. 2009.

④ 该议定书第 1 条和 2 条规定，英国和爱尔兰不参加对拟议中的属于《建立欧洲共同体的条约》第三 a 编范围的各项措施的制订工作；其所涉的任何条款和制定的任何措施、共同体为实施第三 a 编而缔结的国际协议中的任何条款以及法院为解释上述条款或措施而作的任何决定均对英国和爱尔兰不具有约束力和适用效力。

⑤ 该议定书第 1 条和 2 条规定，丹麦不参加对拟议中的属于《建立欧洲共同体的条约》第三 a 编范围的各项措施的制订工作；其所涉的任何条款和制定的任何措施、共同体为实施第三 a 编而缔结的国际协议中的任何条款以及法院为解释上述条款或措施而作的任何决定对丹麦不具有约束力和适用效力。

定和实施工作，可以将其决定书面通知理事会，并因而取得参加决策程序的权利。早在《罗马条例 I 议案》的磋商之初，爱尔兰就宣布愿意参加接受并适用拟通过的条例，因此，毫无疑问，《罗马条例 I》对爱尔兰具有约束力和适用效力。① 英国在《罗马条例 I 议案》的磋商阶段并没有打算参加和接受拟通过的条例，《罗马条例 I》的最后正式文本公布后，英国政府对此条例甚为满意，并就是否选择加入该条例向公众进行咨询。2008 年 4 月 2 日，英国政府正式公布了咨询书：《罗马 I：联合王国选择加入吗?》。截至 2008 年 6 月 25 日公开咨询结束，英国政府共收到 37 份书面反馈意见②。从反馈意见来看，公众一致赞成英国加入《罗马条例 I》。于是，英国政府通过了加入《罗马条例 I》的决议。2008 年 7 月 21 日，英国常驻布鲁塞尔代表正式致函欧盟委员会和理事会，表示英国愿意加入《罗马条例 I》。2008 年 12 月 22 日，欧盟委员会通过了将《罗马条例 I》延展适用于联合王国的决议。③ 因此，于 2009 年 12 月 17 日开始适用的《罗马条例 I》对英国也具有约束力，并直接适用于英格兰、北爱尔兰、苏格兰和威尔士以及直布罗陀。④ 与爱尔兰和英国不同，因为缺乏相关的法律基础，丹麦则不可能加入《罗马条例 I》。如果要适用《罗马条例 I》，丹麦必须采取相应的行动：（1）同欧盟专门就合同法律适用签订平行协议（Parallel Agreement）；或（2）照搬《罗马条例 I》的规定而制定关于合同之债法律适用的国内立法；或（3）进行全民投票，放弃对《建立欧洲共同体的条约》第三 a 编的保留。而迄今为止，丹麦还没有采取上述行动，丹麦事实

---

① Lando（O.）& Nielsen（P.），*The Rome I Regulation*，45 Common Mkt. L. Rev. 45（2008），p. 1649.

② 其中 5 份来自学术界；18 份来自商业、金融和保险机构以及个人；2 份来自消费者组织；11 份来自法律部门；1 份来自运输部门。

③ COMMISSION DECISION of 22 December 2008 on the request from the United Kingdom to accept Regulation（EC）No 593/2008 of the European Parliament and the Council on the law applicable to contractual obligations（Rome I），OJ L 10/22，15. 1. 2009.

④ Ministry of Justice，*Rome I – Should the UK Opt In?*，CP（R）05/08，Jan，2009，pp. 1 –11.

上已成为唯一的适用《罗马公约》的欧盟成员国。①

因此，从 2009 年 12 月 17 日起，《罗马条例 I》将直接适用于除丹麦以外的所有 26 个欧盟成员国。②

三、《罗马条例 I》的基本内容

《罗马条例 I》由序言（共 46 条）和四章（共 29 条）内容构成。

序言部分（或详述部分③）主要阐述了《罗马条例 I》的立法依据、立法目的和条例适用过程中应注意的若干问题等，该部分内容在一定程度上与我国法律中的司法解释具有异曲同工之处。

第一章（第 1 条和第 2 条）主要规定了条例的适用范围和普遍适用性特征。

第二章（第 3 ~ 18 条）是条例的核心部分，主要规定了合同法律适用的统一规则，其内容涉及到了 16 个方面的统一的冲突法规则。该章不仅规范了合同法律适用的一般性规则：当事人意思自治原则、特征性履行规则和最密切联系原则；而且也规范了适用于一般合同的若干法律适用规则，如强制规则、合同的实质有效性和形式有效性、合同准据法的适用范围、无行为能力、自愿转让和合同代位、法定代位、多方债务、抵销、举证责任等；此外，条例也规范了运输合同、消费者合同、保险合同、个人雇佣合同等四类特殊合同的法律适用规则。

第三章（第 19 ~ 28 条）"其他规定"，主要规定了合同法律适用中的若干相关问题，如惯常居所地、反致的排除、法院地国的公

---

① Lando（O.）& Nielsen（P.），*The Rome I Regulation*，45 Common Mkt. L. Rev. 45（2008），p. 1649.

② 2013 年 7 月 1 日，克罗地亚正式成为欧盟第 28 个成员国，《罗马条例 I》即从改日起适用于该国。

③ 很多国外学者在其论著的注释中将该部分所列条款标注为"recital"，本文将其翻译为"详述"，因此，在后面的内容中，本文也将其称为"详述部分"。

共秩序、多法域国家、条例与共同体法其他规定、《罗马公约》及现存国际公约的关系、公约清单、复审条款、适用时间，等等。

第四章（第 29 条）主要规定了条例的生效时间和法律约束力问题。

总体上而言，《罗马条例Ⅰ》虽然是用来取代《罗马公约》的，但其大致上是沿着《罗马公约》之架构而来。① 此外，该条例在基本沿袭公约内容的同时，也对其进行了修订和完善。本文将在下述章节中对《罗马条例Ⅰ》与《罗马公约》进行详细比较，这里不再赘述。

四、《罗马条例Ⅰ》的立法特点

与《罗马公约》相比，《罗马条例Ⅰ》的立法位阶较高，对欧盟各成员国具有直接适用性和普遍的约束力。此外，它还在立法上表现出以下特征：

（一）继承性

《罗马条例Ⅰ》是对《罗马公约》生效以来近 20 年合同冲突法实践的总结，是欧盟立法者转化《罗马公约》并赋予其更高立法位阶的结果，因而其继承性是自不待言的。在整体政策定位（overall policy orientation）、基本原则、立法结构和具体规范等方面②，《罗马条例Ⅰ》与《罗马公约》是基本一致的，而在立法的基本原则和具体规范方面，其继承性尤为明显。

1. 基本原则的继承

《罗马公约》的相关规则体现出了其立法的三大基本原则，即当事人意思自治原则、最密切联系原则和保护弱方当事人原则。《罗马

---

① 陈隆修著：《中国思想下的全球化选法规则》，五南图书出版公司 2012 年版，第 115 页。

② Ministry of Justice, Guidance on the Law Applicable to Contractual Obligations（Rome I），February 2010, p. 2.

条例 I》不仅继承和沿袭了公约的这三项基本原则,并且在其详述部分进行了清晰地阐述。例如,条例详述部分第 11 条明确指出:"当事人选择准据法的自由应成为合同之债冲突法规则体系的基石之一。"详述部分第 21 条规定,"未作法律选择时,如果根据将合同归为一种特殊类型的事实或实施特征性履行的当事人的惯常居所地国家的法律,均不能确定合同准据法,则合同应适用与其有最密切联系的国家的法律。"。详述部分第 23 条也进而指出,"对于与弱方当事人签订的合同,弱方当事人应受到较一般规则更为有利的冲突法规则的保护。"另外,《罗马条例 I》在具体的法律条文中也更为具体地贯彻了上述三项基本原则。

2. 具体规范的继承

在具体的法律规定中,《罗马条例 I》的大部分条款完全照搬了《罗马公约》的相关规定。例如,关于合同的实质有效性、准据法的适用范围、无行为能力、举证责任、反致的排除、法院地国的公共秩序、多法域国家等方面,《罗马条例 I》基本上是《罗马公约》的复本。同时,《罗马条例 I》也有部分条款仅对《罗马公约》的相关规定进行了措辞语言上的修饰。例如,有关当事人的法律选择形式问题,条例未对公约进行实质性修改,而是沿袭了公约规定,但为了保证公约的不同语言文本,主要是英文、德文版本与法文版本之间的一致性①,条例从措辞上对公约进行了修订:条例要求当事人的选择必须是"明确地"和"清楚地"(expressly or clearly)。关于合同的形式有效性,《罗马条例I》第 11 条与《罗马公约》第 9 条的规定大致相同,而仅就其表述语言及其逻辑顺序进行了调整。此外,除了抵销和多方债务外,《罗马条例I》的其他所有实质性条款大都可以在《罗马公约》中找到其影子。因此,《罗马条例I》是欧盟在全面继受《罗马公约》基础上的一项重要的共同体层面的立法。

---

① 公约的英文版本和德文版本的表述为"reasonable certainty",而法文版本的表述为"certainty"。

（二）融合性

欧盟各成员国的立法跨越了大陆法和普通法两大法系，两大法系在法律渊源、法律文化、法律结构、法律程序和具体规则等方面均存在着明显的差异。而国际私法规则的统一需要调和这两者之间的差异，制定欧盟各成员国能普遍接受的规则。同时，欧盟制定《罗马条例I》的宗旨在于维护和发展一个自由、安全和正义的区域，为实现内部市场的正常运转，共同体采取了一些与跨境民事司法合作有关的措施，这也就决定了《罗马条例I》在反映欧盟各国最普遍的立法要求的同时，也应注意与相关国际规则和惯例的接轨问题。因此，《罗马条例I》体现了对两大法系和相关国际规则的融合。

1. 两大法系的融合

关于合同之债的法律适用问题，大陆法系国家与普通法系国家大都规范了各自的冲突法规则，这两大法系之间也就存在着难以避免的法律冲突。例如，关于法律选择方法问题，大陆法国家的立法主张采用依据一些固定的、客观的连结点来选择法律，强调法律适用的明确性、稳定性和结果的一致性；而普通法国家的法律则认为：传统的冲突法是僵固、机械和呆板的，其不能实现个案的公正；有的学者甚至主张抛弃冲突规则。国际私法的历史发展证明，美国现代冲突法革命中的偏激派主张固不可取，而传统的国际私法也确实存在值得改进的地方。从晚近的各国国际私法立法来看，上述两种价值取向正逐步走向调和，明确性和灵活性兼顾亦然成为大势所趋。

《罗马条例I》是欧盟将两大法系的规则相互妥协、相互融合的成果。作为欧盟共同体层面的立法，它不仅直接适用于英国、爱尔兰等普通法系国家，而且也适用于除丹麦之外的欧盟其他大陆法系国家。

总体上来说，该条例更多地采用了大陆法系国家的一般规则，同时也融合了普通法系的精髓，在一定程度上也兼顾了普通法系国家的立法要求。例如，条例第4条首先设定了适用于八种典型合同规定了硬性规则，然后适用大陆法系国家所主张的特征性履行方法来确定合同准据法，并规定了例外条款，最后以普通法国家所倡导的最密切联系原则作为兜底条款。这些规定无疑增加了法律选择中的确定性和可预见性，同时也兼顾了灵活性。

此外，两大法系的融合还体现于欧洲法院及各成员国法院的判决中。欧洲法院在有关《罗马公约》的判决中，已经多次援引了英国的判例；而英国法院的判决中也有涉及大陆法系国家的成文法规定。

2. 与相关国际规则的融合

欧盟统一国际私法的根本目的在于促进"单一市场"的构建，并希望通过在共同体层面采取一些与跨境民事司法合作有关的措施，从而实现内部市场的正常运转，推动欧盟境内人员、货物、服务和资本的自由流通。随着全球经济一体化的发展，各国都倾向于从制度层面与具有普适性的国际规则保持一致，以减少因规则差异明显而给经济发展带来的阻碍。《罗马条例Ⅰ》也是如此，在反映欧盟各成员国最普遍适用的规则同时，该条例也试图与具有普适性的相关国际规则和惯例接轨。

首先，《罗马条例Ⅰ》详述部分第7条明确指出，该条例的实体适用范围及规定应与《布鲁塞尔Ⅰ》、《罗马条例Ⅱ》保持一致。有关这三部条例的融合，本文第五章将进行详细地阐述，这里不再赘述。

其次，为了有效处理条例与其他共同体法规定的关系，条例第23条规定，除第7条有关保险合同的法律适用规则外，本条例不应影响在特别领域内解决合同之债法律冲突的共同体法规定的适用。

最后，条例也协调了其与现存国际公约的关系。本条例正式通过时，如果一个或多个成员国已成为某些制定了合同之债的法律选择规则的国际公约的缔约国，则这些国际公约的适用不受本条例影响；但是，就仅由两个或多个成员国签署的涉及本条例调整事项的国际公约而言，本条例在这些成员国之间应优先适用。在2010年12

月 17 日发布的《欧盟官方公报》上，欧盟已经就各成员国所涉及的这些公约的清单进行了公告。①

(三) 创新性

《罗马条例I》作为合同冲突法领域最新的欧盟立法，较之《罗马公约》，它不仅在立法形式和立法结构方面具有一定的创新性，而且它还跟踪时代的步伐，将诸多调整现代社会元素的内容纳入其立法内容，在一定程度上反映了合同冲突法立法与司法实践的未来发展趋势。

1. 立法形式和立法结构的创新

《罗马条例 I》在形式上的创新首先体现于其详述部分。条例的详述部分共计 46 条，而条例正文部分的内容仅有 29 条。从形式上看，其篇幅几乎占据了《罗马条例 I》的半壁江山。可以认为，条例的详述部分至少具有三重功能。一方面，它是该部法律的序言部分，详细地阐明了条例的立法宗旨、立法的依据、法律的基本原则和立法的重要意义等；另一方面，它也发挥着法律解释的功能，其内容主要源于《罗马公约》的解释报告以及欧盟各类相关立法性文件，它将法律正文部分的未尽之言囊括其中，逐条规范了各项规则的实施细则，与我国的司法解释具有异曲同工之妙；此外，它也与《罗马公约》的最后条款以及《布鲁塞尔条例 I》的附件具有相似的功能，将这部分的内容置前，也进而提升了其在立法中的重要性，更能引起执法者的关注。

其次，在立法结构方面，《罗马条例 I》将《罗马公约》的三章制结构（公约的适用范围、统一规则、最后条款）进行了优化，进而拓展为四章内容，即条例的适用范围、统一规则、其他规定和最后条款。如此安排可谓是独具匠心，这一立法结构上的突破不仅从形式上将"其他规定"从"统一规则"中分离出来，更加细致、

---

① Notifications under Article 26 (1) of Regulation (EC) No 593/2008 of the European Parliament and of the Council on the law applicable to contractual obligations (Rome I), OJ C 343/3, 17. 12. 2010.

准确和科学地界定了其规则的性质，也凸显了适用于合同之债的实体规则的重要性。关于最密切联系原则，《欧盟条例Ⅰ》也体现了最完善的立法技巧，表现为递进的三层次：其一，它首先以具体和概括两种方式对涉外合同采取了特征性履行方法来实施最密切联系。该条例第 4 条第 1 款分类型具体列示了不同合同的最密切联系地法，包括货物销售合同、服务合同、与不动产有关的合同、特许经营合同、分销合同、通过拍卖方式订立的货物销售合同等；第 2 款则对立法未规定的除外之合同及上述若干类型竞合的合同采取了概括的特征履行法，直接规定适用 "代表合同特征性履行的一方当事人的惯常居所地国法"。其二，它进一步规定了更密切联系实质修正的做法，该条第 3 款规定："如从整体情况看，合同明显与第 1 款或第 2 款所指国家以外的另一个国家有更密切联系，则适用该另一国的法律。" 其三，该条第 4 款还为准据法确定不能时之法律适用规定了最密切联系的兜底救济，即 "如根据第 1 款或第 2 款不能确定应适用的法律，则合同应适用与其有最密切联系的国家的法律。" 此三层次以从具体到抽象、从一般到例外、从既有到兜底的方式全面后拽了最密切联系的后续调整范围。①

　　2. 立法内容的创新

　　正如《绿皮书》的全名所阐释的目的一样，欧盟在将《罗马公约》转化为《罗马条例Ⅰ》的过程中也对其法律适用规则进行了现代化改造，其调整对象也不再局限于传统意义上私法调整的范围，而逐渐向更宽广的领域发展。

　　首先，条例考虑到了现代技术尤其是远程销售技术的发展对国际私法的影响。人类社会进入 21 世纪后，科学技术的发展日新月异，使得合同的订立越来越便捷，合同形式也越来越多样化。由于《罗马公约》是在远程销售技术得到推广普及之前拟订的，立法者们

---

① 刘想树：《论最密切联系的司法原则化》，载《2011 年中国国际私法学会年会论文集》，第 67 页。

在制定统一规则时没有考虑到其对合同的影响，因此，随着社会的不断发展，公约在实践中也逐渐暴露出了其局限性，即，对于远程销售合同，公约所确立的规则，特别是有关合同形式的有效性、消费者合同的法律适用规则，显得过于死板和苛刻，已严重滞后于社会的发展了。有鉴于此，条例充分考虑到了现代技术特别是互联网技术的发展，将通过电子邮件、传真或其他远程方式订立的合同纳入到条例的适用范围，由此而体现出了鲜明的时代烙印。

其次，条例充分顺应了现代私法的发展要求，将保险合同、消费者合同、特许经营合同、商业代理合同等新的合同种类也纳入其规范的范畴，以应对现代经济生活中出现的新问题，满足现代经济生活的制度需求，符合现代私法的发展趋势。与此同时，条例还突显出了对"弱势群体"的保护这一现代私法的独有特色，条例中对消费者权益的保护即为这一理念的深化。

除此之外，《罗马条例 I》对于《罗马公约》的创新还体现在诸多立法细节中，例如，惯常居所作为连接点的广泛使用、合同分割法的限制适用、合同代位与法定代位的分别规范，等等。

五、制定《罗马条例 I》的意义

《罗马条例 I》作为合同冲突法领域最新的欧盟立法，是对《罗马公约》生效以来近 20 年合同冲突法实践的总结，也在一定程度上反映了合同冲突法立法与司法实践的未来发展趋势，其立法内容、立法技巧在全球范围内都达到了成文法系迄今在该领域所能达到的最高成就。[①]《罗马条例 I》的制定与生效具有重要的历史意义。

（一）《罗马条例 I》是欧洲国际私法统一史上一座重要的里程碑

随着全球化和区域经济一体化的发展，私法在国际层面和区域

[①] 刘想树：《论最密切联系的司法原则化》，载《2011 年中国国际私法学会年会论文集》，第 66 页。

层面的协调和趋同已经成为私法发展的一种趋势。随着欧洲经济、政治一体化的发展，与之伴随的是法律的一体化。为维护和发展本地区的自由、安全和公正，欧盟加强了民事司法合作，并为统一合同之债法律适用规则进行了不懈努力。从1980年的《罗马公约》到2008年的《罗马条例Ⅰ》，历经28个年头，欧盟终于以共同体立法的形式完成了欧盟成员国之间合同义务法律适用的统一，是欧盟继《罗马条例Ⅱ》后国际私法"共同体化"的重要进展，也是欧盟庞大的立法统一计划的一个重要里程碑。值得注意的是，2008年12月18日，欧盟理事会通过了《关于扶养义务的管辖权、法律适用、判决的承认与执行及合作的第4/2009号（欧共体）条例》①（以下简称《罗马条例Ⅵ》）；2010年12月20日，欧盟理事会通过了《关于实行在离婚和司法别居的法律适用领域加强合作的规则》②（以下简称《罗马条例Ⅲ》），该条例从2012年6月21日起正式施行。2012年7月4日，欧盟理事会通过了《关于继承问题的管辖权、法律适用、判决的承认与执行和公文书的接受与执行以及创建欧盟继承证书的第650/2012号（欧共体）条例》③（以下简称《罗马条例Ⅳ》），该条例部分条款已于2012年7月5日和2014年1月16日开始适用，并于2015年8月17日直接适用于欧盟各成员国。此外，欧盟也正致力于《罗马条例Ⅴ》④的立法，这一系列有关冲突法的条例将进一步完善欧盟债权关系法律适用的体系，推动欧盟走向"自由、安

---

① Council Regulation（EC）No 4/2009 of 18 December 2008 on jurisdiction, applicable law, recognition and enforcement of decisions and cooperation in matters relating to maintenance obligations, OJ L 7, 10.1.2009

② Council Regulation（EU）No 1259/2010 of 20 December 2010 Implementing Enhanced Cooperation in the Area of the Law Applicable to Divorce and Legal Separation, OJ L 343/13, 29.12.2010.

③ Regulation（EU）No 650/2012 of the European Parliament and of the Council of 4 July 2012 on jurisdiction, applicable law, recognition and enforcement of decisions and acceptance and enforcement of authentic instruments in matters of succession and on the creation of a European Certificate of Succession, OJ L 201, 27.7.2012.

④ 其内容主要涉及婚姻财产关系的法律适用。

全和正义"。①

（二）《罗马条例Ⅰ》进一步增加了合同法律适用的确定性和可预见性

各国冲突规范的不同，一方面可能促使当事人选择法院，另一方面则可能使当事人对适用何种法律缺乏可预见性，更无法知道实体法上的后果。②《罗马公约》的签署和生效，在一定程度上增强了法律适用的确定性和可预见性。但与此同时，《罗马公约》立法级别较低，也允许成员国对部分条款作出保留，要求欧盟新成员加入的程序也较为复杂，某些条款的规定过于抽象宽泛，因此，该公约的适用的透明性亟待加强。为了提高诉讼结果的可预见性、法律适用的确定性和司法判决的自由流动，《罗马条例Ⅰ》秉承的基本立法理念是，不论在何国提起诉讼，各成员国的冲突规范均应指向同一国家的法律。《罗马条例Ⅰ》克服了公约规定的诸多不足，并确定了一些具有较强操作性的规则。例如，条例对惯常居所、强制性规则等进行了详细的解释；当事人的法律选择必须是"明确地或清楚地"；在确定合同准据法时，以特征性履行规则为基本原则，最密切联系原则作为辅助原则；等等。另外，《罗马条例Ⅰ》凭其立法级别及影响，根据《建立欧洲共同体的条约》第5条规定的辅助性原则，欧盟可以采取各种措施而在共同体内更好地实现条例目标，从而进一步增强了法律适用的确定性和可预见性。

（三）《罗马条例Ⅰ》对国际私法的立法与实践具有重要的借鉴意义

《罗马条例Ⅰ》的经验对整个国际私法界起到了投石问路的作用。首先，它是大陆法与英美法的一次成功融合，其统一立法的模式对存在区际法律冲突的国家无疑是具有借鉴意义的。其次，《罗马

---

① 刘懿彤：《欧盟国际私法的最新发展进程》，载《法学杂志》2009 年第 2 期，第 91 页。

② 肖永平主编：《欧盟统一国际私法研究》，武汉大学出版社 2002 年版，第 134 页。

条例Ⅰ》中也贯彻许多先进的立法理念，如切实保护弱方当事人利益的原则，法律选择中以确定性为主并兼顾灵活性的原则，等等。再次，《罗马条例Ⅰ》内容中包含的先进立法技术也对国际私法的立法具有重要的参考价值。例如，关于合同的法律适用，条例不仅确定了一般规则，而且还规范了若干特殊规则和例外规则。另外，欧盟在制定《罗马条例Ⅰ》的过程中，充分发挥了欧洲议会和欧盟理事会的作用，参考了80多份来自各欧盟成员国、学术团体和各个行业的调查报告，并在条例中制定了复审条款，其程序的规范性和民主性，也为各国国际私法的立法提供了典范。可以预见，《罗马条例Ⅰ》在欧盟各成员国的实施也会为其他国家积累丰富的实践素材。

当然，在肯定《罗马条例Ⅰ》所作出的贡献之后，也应该看到该条例并不是完美无瑕的，它同时也存在一些漏洞和不足。首先，从条例第27条的"复审条款"① 的设置来看，一方面，即便是欧盟的立法者，也似乎对条例的规范显得信心不足；另一方面，《罗马条例Ⅰ》的主要不足之处也可从中初见端倪。其次，条例中的有些条款仍然是晦涩难懂的，势必影响条例适用的透明性。例如，关于保险合同的法律适用规则，欧盟是在参照诸多保险指令的基础上制定的，由于欠缺相关解释，即便是法官也可能对其部分专业术语模棱两可。再次，在具体的条款设计中，也存在诸多不足。例如，关于对当事人事前选择准据法的限制与审查过于松散，强制性规则与优先性强制规则的规定不够清晰，关于移动消费者的规定还不够具体，等等。

---

① 《罗马条例Ⅰ》第27条的"复审条款"规定：1. 在2013年6月17日之前，欧盟委员会应向欧洲议会、欧盟理事会和欧洲经济与社会委员会提交有关本条例适用情况的报告。适当时，在报告中可附上对本条例的修改建议。该报告应包括：（a）有关保险合同法律适用的研究报告和施行该条款的影响评估，以及（b）对第6条适用情况，特别是共同体法在消费者保护方面的一致性评价。2. 在2010年6月17日之前，欧盟委员会应向欧洲议会、欧盟理事会和欧洲经济与社会委员会提交一份报告有关债权的转让或代位对第三人的效力以及被转让的债权对其他人权利的优先性等问题的报告。适当时，在报告中可附上对本条例的修改建议和施行该条款的影响评估。

第二章　《罗马条例Ⅰ》及其准据法的
　　　　　　适用范围

任何一部法律均有其产生效力的时间与空间范围，《罗马条例Ⅰ》也不例外。《罗马条例Ⅰ》作为合同冲突法领域最新的欧盟立法，其在适用范围上有自己的特别之处。一方面，它作为欧盟的统一立法，在各成员国国内具有直接适用性；但其毕竟还是各成员国协调利益和相互妥协的产物，因此在适用的事项范围上存在诸多例外规定。另一方面，《罗马条例Ⅰ》并未将其适用范围局限于共同体之内的情势，从而具有普遍适用性的特征，因而如何处理条例与各国国内法以及国际条约之间的关系就显得十分重要。所以，在正式讨论合同之债法律适用规则之前，有必要对《罗马条例Ⅰ》的适用范围做一个前置性的说明。本章主要探讨了《罗马条例Ⅰ》适用的实质范围、地域范围及时间范围。此外，出于本书整体结构的考虑，本章还研究了《罗马条例Ⅰ》准据法的适用范围。

第一节　《罗马条例Ⅰ》适用的实质范围

一、《罗马条例Ⅰ》对适用范围的界定

《罗马条例Ⅰ》第1条规定，本条例适用于涉及法律冲突情形的民商事合同之债，但不适用于税务、关税或行政事项。该条明确地

限制了其适用的范围，以此区别于其他类型的债务和具有所有权性质的关系。

（一）"民商事事项"

根据《罗马条例Ⅰ》详述部分第 7 条的规定，条例的实体适用范围及规定应与《布鲁塞尔条例Ⅰ》和《罗马条例Ⅱ》保持一致。就有关适用范围的问题，《罗马条例Ⅰ》将《罗马公约》中的"合同之债"明确限定为"民商事合同之债"，以便与《布鲁塞尔条例Ⅰ》第 1 条第 1 款和《罗马条例Ⅱ》第 1 条第 1 款保持一致，并以此将该类私法问题与公法问题区别开来。因为就有关公法与私法的区分问题，各成员国的意见并不一致，所以"民商事事项"被列为欧共体法中的一个自治性概念①（autonomous concept），应根据共同体法进行统一、独立的解释，而不应视为各成员国的国内法所确定的概念。②《罗马条例Ⅰ》关于"民商事事项"的界定与解释也应与《布鲁塞尔条例Ⅰ》以及《罗马条例Ⅱ》一样，由欧洲法院进行解释。

欧洲法院在一系列的判决中③指出，对"民商事事项"进行界定时应注意以下两点：（1）将某一问题识别为"民商事事项"，关键要素是当事人之间的法律关系，而不是审理案件法院的性质，《罗马条例Ⅰ》也可适用于刑事、劳动或行政法院中有关民事事项的判决；④（2）不能仅仅因为当事人一方是公共机构或政府机构（public authority）而排除《罗马条例Ⅰ》的适用，关键还是要看其是否在行

---

① Peter Stone, *EU Private International Law*: *Harmonization of Laws*, Cheltenham: Edward Elgar, 2006, p. 22.

② Francisco J. Garcimartín Alférez, *The Rome I Regulation*: *Much ado about nothing?* The European Legal Forum – Internet Portal, Issue 2–2008, p. 62.

③ 相关案例可参阅: inter alia LTU v. Eurocontrol（29/76）[1976] E. C. R. 1541; Netherlands State v. Ruffer（814/79）[1980] E. C. R. 3807; Gemeente Steenbergen v. Baten（C–271/00）[2002] E. C. R. I–10489; CEZ（C–343/04）[2006] E. C. R. I–4557; Lechouritou v. Germany（C–292/05）[2007] E. C. R. I–1519.

④ 《罗马条例Ⅱ》详述 8 规定：无论受理案件的法院或法庭的性质如何，本条例均应适用。

使公共权力。实际上，在大多数案件中，公共机构所从事的是商事行为而不是特权，不能仅因其国内法将此合同归为公法问题而排除《罗马条例Ⅰ》的适用。①

（二）"合同之债"

《罗马条例Ⅰ》仅适用于"合同之债"，不适用于侵权、财产权和知识产权等事项。依据《罗马公约》的规定，有关"合同之债"的识别问题应适用法院地法，而不是根据欧洲法院界定的统一标准。如果一个缔约国将某一债务识别为"合同之债"，然而另一个缔约国却将之识别为侵权行为之债，那么冲突将不可避免，这显然是与公约的目的背道而驰的，也不利于其统一解释。因此，在公约出台后不久，各界要求统一"合同之债"的识别问题，② 并由欧洲法院对"合同之债"的概念作出解释。在 1984 年的 Perters v. South Netherlands Contractors' Assocation 案③中，欧洲法院指出，应对 1968 年《布鲁塞尔公约》第 5 条第 1 款提到的"合同事项"进行独立的解释，并且根据《罗马公约》第 18 条的规定，"考虑到统一规定的国际性质，在其解释和适用方面尽可能取得统一。"在 1988 年的 SPRL Arcado v. SA Haviland④ 案中，欧洲法院再次验证了《布鲁塞尔公约》中有关合同事项的概念，并赋予其自治性定义，即一个不受各国法律影响的独立的"合同之债"概念。

与《罗马公约》一样，《罗马条例Ⅰ》并未试图对"合同之债"进行界定，相关概念应与《布鲁塞尔条例Ⅰ》第 5 条第 1 款基本一致。根据欧洲法院的判决，"合同之债"可基本界定为："当事人一方自愿向另一方承担的债务，或因旨在建立法律关系和产生法律效

---

① Richard Plender & Michael Wilderspin, *The European Private International Law of Obligations*, 3rd ed., London: Sweet & Maxwell, 2009, p. 94.

② Richard Plender & Michael Wilderspin, *The European Contract Convention*, 2nd ed., London: Sweet & Maxwell, 2001, p51. Dicey, Morris and Collins, *The Conflict of Laws*, 14th ed., London: Sweet & Maxwell, 2006.

③ Case 34/82, [1984] CMLR605.

④ Case 61/87, European Court Reports [1984], p. 1539.

力的当事人意思表示一致的协议而引起的债务"。① 在大多数情况下,"合同之债"都应是因当事人之间的自愿协议而产生的,有的法院地法还规定合同的成立必须具有书面形式或满足对价等要求,例如,英国的合同里要求有对价,但此类要求仅仅能影响"合同之债"的效力而不是性质问题。②

二、《罗马条例 I 》的普遍适用性

《罗马条例 I 》建立了一套有关合同之债法律适用的统一规则,与《罗马公约》和《罗马条例 II 》一样,它也强调其冲突规则和所指定的法律具有普遍性特征。根据条例第 2 条的规定,凡本条例指定适用的法律,无论其是否为某一成员国法,均应予以适用。这意味着《罗马条例 I 》并未将其适用范围局限于共同体之内的情势,在即便不存在互惠和导致适用第三国法的情况下,它也是完全适用的。自 2009 年 12 月 17 日条例开始适用之日起,欧盟各成员国原有的关于合同之债的冲突法规则,无论其源于国际公约、国内制定法还是国内司法判例,都应为《罗马条例 I 》所取代。

条例具有普遍适用性的特征,在一定程度上可以避免适用不同的冲突法规则而带来的困扰;对于国内法院和律师来说,这更是简化了司法的程序和规则,方便之处自不可言。2008 年 12 月 18 日,欧盟理事会通过的《关于扶养义务的管辖权、法律适用、判决的承认与执行及合作的第 4/2009 号(欧共体)条例》③ 再次体现了条例

---

① "obligation freely assumed by one party toward another, or obligations arising from a consensual arrangement intend to create legal relations and to be legally enforceable." Peter Stone, *EU Private International Law: Harmonization of Laws*, Cheltenham: Edward Elgar, 2006, p. 265.

② Richard Plender & Michael Wilderspin, *The European Private International Law of Obligations*, 3rd ed., London: Sweet & Maxwell, 2009, p. 68.

③ Council Regulation (EC) No 4/2009 of 18 December 2008 on jurisdiction, applicable law, recognition and enforcement of decisions and cooperation in matters relating to maintenance obligations, OJ L 7, 10.1.2009.

的普遍适用性，相信欧盟在以后的有关遗嘱和继承以及婚姻财产制的议案中也会坚持这一做法。①

维护和发展本地区的自由、安全和正义为欧盟之目标。欧盟在尚未制定统一的实体法规则的现实情况下，通过普遍适用统一的冲突法规则来实现欧盟的阶段性目标，也未尝不是一种较为理想的权宜之策。②

三、《罗马条例 I》排除适用的范围

(一) 排除事项及其原因

《罗马条例 I》第1条第2款至第4款将一些特定种类的合同或与合同有关的问题排除在其适用范围之外。具体为：（1）涉及自然人的身份或法律行为能力的问题；（2）因家庭关系而发生的债务，或因依其准据法具有类似效果的关系而发生的债务（包括扶养义务）；（3）因夫妻财产制，或依其准据法具有类似于婚姻、遗嘱和继承的效果的关系有关的财产制而发生的债务；（4）因汇票、支票、本票和其他流通票据而产生的债务，或因其流通性质而产生的债务；（5）仲裁协议及选择法院的协议；（6）由公司法和其他关于法人团体或非法人团体的法律所调整的问题，诸如以登记或其他方式设立公司和其他法人团体或非法人团体，其法律行为能力、内部组织、歇业清理，以及其高级职员及成员由于其职务及组织关系对公司或法人所负债务的个人责任；（7）代理人是否能使本人对第三人承担责任，或代理机构能否使公司或法人团体或非法人团体对第三人承担责任的问题；（8）信托的设立以及信托财产的授予人、受托人和信托受益人之间的关系；（9）因订立合同前的行为而产生的债务；

---

① Andrea Bonomi, *The Rome I Regulation on the Law Applicable to Contractual Obligations: Some General Remarks*, 10 Ybk. Priv. Int'l L. 168 (2008).

② Andrea Bonomi, *The Rome I Regulation on the Law Applicable to Contractual Obligations: Some General Remarks*, 10 Ybk. Priv. Int'l L. 169 (2008).

（10）因 2002 年 11 月 5 日《欧洲议会和欧盟理事会关于人寿保险的第 2002/83 号（欧共体）指令》第 2 条所指企业之外的其他组织所从事的行为而产生的保险合同，且该行为旨在为企业或企业集团、行业或集团的雇员或自雇人在其死亡、幸存、失业或丧失劳动能力、患有职业病或发生工伤事故时支付保险金。

上述事项之所以被排除，可能主要基于以下原因：（1）某些事项与共同市场的运行关系甚微，例如婚姻家庭法；（2）有些事项尽管非常重要，但欧共体颁行了相关实体法规范，为不损害欧共体内的实体法解决方法，特此予以排除，如公司法事项与保险事项；（3）有些事项由于其本身的特殊性质，需要复杂的特殊规则，如流通票据；（4）有些问题已经在欧盟形成了共识，没有必要在条例中进行规范，如关于自然人的身份与法律行为能力问题。

（二）《罗马条例Ⅰ》对《罗马公约》相关排除事项的修订

关于排除适用的范围，《罗马条例Ⅰ》与《罗马公约》基本上是一致的，例如，在条例中也排除了关于自然人的身份和法律行为能力、流通票据、仲裁协议及选择法院的协议、公司法事项、代理和信托等 6 个方面的事项。关于上述事项的排除理由，国内外很多学者已经进行了详细阐述，[①] 这里不再另行论述。

《罗马条例Ⅰ》对《罗马公约》修订主要体现在以下四个方面：（1）将公约第 1 条第 1 款的（b）项中有关婚姻家庭关系的内容细化为条例的（b）和（c）两项；（2）将"先合同义务"也列入排除范围；（3）调整了有关保险合同的排除范围；（4）在本条例的序言部分的详述中，对有关事项进行了解释。

---

① 肖永平主编：《欧盟统一国际私法研究》，武汉大学出版社 2002 年版，第 137～141 页；刘卫翔著：《欧洲联盟国际私法》，法律出版社 2002 年版，第 115～122 页；傅静坤著：《契约冲突法论》，法律出版社 1999 年版，第 179～185 页；Report on the Convention on the Law Applicable to Contractual Obligations by Mario Giuliano, Professor, University of Milan, and Paul Lagarde, Professor, University of Paris I, Official Journal C 282, 31/10/1980, pp. 7 - 10.

条例将涉及婚姻家庭关系的协议几乎都排除于适用范围之外，具体包括：（1）遗嘱和继承；（2）因亲子关系、婚姻关系、直系亲属（姻亲）关系和旁系亲属关系等家庭关系而发生的债务，包括扶养义务；（3）婚姻关系中的财产权。婚姻家庭关系往往与一个国家的历史、文化和民族风俗习惯息息相关，就此领域制定统一的国际私法规范比较困难，同时也远不如经济贸易领域紧迫。诚然，婚姻家庭关系涉及诸多协议，但它毕竟不同于一般的合同，几乎没有一个国家的法律赋予婚姻家庭关系当事人意思自治的权利，大多数国家都把其排除在民商事合同法适用的范围之外。《罗马条例Ⅰ》对此事项进行的修订，包括在序言的详述部分第 8 条的解释，其主要目的是为了与先前通过的《罗马条例Ⅱ》从措辞上保持一致，以便统一适用共同体法。

关于先合同义务，欧盟各成员国尚未形成统一的认识，有的国家将其识别为合同之债，然而大多数国家将其视为侵权行为之债。为避免挑选法院现象的发生，对先合同义务的性质进行统一尤为必要。①《罗马条例Ⅱ》第 12 条的"缔约过失"里就先合同义务问题进行了较为松散的规定②，"因合同签订前的行为而产生的非合同之债，无论该合同是否事实上成立，应适用的是适用于合同的法律或如果合同成立应该适用的法律。"从此规定的措辞来看，先合同义务既可以归为非合同之债，也可能属于合同之债。《罗马条例Ⅱ》详述部分第 29 条指出："应当制定一些特殊条款以规制那些由侵权或不法行为引起的损害，如不当得利、无因管理和缔约过失"欧盟委员会在《罗马条例Ⅰ议案》的解释报告里明确指出：根据欧洲法院有关《布鲁塞尔条例Ⅰ》的判决，此类债务应划归为侵权行为之债，

---

① Max Planck Institute for Comparative and International Private Law, *Comments on the European Commission's Proposal for a Regulation of the European Parliament and the Council on the Law Applicable to Contractual Obligations* (*Rome Ⅰ*), www. europarl. europa. eu/document/activities/. . . /20100526ATT75035EN. pdf, p. 14 (last visited on May 23, 2010).

② Lawrence Collins, Dicey, *Morris and Collins on the Conflict of Laws* (First Supplement to the Fourteenth Edition), Sweet & Maxwell, 2007, p. 214.

适用《罗马条例Ⅱ》的规定,因而排除在《罗马条例Ⅰ》的适用范围之外。《罗马条例Ⅰ》详述部分第 10 条进而确定将先合同义务予以了排除。

《罗马公约》不适用于承保位于共同体成员国领土内之风险的保险合同,但不包括再保险合同。这主要是因为共同体在保险事务方面已经颁行了一系列保险指令,① 基本能够适用统一的规则。公约也可适用于承保风险位于共同体成员国领土内之外的保险合同。然而,2006 年 12 月,芬兰和德国的轮值主席代表各成员国提出,应该在《罗马条例Ⅰ》中对保险合同的法律适用进行规范,并建议以欧共体各项保险指令为基础来制定具体的规则。根据条例第 7 条的规定,有关保险合同的法律适用规则不仅适用于成员国境内的风险,也适用于承保成员国境外的风险的合同,因此,就适用范围方面也就自然进行了修订。但是,有关保险合同的法律适用规则是《罗马条例Ⅰ》中最为薄弱的环节,成员国对于各项欧共体保险指令特别是有关人寿保险事项的执行存在较大差异,例如,瑞典为了保护身患职业病或发生工伤事故的雇工的利益,要求雇主签订劳工市场的集体协议并对此进行保险,此类保险由双方的行业协会来进行管理,当事人一般会选择集体协议来作为适用的法律,未作选择时适用瑞典的法律。瑞典不希望将保险合同纳入条例适用的范围,因为如若当事人未作选择时,很可能适用雇主的管理中心地法律,这样对雇工显然是不利的。也许正是考虑到瑞典的特殊要求,《罗马条例Ⅰ》才将此类特殊的保险领域进行了排除。②

关于《罗马条例Ⅰ》的排除范围问题,工作组还讨论了有关代理、特定第三人的权利(certain third party rights)、法人的身份和法

---

① 主要包括: Council Directive (EC) No. 90/619 of 8 Nov. 1990, O. J. 1990, L 330/50; Council Directive (EC) No. 88/357 of 22 Jun. 1988, O. J. 1988, L 172/1; and Council Directive (EC) No. 92/49 of 18 Jun. 1992, O. J. 1992, L 228/1.

② Richard Plender & Michael Wilderspin, *The European Private International Law of Obligations*, 3rd ed., London: Sweet & Maxwell, 2009, p. 129.

律行为能力等的排除问题，但因最终招致非议而没有将之纳入排除
的范围。①

第二节　《罗马条例 I 》适用的地域范围和时间范围

一、《罗马条例 I 》适用的地域范围

《罗马条例 I 》没有专门其适用的地域范围，因为《建立欧洲共
同体的条约》第 299 条已经对此进行了明确地规定。根据该条的规
定，《建立欧洲共同体的条约》及其通过的欧共体法律不仅直接适用
于欧盟各成员国及由其负责对外关系的欧洲地区，② 也适用于各成员
国特定的海外领地。例如，就法国而言，条例适用于其 4 个海外省：
瓜德罗普（Guadeloupe），马提尼克（Martinique），法属圭亚那
（French Guyane），留尼汪岛（La Réunion），但不适用于《建立欧洲
共同体的条约》附录 II 中所列的 5 个法属海外领地：新喀里多尼亚
（New Caledonia and Dependencies）、法属波利尼西亚（French
Polynesia）、瓦利斯群岛和富图纳群岛（Wallis and Futuna Islands）、
法属南半球和南极领地（French Southern and Antarctic Territories）。
《罗马条例 I 》也适用葡萄牙的海外省马德拉群岛（Madeira
Islands）、亚速尔群岛（Azores Islands）和西班牙的海外省加那利群
岛（Canary Islands）。在英国，条例仅适用于大不列颠、北爱尔兰和
海外领地直布罗陀，但不适用于海峡群岛（Channel Islands）、马恩
岛（The Isle of Man）和塞浦路斯英属基地区（the British Sovereign

---

① Lando（O.）& Nielsen（P.），*The Rome I Regulation*，45 Common Mkt. L. Rev. 1691
–1693（2008）.

② 《建立欧洲共同体的条约》第 1 款和第 4 款。

Base Area of Cyprus）等其他海外领地。①

根据《建立欧洲共同体的条约》附件中的《关于丹麦地位的议定书》的规定，《罗马条例Ⅰ》不适用于丹麦。根据《关于英国和爱尔兰地位的议定书》的规定，《罗马条例Ⅰ》对爱尔兰和英国并不必然具有约束力和适用效力，但根据该议定书第3条的规定，爱尔兰宣布原意参加接受并适用将通过的条例，因而，毫无疑问，《罗马条例Ⅰ》对爱尔兰具有约束力和适用效力。英国在《罗马条例Ⅰ议案》的磋商阶段并没有打算参加和接受拟通过的条例，《罗马条例Ⅰ》的最后正式文本公布后，英国政府对此条例甚为满意，经过仔细的斟酌和权衡后，英国根据该议定书第4条的规定，也表示愿意接受条例，2008年12月22日，欧盟委员会通过了将《罗马条例Ⅰ》延展适用于联合王国的决议，因而《罗马条例Ⅰ》也适用于英国。

《罗马条例Ⅰ》正式生效后，它取代了《罗马公约》而在欧盟各成员国适用，但《罗马公约》并没有被废除，在那些属于《罗马公约》适用范围但不属于《罗马条例Ⅰ》适用范围的区域《罗马公约》继而有效。因此，《罗马公约》仍然适用于欧盟各成员国的海外领地（如法属海外领地）和各种其他形式的领地（如荷兰的内部自治领地阿鲁巴、荷属安的列斯）。上述区域的法院对于是否将公约的解释权提交欧洲法院仍然具有管辖权，丹麦（包括格陵兰地区）的情况也是如此。

二、《罗马条例Ⅰ》适用的时间范围

根据《罗马条例Ⅰ》第29条第1款的规定，本条例将于《欧盟官方公报》上公布之后第20天生效。2008年7月4日以官方公报的形式向外公布了该条例，因而条例于2008年7月24日正式生效。

---

① Richard Plender & Michael Wilderspin, *The European Private International Law of Obligations*, 3rd ed., London: Sweet & Maxwell, 2009, p. 32.

然而，根据条例第 29 条第 2 款的规定，本条例自 2009 年 12 月 17 日起施行，但第 26 条除外，该条款将自 2009 年 6 月 17 日起施行。根据第 26 条的规定，在通过本条例时，如果一个或多个成员国已成为某些制定了合同之债的法律适用规则的国际公约的缔约国，在 2009 年 6 月 17 日之前，相关成员国应将所涉及的公约情况通知欧盟委员会；在该日期之后，各成员国应将上述公约的废除情况通知欧盟委员会。欧盟委员会在收到上述通知后 6 个月内，应在《欧盟官方公报》上公布。

值得注意的是，《罗马条例Ⅰ》的生效时间与开始施行的时间是不一致的，本条例适用于 2009 年 12 月 17 日后订立的合同。然而在立法实践中，一般来说，法律的生效时间与适用时间一般是一致的，但在欧盟的此项立法中特意将这两个时间进行了区分，原因还有待查明。①

第三节　《罗马条例Ⅰ》中准据法的适用范围

《罗马条例Ⅰ》第 12 条规定了准据法的适用范围，依本条例适用于合同的法律，应特别支配下列事项：（1）合同的解释；（2）合同的履行；（3）在诉讼程序法授予法院的权力范围内，关于完全不履行或部分不履行合同之债的后果，包括依法律的规定确定损害赔偿金额；（4）债务消灭的各种方法，以及诉讼时效；（5）合同无效的后果。关于履行的方式及在履行具有瑕疵的情况下须采取的步骤，应考虑履行地国法律。

关于准据法的适用范围，《罗马条例Ⅰ》第 12 条与《罗马公约》第 10 条的规定基本上是一致的，区别主要体现在三个方面：

首先，条例第 12 条第 1 款 e 项的"合同无效的后果"在《罗马

---

① Richard Plender & Michael Wilderspin, *The European Private International Law of Obligations*, 3rd ed., London: Sweet & Maxwell, 2009, p. 100.

公约》中属于可以保留的条款，英国和意大利在批准公约时对此进行了保留，因而该项内容对这两个国家以前是不具有约束力的。而《罗马条例 I》作为共同体立法，是不允许修改和保留而直接适用的，因此，当条例正式生效后，在英国和意大利，关于"合同无效的后果"也首次纳入了准据法支配的范围。

其次，《罗马公约》第 10 条第 1 款 c 项中的"违约的后果"被修订为"完全不履行或部分不履行合同之债的后果"。《罗马条例 I》采用的文本表达方式其实早在《罗马公约》的德国、法国和荷兰版本中已经存在，此次修订主要是为了确保《罗马条例 I》各种语言文本的统一性和一致性。

最后，《罗马公约》第 10 条第 1 款规定，"依本公约第 3 条至第 6 条及第 12 条适用于合同的法律……"支配其列举的 5 类事项。《罗马条例 I》第 12 条第 1 款并没有对条例第二章中的各种统一规则进行区分和筛选，而是统一规范为"依本条例适用于合同的法律，应特别支配下列事项"。条例第 12 条删除了与之相关的具体的法律选择统一规则，的确简化了表达，但却可能会对司法实践造成一些困扰。它加大了区分强制性规则和准据法的难度，如果当事人选择的法律仅适用于合同的一部分，或者说，合同的不同部分适用不同的法律时，也会产生同样的难题。[①]

值得注意的是，《罗马条例 I》第 12 条采用非排他性的方式对准据法的适用范围进行了列举，并采用了"特别"二字，也就是说，准据法并不局限于调整本条所列举的各个方面，除非条例另有规定，否则准据法将支配有关合同之债的任何私法问题。[②]

---

① Richard Plender & Michael Wilderspin, *The European Private International Law of Obligations*, 3rd ed., London: Sweet & Maxwell, 2009, p. 396.

② Lando（O.）& Nielsen（P.）, *The Rome I Regulation*, 45 Common Mkt. L. Rev. 1714（2008）.

一、合同的解释

合同是各方当事人合意的载体。合同内容（或者说条款）是整合之后的缔约人的意思表示。因此，在意思表示不确定、不具体、不特定时，处于利益对立地位的各方缔约人总是主张对自己有利的理解。① 合同解释的主要功能在于确定当事人的主要意图。如果当事人签订的合同条款在不同的法律制度中具有不同的意思，显然，当事人都希望按照自己国家的法律规定来进行解释。《罗马公约》的报告人拉加德教授认为，合同的解释通常是个事实问题，参照合同的自体法进行解释是较为妥当的。② 但是，法律解释的过程不是一个事实问题，而是一个法律问题。③

合同的解释有两个基本的前提：意思和意思表示。其一，根据当事人意思自治的原则，法律义务的产生是由当事人的自由意志决定和判定的，应优先考虑当事人的意思。其二，优先考虑外部标志，即意思表示的外部事实，因为社会和商业交往中要求保护信赖，而信赖体现在人们实际说出口的话上，不体现在他们所意指的含义上。④ 在进行合同的解释时，应该在意思和意思表示两种方法间寻求一种平衡。⑤

在当事人对合同不同部分选择不同准据法时，会出现下述情况：第一，当事人专门选择了适用于合同解释的准据法，而不是合同自体法，根据意思自治的原则，应该尊重此项选择；第二，当事人选

---

① 龙著华、王荣珍著：《合同法专题研究》，中国商务出版社 2004 年版，第 389 页。

② P. North, *Contract Conflict*, Oxford：Oxford University Publication, 1982, p. 54.

③ K. Zweigert and Kötz, *An Introduction to Comparative Law*, 3rd ed., Oxford：Oxford University Publication, 1998, p. 403.

④ ［德］海因·克茨著：《欧洲合同法》（上卷），周忠海、李居迁、宫立云译，法律出版社 2001 年版，第 155 页。

⑤ Richard Plender & Michael Wilderspin, *The European Private International Law of Obligations*, 3rd ed., London：Sweet & Maxwell, 2009, p. 401.

择了不同准据法以适用于合同各部分，而未对合同解释专门加以指定。此时，应以决定合同存在、生效的准据法为准，因为存在、效力是合同其他方面得以存在的前提，而其本身也是合同所有问题的核心。第三，如果当事人选择的法律本身也存在解释问题时，欧盟法院倾向于适用法院地法进行解释。

二、合同的履行

《罗马条例 I》第 12 条第 1 款 b 项规定，合同的准据法也适用于合同的履行。《罗马公约》的解释报告列举了合同履行的内容，主要包括：勤勉地履行合同义务；履行的时间和地点；非责任当事人履行的范围；一般债务和特定债务履行的条件①；给付金钱的履行；承担支付义务的债务人的偿付；挪用支付款项；支付的接受等等。②

因此，合同履行的概念应从广义上理解，它既包括履行行为，也包括合同内容和合同的实施等。合同当事人应按照合同的约定或者法律的规定，全面适当地履行合同义务。债权人为实现其权利而应具备的所有相关条件，无论其属于主要义务还是附随义务，都应由合同准据法决定。当事人的补充义务，如瑕疵告知义务、减少损失义务和诚信义务等，也应由合同的准据法确定。在《罗马公约》中，合同准据法还适用于确定多重责任问题。但《罗马条例 I》第 16 条对此进行了专门规范，如果该条规定不尽之处，合同准据法继而适用。

值得注意的是，《罗马条例 I》第 12 条第 2 款专门规定，关于履行的方式及在履行具有瑕疵的情况下须采取的步骤，应考虑履行地国法律。《罗马公约》工作组在报告中并没有对履行方式进行界

---

① 主要包括连带和按份债务、可选择债务、可分及不可分债务、金钱债务等。

② Report on the Convention on the Law Applicable to Contractual Obligations by Mario Giuliano, Professor, University of Milan, and Paul Lagarde, Professor, University of Paris I, Official Journal C 282, 31/10/1980, p. 33.

定，而只作了列举说明，如有关公共假日的规则、检查货物的方式、债权人被限制采取的步骤等。在传统的普通法规则中，支付的货币、开始履行的日期、支付的时间等被认为是合同履行方式。公约报告没有专门制定标准来区分履行和履行方式的概念，因而法院地的法官可以自由裁量合同履行地法是否与履行方式有关，以及是全部适用或还是部分适用。有的学者对此提出了批评，他们认为，法官自由裁量权的使用相当于引入了一种新的不受欢迎的不确定性，显然带来了很多问题。① 因此，他们倡议采用统一的规则来对履行和履行方式进行区分，而其中主张以法院地法为依据者居多。②

三、违约的后果

《罗马条例Ⅰ》第 12 条第 1 款 c 项规定，合同准据法在诉讼程序法授予法院的权力范围内支配违约的后果，包括损害赔偿金额的估算。

具体而言，合同准据法支配的事项主要包括三个方面：（1）违约的条件，主要涉及因对方违约而终止合同的告知义务、是否给予对方宽延期继续履行合同等问题；（2）违约的后果及其救济，如当事人一方是否可以就金钱债务或非金钱债务要求对方进行履行？如若不能，是否可以要求损害赔偿？是否有权终止合同？申诉人是否因对方违约有权解除合同？当对方当事人违约后，对方当事人是否具有留置权？（3）损害赔偿金额的估算。另外，准据法还可支配因果关系、共同过失和被告为避免其法律责任而进行的实质性抗辩。③

《罗马公约》的解释报告指出，损害赔偿的金额问题是一个颇具

---

① Chesire, North & Fawcett, *Private International Law*, Oxford: Oxford University Publication, 2008, p. 755.

② Dicey, Morris and Collins, *The Conflict of Laws*, 14th ed., London: Sweet & Maxwell, 2006, p. 197

③ Richard Plender & Michael Wilderspin, *The European Private International Law of Obligations*, 3rd ed., London: Sweet & Maxwell, 2009, pp. 410 – 411.

争议的问题。在大多数大陆法国家，损害赔偿金额的估算被认定为一个纯粹的事实问题，因而应适用法院地法而不是公约的规定。但在大多数普通法国家，损害赔偿被认定为一个实体问题，应受合同准据法的支配，而损害赔偿的实施与金额的估算则是一个事实问题，应受法院地法支配。因此，从"在诉讼程序法授予法院的权力范围内"的表述来看，报告实际上最终采用了折中方案，《罗马条例Ⅰ》也沿袭了该方案。如果损害赔偿和损害赔偿的金额的相关事项由合同的准据法支配，那么该规则必须由法院来具体适用。例如，如果一方当事人故意违约，无过错方当事人可以索赔其累计损失，所适用的法律应由合同准据法确定。如若准据法规定可以进行索赔，则对于该索赔要求以及损害赔偿金额的估算规则，法院应予以承认和执行。唯一的例外是，根据条例第 21 条的公共秩序例外的有关规定，法院地法可以不予承认和执行此项索赔请求。

如果准据法限制了赔偿的额度，那么无论法院地法是否存在相反的规定，均应以合同准据法为准，债务人不应承担比合同自体法规定更高的赔偿数额。因为公约和条例对间接损失和损害赔偿的数量没有进行区分，所以此类情况应谨慎对待。①

此外，违约的后果也会涉及一些程序性问题，虽然程序性问题不属于公约的调整范围，但违约的后果必将受到法院地法程序性规定的限制，法官仍然可能会选择不适用准据法的规定。因此，在具体的司法实践中，一般认为，关于当事人是否有权要求损害赔偿，应适用合同准据法；而关于损害赔偿的具体金额，应适用法院地法的规定。

四、债务消灭的各种方式以及诉讼时效

《罗马条例Ⅰ》第 12 条第 1 款 d 项规定，合同准据法也支配债

---

① Dicey, Morris and Collins, *The Conflict of Laws*, 14th ed., London: Sweet & Maxwell, 2006, p. 202.

务消灭的各种方式以及诉讼时效问题。

债务消灭的方式是多种多样的，主要包括清偿、解除合同、抵销、提存、免除、混同等等。关于债务消灭的方式，欧盟大多数国家适用合同自体法，《罗马条例Ⅰ》的立法也沿袭了该理论。但在上述各种债务消灭方式中，抵销具有其特殊性，它受不同的法律条款支配，条例第 17 条规定，如当事人不能就抵销权达成一致意见，抵销权应适用提起抵销诉讼的地方的法律。

关于时效问题，普通法国家通常将其归于程序问题，应适用法院地法。1984 年英国颁布的《涉外时效期间法》（Foreign Limitation Periods Act 1984）抛弃了普通法的传统，将时效识别为实体法问题。因此，欧盟各国终于就此问题形成了统一意见，① 不过，这并不表明英国在该问题上放弃适用自己的法律，事实上此规定更有利于其适用 1984 年的法律。

五、合同无效的后果

《罗马条例Ⅰ》第 12 条第 1 款 e 项规定，合同准据法也支配合同无效的后果。

在《罗马公约》的磋商阶段，关于合同无效的后果是否受合同准据法支配的问题，各成员国争议较大，所以直至协商的最后阶段，该款才被添加进去并允许各成员国进行保留，英国和意大利对该款进行了保留。对该款持反对意见者认为，合同无效的后果只是准合同问题或其他非合同之债问题，不能完全受合同自体法支配。但同时，大多数国家赞成将合同无效的后果纳入准据法调整的范围。他们认为，以合同自体法支配合同无效的后果并没有什么不适当的地方，因为自体法无论是由当事人选择还是由法律规定，都意在以一

① 在公约的规定中，关于时效适用准据法的问题是允许保留的。在此之前，公约的其他缔约国均赞成时效问题应受准据法支配。

种单一的法律支配整个交易，它有利于消除歧视、实现当事人的期望，也有利于保障法律适用的确定性和统一性。

合同无效的后果适用合同准据法，因此，如果合同无效，有关当事人是否应返还其所交付的金钱或利益等问题，根据《罗马条例 I》的规定，应该适用合同准据法的规定。对于英国和意大利而言，此款规定尤为重要，因为毕竟他们是第一次适用该规则。

在 2005 年的 Owusu v. Jackson 案中①，就有关合同无效的后果，欧洲法院倾向于对《布鲁塞尔条例 I》中的规定进行广义的解释。有鉴于此，欧盟各成员国的很多学者认为，对于《罗马条例 I》第 12 条第 1 款 e 项的规定，也应从广义上进行解释，因此，合同无效的后果还应该包括恢复原状。②

同时，该条款也可适用于根据条例第 10 条规定的无效合同和其他合同违法性问题。但根据条例第 10 条第 2 款规定，如果当事人援用其惯常居所地法来证明他并未同意该合同时，由此而产生的合同无效的后果应适用的法律尚不明确，有学者认为，适用其惯常居所地法较为恰当。此外，该款是否适用于条例第 9 条规定的优先性强制规则，还有待明确。有学者建议，如若法院存在优先性强制规则，根据第 9 条第 2 款和第 3 款的规定，有关合同无效的后果应受法院地法的支配。③

合同准据法除了支配上述五个方面的事项外，还可支配某些法律行为能力问题、举证责任以及证据的形式等问题。总之，《罗马条例 I》较为宽泛地规定了准据法的适用范围，几乎大多数与合同有关的问题都受合同准据法的支配。

---

① Owusu v. Jackson, [2005] E. C. R. I－1383.

② Richard Plender & Michael Wilderspin, *The European Private International Law of Obligations*, 3rd ed., London: Sweet & Maxwell, 2009, pp. 420.

③ Lando (O.) & Nielsen (P.), *The Rome I Regulation*, 45 Common Mkt. L. Rev., 1716 (2008).

第三章 合同法律适用的一般性规则

第一节 当事人意思自治

在国际私法中，有关合同领域内当事人意思自治的观念发端于中世纪的意大利，[①] 历经各国学者的理论阐释[②]和司法实践的检验，而今已成为国际商事合同法律适用的首要原则。在国际私法上，当事人意思自治原则是指，合同当事人有权在协议一致的基础上选择某一国家或地区的法律来支配其间的权利义务关系，一旦当事人之间产生争议，受理案件的法院或仲裁机构应以当事人选择的法律作为合同的准据法，以确定其间的权利与义务。[③] 在《罗马公约》和《罗马条例Ⅰ》中，当事人意思自治原则是统一规则中最重要的原则，当事人选择准据法的自由被视为欧盟合同之债冲突法规则体系的基石之一。《罗马条例Ⅰ》第3条在基本沿袭《罗马公约》第3条规定的同时，也对其进行了修订和完善。《罗马条例Ⅰ》在最大限度尊重当事人意思自治的同时，也对当事人的意思自治进行了一定的限制。

---

① Friedrich K. Juenger, *Choice of Law and Multistate Justice*, Martinus Nijhoff, 1993, p. 10; Peter Nygh, *Autonomy in International Contracts*, Clarendon Press, Oxford, 1999, p. 3.

② 对当事人意思自治理论发展具有重要贡献的学者主要包括：萨里塞（Salicet）、罗朱斯·库尔迪乌斯（Rochus Curtius）、杜摩兰（Domulin）、胡伯（Huber）、孟西尼（Mancini）等。

③ 《中国大百科全书：法学》（修订版），中国大百科全书出版社2006年版，第464页。

一、当事人选择法律的方式

（一）形式要求问题

《布鲁塞尔条例Ⅰ》第 23 条规范了双方当事人签订协议管辖条款的形式要求问题，根据该款的规定，这种指定管辖权的协议必须采用书面形式的或有书面证明，或符合当事人之间业已确立的惯例形式，或符合当事人意识到或应该已经意识到的通常作法的形式。欧洲法院认为，支配法律选择条款效力的形式要求可能会取代《布鲁塞尔条例Ⅰ》中的一般规则和特殊规则，有鉴于此，应对其进行严格的解释。①《罗马条例Ⅰ》第 3 条则与之不同，它没有就法律选择条款的形式问题规定任何限制性条件，也未规定当事人选择合同准据法时必须采用书面形式。在欧盟的司法实践中，因口头协议选择法律而引发争议的案件虽少，但也事实上存在。在 Derek Oakley v. Ultra Vehicle Design② 一案的判决中，欧洲法院认为，当事人通过口头协议选择德国法是有效的。

尽管《罗马条例Ⅰ》并没有要求通过书面形式进行法律选择，但是它也没有规定通过口头协议进行法律选择是有效的。条例仅规定，当事人对于选择准据法的同意的存在及效力，应依第 10 条、第 11 条及第 13 条的规定予以确定。条例第 11 条特别规定，合同各方当事人或其代理人在订立合同时在同一国家的，合同如果符合依本条例在实体上应适用的法律或合同缔结地国法所规定的形式要件，则在形式上为有效。合同各方当事人或其代理人在订立合同时不在同一国家的，合同如果符合依本条例在实体上应适用的法律、一方当事人或其代理人订立合同时的所在地国法或者一方当事人订立合

---

① Jan – Jaap Kuipers, *Party Autonomy in the Brussels I Regulation and Rome I Regulation and the European Court of Justice*, German Law Journal, Vol. 10, No. 11, 2009, p. 1508.

② Derek Oakley v. Ultra Vehicle Design [2004] EWHC 1033 Comm.

同时的惯常居所地国法所规定的形式要件，则在形式上为有效。Oakley 案中适用的法律是德国法，但法官并未明确表明合同是缔结于英国还是德国。如果该合同缔结于德国，法院理应确定关于法律选择的口头协议是否已有效地"并入"（incorporate）书面合同，但无论双方当事人的律师还是法院似乎都没有注意该问题。

欧盟法院不允许各成员国依据其国内法来确定扩大管辖条款（a prorogation of jurisdiction clause）的形式效力问题，而主张适用统一的规则，但是在实践中，法律选择条款的形式效力的确定，仍然依据国内法。①

（二）选择方式问题

当事人选择法律的形式，在通常意义上包括明示和默示两种。《罗马公约》和《罗马条例 I》均在第 3 条第 1 款确定了明示、默示两种选法方式。有关当事人的法律选择形式问题，条例未对公约进行实质性修改，而是沿袭了公约规定，但为了保证公约的不同语言文本，主要是英文、德文版本与法文版本之间的一致性②，条例从措辞上对公约进行了修订：条例要求当事人的选择必须是"明确地"和"清楚地"（expressly or clearly demonstrated）。条例不仅赋予明示条款以法律效力，而且在未明示选择时，也要求法院努力去推定当事人的真实意图，并规定法律选择必须通过合同条款或具体情况或加以表明，这充分体现了对当事人意思自治的尊重。

1. 明示选择

所谓明示选择（Express Selection），是指在合同的法律选择条款中或合同以外的法律选择协议中，合同当事人明确表达自己选择有关法律为合同准据法的意向；明示选择透明性强、具有稳定性和可

---

① Jan – Jaap Kuipers, *Party Autonomy in the Brussels I Regulation and Rome I Regulation and the European Court of Justice*, German Law Journal, Vol. 10, No. 11, 2009, p. 1523.

② 公约的英文版本和德文版本的表述为"reasonable certainty"，而法文版本的表述为"certainty"。

预见性，因而为各国普遍肯定。① 根据《罗马条例Ⅰ》第 3 条的规定，明示选择没有形式上的要求，它既可以是书面的，也可以是口头的。根据该条第 2 款的规定，当事人在选择法律的时间上也享有最大限度的自由，双方当事人既可以在订立合同之前，也可以在订立合同时或订立合同之后选择法律。另外，根据条例详述部分第 13 条的规定，当事人既可选择某个国家的法律，也可以选择非国家实体的法律或某国际公约。

如果双方当事人在拟订合同时，将某国法中的条款逐字逐句地"并入"合同条款，或者明确表明某些合同事项适用某国法，则该外国法条款应被视为一个实体意义上的合同条款，表明当事人在合同的某一方面具体的权利和义务，具有一定的稳定性，其有效性将由条例规定的准据法来予以确定。而当事人明示选择法律的条款是冲突法意义上合同条款，它具有独立性，其有效性应根据法院地法来予以确定。因此，当事人在合同中"并入"某国法律条款不是明示选择法律的一种方式。

2. 默示选择

所谓默示选择（Implied Selection），是指在合同或其他与合同有关的行为中，当事人对自己选择有关法律为合同准据法意向的暗示。② 对于默示选择，各国理论和实践尚无定见。土耳其、尼日利亚、秘鲁等少数国家只承认明示选择，不承认默示选择；荷兰、美国则有限度地承认默示选择；大多数国家则承认默示选择，允许法官在审理案件时推定当事人的意图。在各国立法及实践中，确定当事人默示选择的因素通常包括：仲裁协议或诉讼管辖协议、合同缔结地或履行地、当事人的国籍或惯常居所地、合同术语、合同所使

---

① 韩德培主编：《国际私法》，高等教育出版社、北京大学出版社 2000 年版，第 199 页。

② 刘仁山：《"意思自治"原则与国际商事合同的法律适用》，黄进、刘卫翔主编：《当代国际私法问题》，武汉大学出版社 1997 年版，第 132 页。

用的语言文字、支付的货币等。①《罗马公约》和《罗马条例 I》均允许通过合同条款或具体情况来推定当事人的意图,但如果存在要推定的情形,则必须"明确地"或"清楚地"表现出来的。

关于如何通过合同条款确定当事人的默示选择,公约和条例均未作出明确规定。在公约的解释报告中,朱利安诺教授和拉加德教授列举了可以推定当事人默示选择的一些情形。例如,合同采取了特定法律体系规定的形式要件;合同包含了法院选择条款与仲裁条款;合同中提到某国法典的具体条款;此外,格式合同由谁提供也可以显示当事人适用法律的打算,等等。公约报告还指出,推定当事人的默示选择必须符合两个条件:其一,推定的选择必须证实具有合理的确定性;其二,必须探寻当事人的真实意图。

法院是否可以依据当事人的专属管辖协议来推定其默示选择呢?欧盟各成员国对此持不同的观点,且争议较大。在公约的解释报告中,朱利安诺教授和拉加德教授认为,当事人的专属管辖协议不会产生这样的效果,但是,如果合同的其他部分或整体情况表明当事人默示选择了法院地法,则情况则有所不同。② 在公约转化为条例的过程中,欧盟委员会决定制定相关规则来解决此类分歧。在 2002 年发布的《绿皮书》中,欧盟委员会基本上采纳了欧盟国际私法工作组(European Group for Private International Law)的意见。它认为,欧洲法院倾向的观点是,"如果仅因协议指向了某个成员国的法院,而缺乏其他相关要素的印证,则不能认定为当事人作出了法律选择"。在《罗马条例 I 议案》中,欧盟委员会在总结《绿皮书》反馈意见的基础上,对上述规定进行了修订,该议案第 3 条第 1 款规定:"如果双方当事人同意将因合同引起的或可能引起的争议的管辖权交由某成员国的一个或多个法院或法庭审理或确定,应被推定为

---

① 许军珂著:《国际私法上的意思自治》,法律出版社 2006 年版,第 158 页。

② Report on the Convention on the Law Applicable to Contractual Obligations by Mario Giuliano, Professor, University of Milan, and Paul Lagarde, Professor, University of Paris I, Official Journal C 282, 31/10/1980, p. 16.

已经选择了该成员国的法律。"欧盟委员会并未解释该项议案的立法背景和立法目的，但很可能是基于以下原因：第一，法院适用本国法较为方便，因为法官通常深谙本国法，而对外国法可能一无所知；第二，适用外国法往往费时且诉讼成本较高；第三，因为疏忽或不熟悉法律规则而未在其合同中明示法律选择条款时，当事人往往希望在该国进行诉讼，适用外国法对当事人而言，既不方便又太昂贵。① 有的成员国对此项议案持反对意见，他们认为，法院的选择与法律的选择是两个截然不同的问题，应区别对待。当事人可能选择将合同争议交由一个法院管辖而同时适用另一国的法律，虽然此类情形很少发生，但欧盟委员会不能剥夺当事人的此项权利。另外，如果当事人在多个国家同时提起诉讼，或者在被告所处国起诉其他人，那么就应依据诉讼提起国来确定适用的法律，这样会招致法律选择的不确定性。因为各成员对该项议案的分歧较大，欧盟委员会在磋商阶段最终采纳了折中的方案：条例没有将该项议案作为一项基本规则，而仅在详述部分第 12 条作为确定法律选择的"考虑因素之一"。② 欧盟各国对折中方案较为欢迎，较之公约的规定，它具有明显的进步性，因为条例的规定至少为法院处理此类案件提供了一个强烈的暗示（a strong hint）。③

条例规定还可以根据案件的具体情况来推定当事人的默示选择。案件的具体情况主要包括：（1）在相关的交易中有明确的法律选择；（2）在该当事人缔结本合同之前的类似合同中含有准据法选择条款，而本次合同中省略了该条款，而且这一"省略"并不意味合同当事人意愿的改变；（3）当事人之间业已确立的商业惯例的形式；在国

---

① Lando（O.）& Nielsen（P.），*The Rome I Regulation*，45 Common Mkt. L. Rev.，2008，p. 1699.

② 条例详述部分第 12 条规定：当事人之间的有关将合同争议交由某成员国的一个或多个法院或法庭专属管辖的协议，应作为确定是否清楚地表明法律选择的考虑因素之一。

③ Lando（O.）& Nielsen（P.），*The Rome I Regulation*，45 Common Mkt. L. Rev.，2008，p. 1700.

际贸易或商务中，双方当事人广泛知晓并被通常遵守的处理相同类型合同的通常做法的形式；等等。条例还排除了根据一些客观因素无限制地推定当事人默示选择的可能性。

值得指出的是，根据合同条款与具体情况来确定当事人的法律选择，也可能会产生适用不同的法律作为合同准据法的情况，在这种情况下，应适用条例第 4 条规定来确定合同准据法。

（三）合同的分割问题

关于合同的法律适用问题历来存在着"单一论"和"分割论"之争，其对立主要体现在两方面：（1）对于同一合同来说，"单一论"主张对整个合同适用同一法律，"分割论"主张不同的方面适用不同的法律；（2）对于不同性质的合同，"单一论"主张不分类型，统一确定其准据法，而"分割论"主张适用不同的法律。① "单一论"为一些大陆法系国家如法国、荷兰、比利时、卢森堡、捷克、波兰及英联邦国家所采用;② 而大多数国家在实践中采用了"分割论"。其实，这两种理论都有其存在的客观依据，因为认识的角度不同，合同本身既可被视为一个整体，也可以被视为分割的各个部分。"单一论"和"分割论"侧重不同且各有长短。"单一论"所强调的是合同内在要素的统一性，追求的是合同稳定的法律状态，也便于快速、简捷地解决法律争议，但其忽略了合同法律关系的复杂性，在适用中往往因缺乏针对性和合理性，不利于妥当解决合同争议和维护当事人的权益。"分割论"则强调合同各内在要素的相对独立性，追求个案的公正性，有助于合理、妥当地解决具体的合同纠纷，但可能破坏合同法律适用的稳定性和合理性。

"分割论"在国际私法中的内涵较为丰富，它的具体含义为：在涉外案件中，法院对适用于调整合同各个问题的法律进行识别或确

---

① 韩德培主编：《国际私法》，高等教育出版社、北京大学出版社 2000 年版，第 195 页。

② 李双元：《国际私法（冲突法篇）》，武汉大学出版社 1987 年版，第 342 页。

认，以便对同一合同中的不同问题适用不同的法律。① 正如公约报告所言，一些代表反对"分割论"，他们认为，合同原则上应适用同一法律，除非该合同虽然表面上为一个独立的合同，但实际上却由几份合同构成，或者它是由从经济上或法律上均可分割、相互独立的不同部分组成，因此他们反对在公约的任何地方提到"分割"。但多数代表支持"分割论"，因为当事人双方的选法自由可能会导致合同的分割。"分割论"与意思自治原则具有密切联系，尽管合同是可以分割的，但当事人的选择必须从逻辑上保持一致。换言之，选择适用不同国家法律的合同各部分之间必须不能相互矛盾，而应该能密切联系在一起，这是合同分割的一个前提条件。欧盟委员会最终采纳了后一种观点。

《罗马公约》第 3 条第 1 款规定，双方当事人可自行选择适用于合同的全部或部分的法律。《罗马条例Ⅰ》第 3 条第 1 款沿袭了该规定。由此可见，公约和条例均允许"分割论"，但作用仍然是有限的。② 显然，公约和条例都遵循将"单一论"和"分割论"有机结合的观点，取其所长，避其所短，加以综合运用③。

值得指出的是，根据条例规定，法律选择必须通过合同条款或具体情况明确地或清楚地加以表明，因此，当合同的不同部分适用不同的法律时，该合同的可分割性也同样应明确地或清楚地加以表明。如果当事人选择的法律仅规范合同的一部分，而合同其他部分未选择法律时，则应适用条例第 4 条的规定。

---

① D. F. Cavers, *Cotemporary Conflicts Law in American Perspective*, （1970 – Ⅲ）131 Hague Recueil 75, 137 – 140; W. L. M. Resse, *Depecage: A Common Phenomenon in Choice of Law*, (1973) 73 Colum. L. Rev. 58.

② Richard Plender & Michael Wilderspin, *The European Private International Law of Obligations*, 3rd ed., London: Sweet & Maxwell, 2009, p. 154.

③ 吕岩峰：《国际合同法律适用的理论分歧和历史演进》，载《长春市委党校学报》1999 年第 1 期，第 76 页。

二、法律选择的变更

（一）变更合同准据法的时间

当事人能否在合同订立之后选择法律和变更以前的选择呢？在 1980 年《罗马公约》正式生效以前，欧共体各成员国的立法与实践各异。英国认为，合同准据法应在合同订立时确定，订立合同后当事人的后续行为不能确定合同准据法，而仅能决定当事人是否可以改变以前的选择；意大利也反对把当事人的法律选择限定在订约之时，但当事人已经选择就不得改变，在实践中也对当事人缔约后的选择不予承认。德国、法国以及斯堪的纳维亚国家则规定：当事人可以在订立合同后任何时间选择合同准据法，甚至在庭审阶段也可以变更以前的选择。

《罗马公约》和《罗马条例Ⅰ》第 3 条第 2 款采纳了大多数成员国的做法，根据该款的规定，当事人可在任何时候以协议变更其合同所适用的法律。首先，该规定与"分割论"具有异曲同工之处，也是对当事人意思自治原则的进一步诠释和发展。从本质上而言，当事人意思自治原则是允许当事人能自行选择合同准据法，变更法律选择同最初的法律选择自由一样，都是其意思自治的体现。① 正如实体法上的契约自由一样，当事人既享有缔约自由，也享有变更合同内容的自由。从最初选择法律到事后变更选择，甚至放弃选择，这是当事人行使自主权的一个完整的过程，其不仅不会影响意思自治原则的性质，而且还会进一步完善和发展该原则。② 其次，该规定有利于促进商业便利。当事人双方选择变更合同准据法，往往是为了实现他们商业上的共同利益。

---

① Peter North, *Essays in Private International Law*, Clarendon Press, Oxford, 1993, p. 58.

② 沈涓著：《合同准据法理论的解释》，法律出版社 2000 年版，第 56 页。

（二）确定准据法变更效力的法律

如前所述，在公约正式生效以前，一些欧共体成员国的法律允许事后变更合同准据法，但仍存在一个俟待解决的问题，即确定准据法变更效力的法律问题。关于这一问题，主要有两种不同的观点。第一种观点，最为简单的方法是适用法院地法。有的学者认为，订立合同后选择法律不是实体法支配合同权利变化的问题，而是一个有关当事人意思自治选择法律的国际私法问题，因此变更准据法的协议应由法院地的国际私法规则支配。① 适用法院地法固然简便易行，但也助长了挑选法院现象的产生，增加了法律适用中的不可预见性，从而招致了反对意见。第二种观点则主张当事人变更准据法的协议应由最初的合同准据法支配。沃尔夫认为："缔约当事人可不可以自由订立新的约定，把原来适用甲国的法律体系的契约改为适用乙国的法律呢？这个问题必须按照原来适用于这个契约的甲国法律来解答。"② 该观点得到了更多的拥护，但问题是，当事人往往不能确定其是否或在多大程度上变更了最初选择的法律。另外，也有少数人提出由新选择的法律支配。

关于如何确定准据法变更效力的法律问题，《罗马条例Ⅰ》最终采用了"自助规则"（bootstrap rule），即"法律选择的效力由当事人选择的法律来确定"。根据条例第 3 条第 5 款的规定，当事人对于选择准据法的同意的存在及效力，应依第 10 条、第 11 条及第 13 条的规定确定。条例第 10 条第 1 款特别规定，合同或合同任何条款的成立及效力，应根据假设该合同或条款有效时依本条例应适用的法律确定。条例第 11 条第 3 款也特别指出，旨在对既存的或拟订立的

① Sir O. Kahn – Freund, *General Problems of Private International Law* （1974 – Ⅲ）143 Hague Recueil 147 at 402；AJ. E. Jaffey, *Offer and Acceptance and Related Questions in the English Conflict of Laws* （1975）24 I. C. L. Q. 603 at 605；Peter North, *Varying the Proper Law*, *in Essays in Private International Law*, Clarendon Press, Oxford, 1993, p. 64.

② [英]马丁·沃尔夫著：《国际私法》，李浩培等译，法律出版社 1988 年版，第 608 页。

合同产生法律效力的单方行为，如符合依本条例在实体上应适用或将适用的法律、行为实施地国法或者已实施行为的当事人当时的惯常居所地国法所规定的形式要件，则在形式上为有效。

（三）变更的准据法的溯及力

关于变更的准据法是否具有溯及力的问题，公约和条例第3条第2款均没有作出明确规定。公约的正式报告曾提及了合同准据法的变更的溯及力问题，但其措辞是模棱两可的，但公约报告的确没有明确排除该可能性。拉加德教授在自己的著作中明确指出，如果当事人同意，合同准据法的变更具有溯及力。[①]

关于变更的准据法的溯及力问题，各国学者观点不一。有的学者反对变更的准据法具有溯及力。他们认为，在当事人无行为能力、交易不合法等情形下，变更的准据法可能使合同无效，变更的准据法如果具有溯及力的话，会导致合同自始无效，当事人的合同目的完全落空；另外，本来依据变更前的准据法当事人已完全履行了合同，而变更后新的准据法则认为是履行不充分，鉴于以上理由变更的准据法不应具有溯及力。[②] 而支持者则认为，当事人之所以变更合同准据法，主要是对最初的选择不尽满意，如果变更的准据法不具有溯及力，则会挫伤当事人重新确定合同准据法的迫切愿望。[③] 如果合同依据其变更前的准据法是无效的，但是根据变更后新的准据法是有效的，应根据具体情形确定变更的准据法的溯及力问题。如果准据法变更使受其支配的合同无效，新准据法下的新合同取而代之。在这种情况下，合同准据法的变更并不具有当然的溯及效力。但当事人可以同意新合同将适用于变更之前的事项。如果准据法的变更没有导致合同无效，原合同在新准据法下继续有效，则合同准据法

---

① Richard Plender & Michael Wilderspin, *The European Private International Law of Obligations*, 3rd ed., London: Sweet & Maxwell, 2009, p. 155.

② 许军珂著：《国际私法上的意思自治》，法律出版社2006年版，第170页。

③ Peter North, *Essays in Private International Law*, Clarendon Press, Oxford, 1993, p. 65.

的变更只溯及未来情形，德国法院的实践以及沃尔夫等学者均支持该观点。

（四）变更准据法的限制

从条例第 3 条第 2 款的规定来看，对当事人变更准据法的权利是有一定限制的，主要表现在两个方面：

1. 不得损害条例第 11 条规定的合同形式效力

根据条例第 3 条第 2 款的规定，合同订立后，当事人所作出的任何关于法律适用的变更，不得损害条例第 11 条规定的合同形式效力。如果变更的合同准据法中规定了形式要求，而变更前的合同准据法中没有类似要求，则合同准据法的变更不会导致合同无效。合同的形式效力原则上应依照合同缔结的时间来予以确定。

2. 不得对第三人的权利造成不利影响

根据条例第 3 条第 2 款的规定，合同订立后，当事人所作出的任何关于法律适用的变更，不得对第三人的权利造成不利影响。该规定主要体现了条例对善意第三人的保护，以防止双方当事人通过变更准据法来侵犯善意第三人的合法权益。例如，如果定期供货合同中准据法的变更致使合同自始无效，则依据无效合同从卖方处购买货物的第三人仍享有对该货物的所有权。

三、当事人意思自治的限制

综观各国立法与实践，大多数国家都赋予了当事人意思自治以首要的法律选择原则的地位，与此同时，又在相关条件下和相应方面对当事人的意思自治进行了不同程度的限制。一般而言，对当事人的意思自治的限制主要体现在选择法律的方式、选择法律的时间、选择法律的内容等方面。

《罗马条例Ⅰ》对当事人的选法时间并未进行限制，也没有要求当事人选择的法律必须与合同有关联，但其中的若干规定仍对当事人的意思自治进行了明确的限制，主要表现在以下方面：

（一）强制规则的限制

在《罗马公约》中，"不能通过协议减损的规则"即为"强制规则"（mandatory rules），有关问题主要规定于公约第 3 条第 3 款、第 5 条、第 6 条、第 7 条和第 9 条第 6 款。第 3 条第 3 款所称的"强制规则"即"不能通过合同减损的国内法规定"，是适用于所有合同的一般性的规定；第 5 条和第 6 条是适用于消费者合同和个人雇佣合同等特殊合同的强制规则；第 7 条和第 9 条第 6 款规定的实质上是"国际性强制规则"（internationally mandatory provisions）。但是，《罗马公约》未对这些条文进行统一的解释和逻辑上的协调，而是视不同情形对该概念从内涵与外延上做不同解释，因此从整体上看相关规定较为模糊和混乱。

《罗马条例 I》第 3 条第 3 款删除了《罗马公约》第 3 条第 3 款中"强制规则"的表述，也并未将其作为一般性概念直接规范于其具体条款中，而是替之以"不能通过协议而减损的规则"（provisions which can not be derogated from by agreement）。但条例无意在内容上对公约第 3 条第 3 款进行实质性修订，而仅从措辞上进行了规范，以便尽可能与《罗马条例 II》第 14 条保持一致。[①] 条例第 3 条第 3 款和第 4 款的相关规定为适用于所有合同一般性规定，条例第 5 条、第 6 条、第 7 条和第 8 条中的相关规定则分别对运输合同、消费者合同、保险合同和个人雇佣合同等特殊合同中的当事人意思自治进行了限制。另外，《罗马公约》第 7 条和第 9 条确立的"国际性强制规则"也为《罗马条例 I》第 9 条的"优先性强制规则"（overriding mandatory rules）所替代。条例的详述部分第 37 条也试图进一步厘清"优先性强制规则"与"不能通过协议而减损的规则"的区别。《罗马条例 I》的上述调整更加符合标准的英文术语，也使得其英文文本同其他语言文本较为一致，各术语间的区别也更为清楚、明确。

————————

① 《罗马条例 I》详述部分第 15 条。

关于条例第 5 条、第 6 条、第 7 条和第 8 条规定的适用于特殊合同的限制性规定，将会在相关章节中论述，这里不再赘述。我们仅在此研究条例第 3 条第 3 款和第 4 款的相关规定。

《罗马条例 I》第 3 条第 3 款的规定①旨在防止"纯共同体内合同"（purely Intra-Community contract）中的当事人规避外国法中的强制规则，同时也对该强制规则的适用规定了限制性条件：首先，当事人选择了外国法。从条例的字面上看，外国法的界定应以选法地国作为参照，即使在准据法所属国提起诉讼，该法仍为外国法。第二，该款规定仅适用于"纯共同体内合同"，如果涉及到国际性合同的情形，则适用条例第 9 条和第 21 条的规定。② 但当事人双方选择了外国法，而由于连接因素的改变，使其有可能在外国进行诉讼。第三，此处所指的强行规则，只需具有内国意义上的不可排除性。另外，根据强行性规则排除准据法，并不从整体上排除准据法的适用，而仅在强行性规则改变的相关方面排除准据法，准据法仍适用于合同其他方面。③

值得指出的是，条例第 3 条第 3 款规定的适用条件是"与当时情况有关的所有其他因素均位于所选择的法律所属国以外的一个其他国家"，如果与当时情况有关的所有其他因素涉及到两个国家，而这些国家的相关法律中均包括强制规则，则不能适用该款的规定。欧盟在立法中也注意到了此类问题，并为其提供了一种救济方法，即适用条例第 3 条第 4 款的规定。

---

① 《罗马条例 I》第 3 条第 3 款规定：如在法律选择时与当时情况有关的所有其他因素均位于所选择的法律所属国以外的一个其他国家，则当事人的选择不得影响该其他国家的那些不能通过协议减损的法律条款的适用。

② Andrea Bonomi, *The Rome I Regulation on the Law Applicable to Contractual Obligations*: *Some General Remarks*, 10 Ybk. Priv. Int'l L. 171（2008）.

③ 肖永平主编：《欧盟统一国际私法研究》，武汉大学出版社 2002 年版，第 146 ～ 147 页。

《罗马条例Ⅰ》第 3 条的主要创新之处在于引入了第 4 款①的规定，根据该款的规定，当事人在选择第三国法时，不得规避共同体法中的强制规则。条例第 3 条第 4 款建立了一套共同体层面的规则，而该规则与第 3 款的国内法规则较为类似。② 其理论逻辑是一致的：如果说当事人的法律选择不能规避国内法中的强制规则，那么当事人在选择第三国法时，也不能规避共同体法中的强制规则。③ 第 4 款的适用也必须满足以下条件：

第一，法律选择时一切与当时情况有关的所有其他因素均位于一个或多个成员国。如果所有因素仅位于一个成员国，则直接适用第 3 款的规定；如果一个或多个因素与第三国有关联，则不能适用第 4 款的规定。

第二，共同体法中的规定必须是那些不能通过协议减损的共同体规则，它不仅包含在可以直接适用的条例中，还可以包含在经各成员国转化为国内立法的各项共同体指令中。事实上，就现存的欧盟合同法而言，共同体法中的强制规则大多包含在各项共同体指令中。如果某项共同体指令规定了不能通过协议减损的规则，并且成员国适当地实施了该指令，那么该规则便成为了一项国内法中不能通过协议减损的强制规则。因此，第 4 款规定中插入"共同体法已在法院所在成员国得到适当的实施"的用语也就不足为奇了。值得注意的是，有些共同体指令（如欧盟消费者合同法）并未制定统一的规则，而仅规定了最低标准条款（minimum standard clauses），它允许各成员国制定更高的保护标准，因而各成员国执行指令的方式

---

① 《罗马条例Ⅰ》第 3 条第 4 款规定：如在法律选择时一切与当时情况有关的所有其他因素均位于一个或多个成员国，则当事人选择适用非成员国的法律，不得影响那些不能通过协议减损的共同体法律条款的适用，即使该共同体法已在法院所在成员国得到适当的实施。

② Solomon, *The Private International Law of Contracts in Europe: Advances and Retreats*, Tulane Law Review 82（2008）1729.

③ Helmut Heiss, *Party Autonomy*, Ferrari（F.）& Leible（S.）, *Rome I Regulation: The Law Applicable to Contractual Obligations in Europe*, Sellier European Law Publishers, 2009, p4.

可能有所差异。在这种情况下，一般来说，原则上仅仅指令中的最低标准才被视为强制规则。[1] 但是，为便于司法实践，立法者往往会选择法院地的规则来作为判断的依据，并且赋予法官一定的自由裁量权。

第三，第4款规定仅适用于当事人已经选择了第三国法的情形。如果当事人选择的不是第三国的法律，而是某个成员国并未实施的共同体立法，则不能适用该款的规定。因此，如果一个德国人和一个西班牙人缔结了一份合同，并且当事人双方选择了西班牙法作为合同准据法，但是西班牙并未将共同体法中的强者规则"并入"其内国法，则此类情形不能适用条例第3条第4款的规定。

第四，这里所指的"成员国"系指所有的欧盟成员国，而不是指适用本条例的欧盟各成员国。[2] 因为第4款规定，当事人在选择第三国法时，也不能规避共同体法中的强制规则，所以这里的"成员国"也包括丹麦。

条例第3条第3款和第4款对当事人的意思自治从强制规则方面进行了限制，但具体的适用过程中，即便满足了上述条件，我们仍然需要解决一个基本问题：在当事人进行法律选择时，到底哪些因素才与当时情况有关联？但是，此类重要因素仍在讨论中，[3] 一般是由法官自由裁量的。在英国，法院一般认为合同履行地、当事人的国籍和住所以及支付的货币是与当时情况有关联的，而合同的所使用的语言以及船旗国法则不是关联因素。

（二）选择法律的范围的限制

《罗马公约》第1条明确规定，公约的适用范围是任何涉及选择采用"不同国家法律"的情况的合同之债，因而"非国家法律"不

---

① Richard Plender & Michael Wilderspin, *The European Private International Law of Obligations*, 3rd ed., London: Sweet & Maxwell, 2009, p. 162.

② 《罗马条例Ⅰ》第1条第4款规定：在本条例中，"成员国"系指适用本条例的欧盟各成员国。但在第3条第4款和第7条中，"成员国"系指所有的欧盟成员国。

③ Sir P. North, *Contract Conflicts*, North Holland, 1982, p. 81.

属于公约调整的范围。公约第 3 条所指的"当事人选择的法律"也应根据第 1 条界定的范围来进行解读。显然，当事人选择的合同准据法如果不是一个国家的法律，则该选择将是无效的。因此，在公约中，国际法、一般的法律原则、各种形式的商人法（lex mercatoria）、国际私法统一学会关于国际商事合同的原则（UNIDROIT Principle）等"非国家法律"或国际公约均不得作为合同准据法。

在《罗马条例 I 议案》第 3 条第 2 款中，欧盟委员会明确指出，当事人可以选择"国际上或共同体层面承认的合同实体法的规则和原则"作为合同准据法。根据欧盟委员会的解释，当事人可以选择国际私法统一学会关于国际商事合同的原则、欧盟合同法原则或未来的共同体立法等作为合同准据法，但不得选择商人法或"不为国际社会充分承认的私法典汇编"（private codification not adequately recognized by the international community）作为合同准据法。在议案的协商阶段，很多代表对该款规定提出了反对意见，他们认为：首先，到底哪个机构有权解释这类规则和原则呢？这显然是不确定的，因此，该款规定增加了确定合同准据法的不确定性，从而会引发更多的诉讼；其次，欧盟委员会的议案属于纯理论性的规定，不符合实践需要，法律实务界也的确没有此类需求。① 关于此问题，欧盟理事会和欧洲议会的意见也不一致。因此，《罗马条例 I》的最终文本采用了折中方案。

《罗马条例 I》依然遵循了《罗马公约》的做法，不允许当事人选择"非国家法律"或国际公约作为合同准据法。但在条例的详述部分第 13 条明确指出，"本条例并不妨碍当事人在其合同中援引一个非国家实体的法律或某国际公约。"对于"非国家法律"或国际公约的适用，《罗马条例 I》提供了"并入"（incorporation）这一替

① Francisco J. Garcimartín Alférez, *The Rome I Regulation*: *Much ado about nothing*? The European Legal Forum – Internet Portal, Issue 2 –2008, p. 67.

代方式，以此作为对现代商人法理论发展的回应。

（三）其他限制

除了强制规则的限制外，合同双方当事人通过意思自治选择合同准据法时，还将受到以下限制：（1）当事人的选择必须明确地或清楚地加以表明；（2）如前所述，推定当事人的默示选择必须满足一定的条件；（3）合同订立后，当事人所作出的任何关于法律适用的变更，不得损害第 11 条规定的合同形式效力，也不得对第三人的权利造成不利影响；另外，公共秩序也必将是法院地国排除外国法适用的一种手段。

综上所述，我们可以这样认为，《罗马条例 I 》第 3 条关于当事人意思自治的限制在当事人选择法律的时间、法律选择的方式以及法律选择的内容等方面均有着趋于减弱的态势。在合同准据法的选择中充分尊重当事人的意思自治，不仅有利于增加法律适用过程中的确定性和可预见性，也有助于降低办案难度，实现司法任务的简单化，提高办案效率。①

第二节　当事人未作选择时的法律适用规则

如果当事人没有通过明示或默示的方式选择合同准据法，《罗马公约》第 4 条确定一种"三部曲"式的选法结构，即"一般原则（general principle）、可反驳的法律推定（rebuttable presumptions of law）和例外条款（escape clause）"。② 首先，如果当事人未选择合同准据法，应根据最密切联系原则来确定合同准据法，即合同受与其有最密切联系的国家的法律支配；其次，对于确定最密切联系的方法，公约进一步规定了一项一般推定和两项特别推定，一般推定

---

① 肖永平著：《肖永平论冲突法》，武汉大学出版社 2002 年版，第 192 页。

② Francisco J. Garcimartín Alférez, *The Rome I Regulation: Much ado about nothing?* The European Legal Forum – Internet Portal, Issue 2 – 2008, p. 67.

认为应适用特征性履行方的惯常居所地法，而特别推定则适用于不动产产权或不动产使用权合同以及运输合同；最后，如从整体情况看，合同明显与另一个国家有更密切联系，公约规范了例外条款。许多大陆法学者和律师认为，该规则体系直接包含了大量的可反驳的法律推定，对于最密切联系的连接点的规定也过于笼统，而不足以为法官和法律从业人员提供充分的指导，容易导致法律司法实践中的不确定性。另外，在一些较为复杂的合同关系中，如特许经营合同和分销合同，其特征性履行地难以确定，欧盟各成员国法院的解释可能会有所差异。

为克服《罗马公约》的上述缺陷，《罗马条例 I 》第 4 条制定了适用于所有类型合同的一般缺省规则（default rule），[①]并进一步优化了规则体系的结构。新规则与《罗马公约》的相关规则具有明显的区别。首先条例对各国冲突规则分歧较小的八种典型合同规定了硬性规则（hard and fast rules）；其次，对于上述八种合同之外的合同或者混合型的合同，则适用代表合同特征性履行的一方当事人的惯常居所地国法；再次是例外条款；最后以最密切联系原则作为兜底条款。条例的规定无疑增加了法律选择中的确定性和可预见性，同时也兼顾了灵活性，相对于公约的规定而言，具有显然的进步性。

一、硬性规则

《罗马条例 I 》第 4 条第 1 款规定了货物销售合同、服务合同、不动产物权合同、不动产租赁合同、特许经营合同、分销合同、通过拍卖方式订立的货物销售合同、在多边体系下订立的合同等八类合同的法律适用规则。条例的规定采用了硬性冲突规则的形式，通过固定空间连接点的指引来确定这八类合同的准据法。从结果上来看，该硬性规则与依据合同的特征性履行来确定合同准据法的结果

---

① 运输合同、消费者合同、保险合同和个人雇佣合同适用特殊的规则。

是一致的，相关的连接点可能是当事人的惯常居所地或合同缔结地。无疑，法律选择的稳定性、连续性和相似性有助于实现法律选择的一致性和可预见性，从而减少"挑选法院"等现象的发生和保护当事人的正当期望，有利于实现"冲突法上的公正"。① 另外，条例第5条至第8条分别制定了运输合同、消费者合同、保险合同和个人雇佣合同的特殊法律适用规则，根据"特别法优于一般法"的原则，涉及这四类合同的法律适用问题，应优先适用其特殊规则，条例第4条第1款的规定不得影响条例第5条至第8条特殊规则的适用。

（一）货物销售合同和服务合同

根据条例第4条第1款a项的规定，货物销售合同应适用卖方的惯常居所地国法。该规定仅适用于货物销售合同，如果涉及土地销售合同，则适用第4条第1款c项的规定，其他类型的销售合同，则适用条例第4条第2款的规定。另外，大多数欧盟成员国是1980年《联合国国际货物销售合同公约》（以下简称为1980年CISG）的缔约国，根据统一实体法优先于统一冲突法适用的原则，实践中，1980年CISG的相关规定往往会所取代条例第4条第1款a项的规定而得以适用。根据条例第25条的规定，本条例正式通过时，如果一个或多个成员国已成为某些制定了合同之债的法律选择规则的国际公约的缔约国，则这些国际公约的适用不受本条例影响。丹麦、芬兰、法国、意大利和瑞典等国是1955年《国际货物销售适用法律公约》（以下简称为1955年《海牙公约》）② 的缔约国，该公约对上述国家适用条例第4条第1款a项的规定也具有约束力。因此，欧盟

---

① 徐崇利：《规则与方法——欧美国际私法立法政策的比较及其对我国的启示》，载《法商研究》2001年第2期，第22页。

② 该公约第3条规定：1. 如当事人未按前条规定的条件指定适用法律，则销售应受卖方收到订单时其惯常居住地所在国的国内法管辖。如订单是由卖方的某机构收到，则销售应受卖方机构所在国的国内法管辖。2. 尽管有上述规定，销售仍应受买方惯常居住地所在国或其发出订单的机构所在国的国内法管辖，如果卖方，或其代表，代理或流动商业代表（不论是谁），在上述国家收到该订单的话。在交易所或公开拍卖行进行的销售应受交易所所在国或拍卖发生地的国内法管辖。

各成员国在适用 a 项规定时，应谨慎考虑上述限制。关于"货物销售"概念的解释，不仅应与《布鲁塞尔条例 I》第 5 条规定的货物销售的范围相同，① 还应考虑到 1955 年《海牙公约》第 1 条的规定②和 1980 年 CISG 第 1 条的规定③。

根据条例第 4 条第 1 款 b 项的规定，服务合同应适用服务提供者的惯常居所地国法。如果服务合同属于条例第 5 条至第 8 条规定的运输合同、消费者合同、保险合同和个人雇佣合同的范畴，则应适用条例规定的特殊规则。

关于"提供服务"概念的解释，应与《布鲁塞尔条例 I》第 5 条规定的提供服务的范围相同。④ "提供服务"是一个广义的概念，它包括各种形式的服务，其解释还可参照《建立欧洲共同体的条约》第 49 条和第 50 条的规定。因此，与律师、会计师、医生、建筑师签订的合同，如果其不属于条例第 6 条适用的范围或仅规定了租赁事项，均可适用条例第 4 条第 1 款 b 项的规定。

（二）与不动产有关的合同

条例第 4 条第 1 款 c 项和 d 项规定了与不动产有关的合同的法律

---

① 《罗马条例 I》详述 17 规定：就未作选择时适用的法律而言，对"提供服务"和"货物销售"概念的解释应与《第 44/2001 号（欧共体）条例》第 5 条规定的货物销售和提供服务的范围相同。尽管特许经营合同和分销合同都属于服务合同，但应受特殊规则调整。《布鲁塞尔条例 I》第 5 条第 1 款规定：除非另有规定，货物销售合同的债务履行地应在合同规定之交付货物或应该已经完成货物交付地的成员国。

② 1955 年《海牙公约》第 1 条的规定：1. 本公约适用于国际间的货物销售。2. 本公约不适用于证券的销售，船舶和已注册船只或飞机的销售，或根据司法令状或因强制执行的销售。本公约适用于凭单据进行的销售。3. 在本公约范围内，若承担交货义务的一方要提供为产品的制造或生产所需的原材料，则交付待制造或待生产的货物的合同应视同于销售合同。4. 仅凭当事人有关法律适用或赋予某法官、仲裁员管辖权的声明不足以使某一销售具有本条第一段所规定的国际性质

③ 1980 年 CISG 第 1 条的规定，公约适用于营业地在不同国家的当事人之间所订立的货物销售合同，但必须具备下列两个条件之一：双方当事人营业地所在国都是缔约国；或者虽然当事人营业地所在国不是缔约国，但根据国际私法规则导致应适用某一缔约国法律。

④ 《布鲁塞尔条例 I》第 5 条第 1 款规定：除非另有规定，提供服务合同的债务履行地，应在合同规定之提供服务或应该已经提供服务地的成员国。

适用规则。

根据条例第 4 条第 1 款 c 项的规定，不动产物权合同或不动产租赁合同应适用不动产所在地国法。该规定与《罗马公约》第 4 条第 3 款的规定基本一致，主要的区别是条例用"不动产租赁"（tenancy of immovable property）代替了"不动产使用权"（right to use immovable property），该项修订主要是为了同《布鲁塞尔条例Ⅰ》第 22 条第 1 款规定保持一致。① 但是"不动产使用权"的范围较之"不动产租赁"更为宽泛，因此，对于介于两者范围之间的合同（如关于不动产用益权合同）仍需要适用条例第 4 条第 2 款的规定②。不动产租赁合同可以采用各种不同的形式，例如不动产分时使用权合同（timeshare contract for immovables），为了确定此类合同是否适用第 4 条第 1 款 c 项的规定，应该谨慎审查合同赋予当事人的权利。如果合同的主要目的是赋予当事人适用特定财产的权利，则可以认定为不动产租赁合同；当然，如果合同规定了大量的服务条款，则不属于不动产租赁合同。

根据条例第 4 条第 1 款 d 项的规定，尽管有第 c 项的规定，供私人暂时使用连续不超过 6 个月的不动产租赁合同，如果租赁人是自然人且与出租人在同一国家有惯常居所，则应适用出租人的惯常居所地国法。该项规定也是为了与《布鲁塞尔条例Ⅰ》第 22 条第 1 款规定保持一致。

一些不动产物权合同或不动产租赁合同也可能属于消费者合同，但条例第 4 条第 1 款规定的与不动产有关的合同准据法规则一般不会被条例第 6 条的特殊规则所替代。唯一的例外是，如果不动产分时使用权合同属于 1994 年 10 月 26 日《关于对不动产分时使用权买

---

① 《布鲁塞尔条例Ⅰ》第 22 条第 1 款规定：以不动产物权和其租赁权为标的的诉讼，专属财产所在地的成员国法院有专属管辖权；然而，以不超过连续六个月期限供私人临时使用的不动产租赁权为标的的诉讼，被告住所地成员国法院也有管辖权，只要承租人为自然人，并且出租人和承租人在同一成员国有住所。

② Webb（C‑294/92）［1994］E. C. R. I‑1717.

卖合同中的买受人加以保护的第 94/47 号（欧共体）指令》① （简称为《分时指令 I》）的范围，则适用条例第 6 条的规定。因为在此类情况下，它较类似于在酒店或其他旅游场所签订的居留权合同，而与特定不动产的实质联系不甚密切，因此其适用不动产所在地法较为勉强。

（三）特许经营合同

根据条例第 4 条第 1 款 e 项的规定，特许经营合同，应适用特许经营人的惯常居所地国法。特许经营合同的形式多样，但其从本质上看是一种提供产品和专有技术（know-how）的合同。但是，在特许经营合同中，到底是特许经营商（franchisor）还是特许经营人（franchisee）为合同的特征性履行方呢？对此问题意见不一，难以确定。② 在《特许经营协议集体豁免条例》（Franchise Block Exemption Regulation）③ 中，欧盟委员会对特许经营合同进行了明确的界定："特许经营合同是指特许经营商出于商业上的考虑同特许经营人签订的制作授予其特许经营权的协议，在合同中，特许经营商的主要义务是为特许经营人传授专有技术、经营诀窍和提供技术上的援助。"根据该条例的规定，特许经营合同中的特征性履行方一般为特许经营商。另一方面，在特许经营合同中，特许经营人除了要支付特许使用权费和其他费用，还要按照合同规定的标准开展营业活动，维护特许经营体系的名誉和统一形象，因而也可能是特许经营合同中

---

① 　Directive of the European Parliament and Council of 26 October 1994 on the protection of purchasers in respect of certain aspects of contracts relating to purchase of the right to use immovable properties on a timeshare basis （94/47/EC）, OJL 280, 29/10/1994, pp. 83–87.

② 　Laura Garcia Gutierrez, *Franchise Contracts and the Rome I Regulation on the Law Applicable to International Contracts*, 10 Ybk. Priv. Int'l L. 233 （2008）.

③ 　《第 4087/88 号（欧共体）条例》European Communities Commission Regulation （EEC）No. 4087/88 of 30 November 1988 on the Application of Article 85 （3）of the Treaty to categories of franchise agreements, ［1988］OJL 359/46. 该条例现已被《第 2790/1999 号（欧共体）条例》所取代。Commission Regulation （EC）No 2790/1999 of 22 December 1999 on the application of Article 81 （3）of the Treaty to categories of vertical agreements and concerted practices, ［1999］OJL 336/21.

的特征性履行方。

为解决上述问题，条例规定了统一适用于特许经营合同的硬性规则，即适用特许经营人的惯常居所地国法。欧盟委员会的解释是，特许经营人是合同中的弱方当事人，应受到特别的保护。有的学者认为，欧盟委员会的解释难以令人信服。首先，当事人在任何时间均可选择合同准据法；其次，特许经营合同可以采用不同的形式，对于各种形式应区别对待。如果特许经营合同仅仅是一份知识产权的使用许可协议，就应考虑此类争端是否属于条例第 4 条第 1 款 b 项的调整范围，也就是说可能适用服务提供者的惯常居所地国法；最后，如果特许经营合同限定了双方当事人的实体义务，或许就不可能确定合同的特征性履行方，在这种情况下，就可能需要依据最密切联系原则来确定合同准据法。① 也有的学者认为，确定特许经营合同特征性履行方是比较复杂的，无论如何，条例采用的方案简化了这一问题。②

（四）分销合同

根据条例第 4 条第 1 款 f 项的规定，分销合同，应适用经销商的惯常居所地国法。分销协议是商品的经销商（distributor）和制造商（manufacturer）或供应商（supplier）之间签订的合同。在《罗马公约》时代，确定分销合同准据法应依据特征性履行方法，尽管方法本身很简单，但其实际适用却遭遇了特别的困难，因为欧盟各成员国法院对此存在着严重的分歧。意大利、法国以及一部分英国法院认为，如果不能提供商品，分销便无从谈起，因而制造商或供应商应为分销合同的特征性履行方；而荷兰、德国、奥地利和西班牙的法院则认为，分销合同的特征性义务（characteristic obligation）是经

① Richard Plender & Michael Wilderspin, *The European Private International Law of Obligations*, 3rd ed. , London: Sweet & Maxwell, 2009, pp. 182 – 183.

② Zheng Tang, *The Interrelationship of European Jurisdiction and Choice of Law in Contract*, Journal of Private International Law, 2008, p. 35.

销商品和提供服务①，合同中根本没有谈及商品的制造和供应的内容，因此分销商才是特征性履行方。②

欧盟委员会同样地利用保护弱方当事人原则解决了上述分歧，形成统一的硬性规则，即关于分销合同，适用弱方当事人——经销商的惯常居所地国法。但是，在有关分销合同法律适用的具体实践中，仍然可能会遭遇一些现实的难题。首先，有的分销合同中包含了经销商与制造商间订立的若干独立的销售条款（provisions on the individual sales），在此类情况下，合同准据法的确定较为复杂。一般认为，如果有关分销关系的条款可以从独立的销售条款分离出来，那么可以依据分割的方法来确定合同的准据法，即调整分销关系的条款依据条例第 4 条第 1 款 f 项的规定适用经销商的惯常居所地国法，而调整独立销售关系的条款则适用条例第 4 条第 1 款 a 项的规定适用卖方的惯常居所地国法；如果两类条款是不可分割的，则依据条例第 4 条第 2 款的规定来确定该合同的准据法。③ 其次，在罗马条例中，"分销合同"是一个自治性概念，条例没有对其进行明确地界定，而仅在详述部分第 17 条将其定性为"服务合同"，这实质上无益于理解其内涵和外延。对该概念的解释是依据广义标准还是狭义的标准？是从法律上建构其概念还是从相关经济特征方面进行界定？上述不明事项可能还有待欧洲法院在司法判决中予以明确。最后，欧盟各成员国在适用条例第 4 条第 1 款 f 项的规定时，还要特别注意 1980 年 CISG 和 1955 年《海牙公约》相关规定的优先适用问题。

（五）通过拍卖方式订立的货物销售合同

在通过拍卖方式进行的货物销售中，买方订立合同时可能对卖

---

① J. Hill, *Choice of Law in Contract under the Rome Convention*, 53 I. C. L. Q., 2004, p. 325.

② Marie – Elodie Angel, *Rome I Regulation and Distribution Contract*, 10 Ybk. Priv. Int'l L., 2008, pp. 225 – 226.

③ Lando (O.) & Nielsen (P.), *The Rome I Regulation*, 45 Common Mkt. L. Rev., 2008, pp. 1703 – 1704.

方的身份一无所知，如果合同准据法的确定依据一般规则即卖方的惯常居所地国法，对买方而言是不公平的。因此，通过拍卖方式订立的货物销售合同具有一定特殊性，1980 年 CISG 由此将其列入了公约排除适用的范围。1955 年《海牙公约》也适用特别规则来确定此类合同的准据法。《罗马条例 I》沿袭了 1955 年《海牙公约》的做法，特别规定了该类合同的法律适用规则。根据条例第 4 条第 1 款 g 项的规定，通过拍卖方式订立的货物销售合同，如果拍卖发生地能够确定，则应适用拍卖发生地国法。

然而，拍卖发生地的确定并非易事。如果拍卖是在拍卖行进行的，无论其是现场拍卖还是通过电话、信函等远程方式进行的，拍卖发生地即为拍卖行所在地，该类情形较易确定；但是，在缺乏实际场所（physical location）的网上拍卖或类似情况下，拍卖发生地则可能难以确定。也许正是考虑到了这种情况，条例采用了"如果拍卖发生地能够确定"的逻辑表达，也就是说，万一不能确定拍卖发生地，则不能适用条例第 4 条第 1 款 g 项的规定，此类通过拍卖方式订立的货物销售合同，可能适用条例第 4 条第 1 款 a 项的规定或第 4 条第 2 款的规定。

（六）在多边体系下订立的合同

根据条例第 4 条第 1 款 h 项的规定，在多边体系下订立的合同，如果依照非自由裁量规则和单一的法律，该多边体系能集结或便利集结金融市场中的众多第三人买卖利益，则应适用该单一法律。

该项规定是条例第 4 条第 1 款"最复杂的创新"[①]。其立法理由是：金融市场（如证券交易所）通常是有组织的市场，该市场中的所有参与人员和交易行为均遵循一套统一的规则，因而要求在金融市场中缔结的合同适用统一的规则，也是一种合理的诉求；事实上，在金融市场中适用统一的法律规则，而无论合同性质如何、当事人

---

① Francisco J. Garcimartin Alferez, *New Issue in the Rome I Regulation*: *The Special Provisions on Financial Market Contracts*, 10 Ybk. Priv. Int'l L., 2008, p. 245.

的国籍和惯常居所地位于何处，也是一个成熟市场的本质特征之一。①

对"金融市场"的界定，条例参照了《关于金融工具市场的第2004/39 号（欧共体）指令》② 第 4 条第 1 款第 17 项的规定。根据该指令的规定，金融市场实际上仅指欧盟金融市场。但《罗马条例 I》具有普遍适用性的特征，因此，条例第 4 条第 1 款 h 项的规定也适用于满足其条件的第三国金融市场，例如，与受监管的市场和多边贸易场所具有类似功能的市场。

条例第 4 条第 1 款 h 项中的"合同"概念是广义的，它不仅包括证券的买卖合同，也包括在金融市场从事其他行为（如证券的抵押、租赁等）而缔结的合同，而不论其是否以中央结算对手为依托。但是，金融机构与其客户签订的提供金融服务的协议则不属于此项规定的"合同"范畴。

在此类合同所适用的特殊规则中，确定其准据法的连接点是"支配该市场的法律"。但是该法律的确定原则上不以《罗马条例 I》为依据，而以该市场的准入规则和监管规则为标准，通常，每一个国家都会批准或认可一些金融市场为其"国家市场"（national market）。例如，在西班牙的证券交易所里签订的合同，如果西班牙批准或认可该交易所是"西班牙受监管的国家市场"，则该合同应适用西班牙法。另外，条例第 4 条第 1 款 h 项的规定也明确指出，市场中所统一适用的法律秩序也会支配在其中订立的合同的私法方面的内容。

最后，值得一提的是，欧盟委员会在《罗马条例 I 议案》中，

---

① Francisco J. Garcimartín Alférez, *The Rome I Regulation*: *Much ado about nothing?* The European Legal Forum − Internet Portal, Issue 2 −2008, p. 68.

② Directive 2004/39/EC of the European Parliament and of the Council of 21 April 2004 on markets in financial instruments, OJ L 145, 30. 4. 2004, p. 1. 该指令最后被《第 2008/10 号（欧共体）指令》(OJ L 76, 19. 3. 2008, p. 33) 修订。

也曾将知识产权或工业产权合同纳入了适用特殊规则的范围①，但是，此类合同形式多样，很难制定适用于所有情形的统一规则，欧盟各界意见对此也分歧较大，所以直至磋商阶段也没有找到一个全面的解决方案，所以，《罗马条例Ⅰ》的最终文本删除了该项规定。当然，如果在特许经营合同或分销合同中，存在知识产权或工业产权的转让协议，也可以适用相应的特殊规则。

二、特征性履行规则

根据条例第 4 条第 2 款的规定，如果合同并未包含在第 1 款列举的合同范围之内，或者其涉及内容包含了第 1 款第 a 项至第 h 项规定两种因素以上，则该合同应适用代表合同特征性履行的一方当事人的惯常居所地国法。该款规定的内容与《罗马公约》第 4 条第 2 款的规定大体相同，但条例的相关规定为硬性规则，而公约的规定则属最密切联系原则的一般性推定。

（一）作为一般规则的特征性履行方法

特征性履行方法，是指在国际合同的当事人未选择适用于合同的法律时，根据合同的特殊性质确定合同法律适用的一种方法。② 二十世纪五六十年代，瑞士学者系统地提出和发展了特征性履行理论，施奈茨（Schnitzer）被誉为该理论的"精神教父"，维希尔（Vischer）亦对该理论的形成和发展发挥了至关重要的作用。③ 特征性履行理论形成后，得到了欧洲大陆各国的普遍认同。

《罗马公约》第 4 条第 2 款将特征性履行方法作为最密切联系原

---

① 《罗马条例Ⅰ议案》第 4 条第 1 款 f 项规定：知识产权或工业产权合同适用转让人的惯常居所地国法。

② 韩德培主编：《国际私法》，高等教育出版社、北京大学出版社 2000 年版，第 201 页。

③ Friedrich K. Juenger, *Choice of Law and Multistate Justice*, Martinus Nijhoff, 1993, p. 59.

则的具体推定，并在很大程度上将最密切联系原则推向幕后，特征性履行方法事实上与意思自治原则一同成为欧洲合同冲突法的顶梁支柱。公约虽未界定特征性履行的概念，但在其官方报告中则明确采用了施氏标准，即支付价款的一方为非特征性履行方，而另一方则为特征性履行方。①

特征性履行方通常是卖方或服务提供方，其所承担的合同义务的数量或程度通常都要高于非特征性履行方（即买方或服务受领方），因此，合同的重心一般都会偏向于特征性履行方，该当事人也就客观上会受到更多法律规则的约束。为提高合同效率、降低交易成本，并因而增强法律选择上的可预见性，理应将整个合同维系于用来支配特征性履行方的法律，而非支配非特征性履行方的法律。公约报告认为，特征性履行具有正当性和合理性，它不仅体现了合同之债的本质，而且反映了特定国家经济的、社会的功能与政策。②另外，因为合同类别是无法穷尽的，而且施氏标准本身较容易推导，所以公约并没有对各类合同的特征性履行方作具体的认定。

在《罗马条例Ⅰ》中，特征性履行理论被赋予了更为重要的角色，其上升为作为确定合同准据法的一般规则，因此，如果当事人未选择适用于合同的法律，则首先应依据特征性履行理论而不是最密切联系原则来确定合同准据法。虽然特征性履行理论的地位发生了质的变化，但对于其概念的理解，条例第4条第2款的规定与公约第4条第2款是基本一致的。因此，为了确定合同的特征性履行方，仍可参照《罗马公约》体制下欧洲法院以及各成员国法院在已决判例中的相关解释。

对于并未包含在条例第4条第1款列举的合同范围之内的合同，如果当事人未作出法律选择，其准据法的确定应依据《罗马公约》体制下的既定判决。因此，在经纪合同中，其特征性履行方为经纪

① Dicey and Morris, The Conflict of Laws, 13th ed., Sweet & Maxwell, 2000, p. 1237.
② 宋晓：《特征履行理论：举废之间》，载《中国国际私法与比较法年刊》（2008），北京大学出版社 2008 年版，第 160~178 页。

人（broker）①；保险合同的特征性履行方为保险人或承保人（insurer）②；在再保险合同中特征性履行方为再保险人（re-insurer）③；在销售合同中特征性履行方为卖方④；在代理合同中特征性履行方为代理人⑤；在保证合同中特征性履行方为保证人（guarantor）⑥；在赔偿协议（an indemnification agreement）中特征性履行方为承诺进行赔偿的当事人⑦；在律师与其委托人签订的合同中特征性履行方为律师⑧；在银行服务合同中特征性履行方为银行⑨。

对于较为复杂的混合型合同，如果其所涉内容包含了条例第4条第1款第a项至第h项规定两种以上的因素，则其特征性履行的确定应考虑合同的"重力中心"。根据条例详述部分第19条的规定，如果合同所包含的大量权利和义务可归为多个特殊类型的合同，则合同的特征性履行的确定应根据其重力中心地来确定。合同的"重力中心"的判断标准可能是依据合同各要素的客观经济价值、当事人的主观偏好、合同所涉及的利益以及其他深层考虑，条例则对此没有作出明确规定。一般认为，正常人认可的当事人的意图应起决定性作用，并且也应考虑合同所涉冲突法规则的立法目的。⑩ 例如在一份购买土地及其上房屋的合同中，土地的购买应受土地所在国法

---

① HIB Ltd v. Guardian Insurance Co. ［1997］Lloyd's Rep. 412，QB.

② Credit Lyonnais v. New Hampshire ［1997］2 C. M. L. R. 610，CA.

③ Tiernan v. The Magen Insurance Co Ltd ［2000］ILPr 517；Tonicstar v. American Home Assurance ［2004］EWHC 1234.

④ SA v. Sensor Nederland ［1983］22 I. L. M. 66.

⑤ Bata v. Beugro Nederlandse Jurisprudence 1984，No. 745；Albon v. Naza Motor Trading ［2007］EWHC 9.

⑥ Banca Agricola Milanese spa v. Commerzbank AG，Banca，borsa e titolo di credito 2000，72.

⑦ Ophthalmic Innovations International Ltd v. Ophthalmic Innovations International Incorporated ［2004］EWHC 2948.

⑧ S. v. K.，D. 1983 J. 146.

⑨ Sierra Leone Communications Co. Ltd v. Barclays Bank plc ［1998］2 All E，R. 820，QB.

⑩ Ulrich Magnus，*Article 4 Rome I Regualtion：The Applicable Law in Absence of Choice*，10 Ybk. Priv. Int'l L.，2008，pp. 46 – 48.

律的支配,而建筑合同部分则受房屋提供者所在地国法的支配,因此此类合同准据法的确定应考虑以下因素:当事人的主要兴趣或意图主要是购买土地还是房屋?土地和房屋的价值孰高?

(二) 合同特征性履行方的惯常居所

依据特征性履行理论,特征性履行方的确定并未完成合同的场所化行为。施奈茨认为,特征性履行应场所化为"债务的实际履行地";维希尔则主张设计了更为具体的规则:如果特征性履行为商业行为,合同应适用特征性履行方的营业地法,其他情形则适用特征性履行方的惯常居所地国法。① 《罗马公约》实际上采纳了维氏观点,并在第 4 条第 2 款规定如下:特征性履行应场所化于特征性履行方的惯常居所地,对于法人或非法人团体而言,则为管理中心地;如合同是在当事人进行交易或执行职业性职务的过程中缔结的,则合同适用主营业地的法律;如根据合同的条款,合同的履行地是主营业地以外的另一营业地,则合同适用该另一营业地的法律。由此可知,公约从总体上更加倾向于债务人的属人连接点,而不是相对较难确定的合同履行地,选择相对较为稳定的属人连接点增强了法律选择的确定性,也更加符合现代商业的法律与现实。

《罗马条例 I》第 4 条第 2 款基本沿袭了《罗马公约》第 4 条第 2 款的规定,将特征性履行场所化于特征性履行方的惯常居所地,同时也进一步完善了该规则体系。条例第 19 条明确了惯常居所地的确定规则:公司或其他企业以及法人或非法人团体的惯常居所地为其管理中心地,在从事商业活动中实施法律行为的自然人的惯常居所地为其主营业地;如合同是在分支机构、代理机构或其他机构的经营过程中订立的,或者根据合同规定,由该分支机构、代理机构或其他机构负责履行合同,则该分支机构、代理机构或其他机构所在地应被视为其惯常居所地;另外,惯常居所地的确定,以合同订立时为准。

---

① H. U. J. D' Oliveira, *Characteristic Obligation in the Draft EEC Obligation Convention*, 25 Am. J. Comp. L. 303, 1977, pp. 307 – 308.

三、最密切联系原则及其双重功能

最密切联系原则是当代世界各国普遍接受的一项重要的国际私法原则。在合同冲突法领域，最密切联系原则是指，合同应适用的法律是合同在经济意义或其他社会意义上集中地定位于某一国家的法律。① 最密切联系原则具有弹性大、灵活性强的优势，有利于国际交往和公正合理地对待当事人的利益，但因此而赋予法官较大的自由裁量权，易于导致主观随意性，并减损了法律适用结果的确定性和可预见性。《罗马公约》第 4 条将最密切联系原则作为确定合同准据法的首要的一般规则，并辅之以特征性履行方法作为其具体的推定。但在实践中，对于是强推定抑或弱推定的问题，各成员国法院均没有明确。有鉴于此，为增强法律适用规则的明确性和可操作性，《罗马条例Ⅰ》进一步明确了最密切联系原则与其他法律选择方法以及固定冲突规则的关系，并一举废除了推定方法，将特征性履行方法扶正为一般规则，最密切联系原则仅扮演着一般例外条款和兜底条款的双重角色，在确定与案件有最密切联系的法律时，法院仍保留了一定程度的自由裁量权②。

（一）作为例外条款

有的学者认为，特征性履行理论具有无法兼顾实质正义的缺陷，因而为更好地实现实体价值目标，在立法时有必要制定一些例外规则，最密切联系原则即能扮演这一角色。在各国的立法与实践中，最密切联系原则很少以具体规则的形式出现，而通常是作为具体规

---

① 韩德培主编：《国际私法》，高等教育出版社、北京大学出版社 2000 年版，第 200 页。

② 《罗马条例Ⅰ》详述部分第 16 条的规定：为实现本条例的总目标，即欧洲司法区域内的法律确定性，冲突法规则应具有高度的可预见性。但法院应保留一定程度的自由裁量权，以便确定与案件有最密切联系的法律。

则的例外规则，否则该原则会"虚化"整个国际私法体系。① 实际上，我们仅在为数不多的例外情形下才需要"灵活宽泛的冲突规则"。② 《罗马条例 II 》只承认最密切联系原则的例外和补充地位，《罗马条例 I 》也沿袭了该做法。《罗马条例 I 》第 4 条第 3 款规定，如从整体情况看，合同"明显（manifestly）"与第 1 款或第 2 款所指国家以外的另一个国家有更密切联系，则适用该另一国的法律。该款规定与《罗马公约》第 4 条第 5 款的规定较为相似，③ 但条例规定从措辞上增加了"明显"这一修饰词，这意味着本款规定应严格限制适用。实践中，该款规定可视为一种强推定，即除非利害关系人能清楚地证明合同"明显"与另一国家存在最密切联系，否则合同准据法应为第 1 款或第 2 款所指定的法律。

（二）作为兜底条款

作为确定合同准据法的一种方法，特征性履行理论具有简易可行的优点，它能够适用于大多数国际合同，但其并不能将所有的合同包列其中而一劳永逸。在一些合同中，确实很难分辨哪方为其特征性履行方，合同本身也并不适合采用该理论，例如在以货易货合同（barter contracts）或互换合同（swap contracts）中，我们不可能轻易断定一方当事人的履行比另一方更具有特征性。另外，在许多复杂的商业合同中，合同权利与义务的设定是错综复杂的，双方当事人在合同的履行过程中需要相互协调、紧密配合，一方当事人的合同义务不仅包括提供货物与服务，还可能会涉及其他义务，而另一方当事人的义务也可能超出了支付金钱的范围，在这种情况下，就很难确定合同的特征性履行方，例如某些知识产权的许可合同、设立公司的发起人合同、合伙协议以及外商直接投资领域的合营合

---

① Peter Hay, *Flexibility Versus Predictability and Uniformity in Choice of Law: Reflections on Current European and United States Conflicts Law*, 215 Re - cueil des cours, 1989, p362.

② J. H. C. Morris, *The Proper Law of A Tort*, 64 Harv. L. Rev. 1951, p. 885.

③ 公约第 4 条第 5 款第 2 句规定：如从整体情况看，合同与另一国家有更密切联系，则第 2 款、第 3 款和第 4 款的推定不应考虑。

同等。因此，为了避免因特征性履行理论的缺陷而产生的法律适用过程中的"真空"现象，公正合理地对待当事人的利益，《罗马条例Ⅰ》将最密切联系原则作为兜底条款。

根据条例第 4 条第 4 款的规定，如根据第 1 款或第 2 款不能确定应适用的法律，则合同应适用与其有最密切联系的国家的法律。如果合同既不能归入第 1 款所列的 8 种特殊类型合同的法律适用范围，也不能依第 2 款有关特征性履行的一般规定确定其准据法，则合同应适用与其有最密切联系的国家的法律。实际上，在多数情况下根据第 1 款或第 2 款的规定已可确定合同的准据法，在实践中适用该兜底条款的机会并不多。

值得指出的是，与合同有最密切联系的法律是指一个国家的法律而不是法律体系，这两个概念在大多数情况下是一致的，但在多法域国家却可能会指向不同的法律。在适用最密切联系原则时，我们应特别考虑该合同是否与其他一个或多个合同具有非常密切的关系[1]，考虑案件所涉及的所有情况，确立与合同关系密切的连接点，然后对各连接因素进行比较和衡量，最后根据合同法的一般原则才能确定最密切联系连接点。总体而言，确立最密切联系连接点的一个关键因素是当事人的合理期待。[2]《罗马条例Ⅰ》规定，在适用最密切联系原则时，要求法官综合考虑"整个案件"而非具体的某个问题，由此可见，条例是拒绝"分割"方法的。另外，考察最密切联系连接点的出发点，应为合同，而不是争议与交易。

---

[1]　《罗马条例Ⅰ》详述部分第 21 条。

[2]　Francisco J. Garcimartín Alférez, *The Rome I Regulation*: *Much ado about nothing*? The European Legal Forum － Internet Portal, Issue 2－2008, p. 70.

第三节　确定合同之债准据法的若干共同问题

一、强制规则

强制规则是合同冲突法领域的一项重要规则。① 为统一冲突规范，欧盟在 1980 年的《罗马公约》中首次将强制规则作为独立的概念引入了合同冲突法领域。《罗马公约》规范了两类"强制规则"，即国内强制规则和国际强制规则，主要涉及的条款包括：第 3 条第 3 款、第 5 条、第 6 条、第 7 条和第 9 条等。但是，对于上述两类强制规则，公约在不同的背景下均使用"强制规则"这一术语，因缺乏整体上的协调和统一而稍显混乱，也容易导致实践困境。此外，欧盟各国对于强制规则的立法分歧较大，并没有形成统一的认识。② 德国、卢森堡等国即在公约中对该类条款进行了保留。因此，强制规则的修订也是欧盟在《罗马条例Ⅰ》的磋商阶段所面临的最为复杂的问题③。

（一）强制规则的界定

《罗马条例Ⅰ》既承认国内法意义上的强制规则，也承认国际性强制规则。但是，条例并未将"强制规则"作为一般性概念直接规范于其具体条款中，而是替之以"不能通过协议而减损的规则"；条例第 9 条明确地界定了"优先性强制规则"及其适用规则，并以此替代了公约第 7 条和第 9 条确立的"国际性强制规则"；条例的规定

---

① 徐冬根、王国华、萧凯主编：《国际私法》，清华大学出版社 2005 年版，第 224 页。

② Hannah L. Buxbaum, *Mandatory Rules in Civil Litigation: Status of the Doctrine Post-Globalization*, The American Review of International Arbitration, 2007, Vol. 18, p. 21.

③ Jonathan Harris, *Mandatory Rules and Public Policy under the Rome I Regulation*, Ferrari（F.）& Leible（S.）, *Rome I Regulation: The Law Applicable to Contractual Obligations in Europe*, Sellier European Law Publishers, 2009, p. 169.

也从一定程度上明确了"优先性强制规则"与"不能通过协议而减损的规则"的区别。较之公约，条例的相关规定具有明显的进步性，它清晰地厘定了各术语间的区别，明确了各术语本身的适用范围，也因而增加了司法实践中的确定性和可预见性。

1. 国内强制规则——"不能通过协议而减损的规则"

在大陆法系中，从国内法层面来看，强制规则是相对于任意规则而言的一个概念。任意规则允许当事人在合同中约定变更法律既有规定的内容；而根据《罗马条例Ⅰ》第 3 条第 3 款的规定，强制规则是指那些"不能通过协议而减损的规则"。

然而，在任何国家的法律体系中，"强制规则"并非一个部门法，其在公法和私法中均有体现，并散见于各法律文件之中，这显然在一定程度上增加了识别的难度。有学者认为，国内强制规则一般通过以下两种方式来进行界定：（1）通过法律条文本身的规定加以界定。有的国内强制规则本身直接规定了其适用范围，有的则在其法律条文的措辞上使用了"必须"、"不得"等词语，以明示该规则的不可违反性；（2）通过具体法律条文的内容以及立法目的加以界定。如果结合该法律条文及其上下文内容、立法目的和违法后果等因素进行考察，可以分析得出该如果该法律规则的目的是保护一国重要的政治、经济和社会利益，如若违反该法律规则会导致当事人的协议无效，那么该法律规则就可以被认定为强制规则。[①]

2. 国际强制规则——"优先性强制规则"

国际强制规则，在《罗马条例Ⅰ》中被称为"优先性强制规则"，根据《罗马条例Ⅰ》第 9 条第 1 款的规定，"优先性强制规则"是指，一国认为在维护其诸如政治、社会或经济组织等公共利益方面至关重要而必须遵守的规则，以至于对属于其适用范围的所有情况，不论根据本条例适用于合同的是何种法律，它们都必须予以适

---

① 李凤琴：《论合同冲突法中强制规则的适用》，《海峡法学》2010 年第 9 期，第 94 页。

用。由此可见，确定国际强制规则必须同时具备两项条件。第一，从国内法角度来看，该规则"不能通过协议而减损的规则"；第二，从冲突法角度来看，不论根据冲突规范所确定的合同准据法为何，该法律规则都必须予以适用。因此，仅有部分国内强制规则可以被认定为国际强制规则。当然，这种限制也是合理的，即使以牺牲国内强制规则为代价，也必须适用依据冲突规范所确定的准据法，此乃冲突法的价值所在。①

国际强制规则一般可以分为法院地的强制规则和第三国的强制规则，这两类国际强制规则的适用也有所不同。

（二）强制规则在合同冲突法中的适用

1. 法院地强制规则的适用

根据《罗马条例Ⅰ》第9条第2款的规定，本条例的任何规定均不得限制法院地法中优先性强制规则的适用。

事实上，任何法律体系中都存在此类情形，即如果法院认为其有足够的利益时，便可能会以牺牲本应适用的外国法为代价而适用法院地的强制规则。然而，法院地法并不能完全取代外国准据法，而仅以法院地法中的强制规则来取代外国准据法中与之相冲突的部分规则，此时，实际上是在同时适用外国准据法与法院地强制规则。②

如前所述，法院地的强制规则中只有一小部分具有"国际性"的强制规则才能代替外国规则。那么法院如何确定优先适用的法院地强制规则的"国际性"呢？《罗马条例Ⅰ》对此并没有给出答案，而是留由欧盟各成员国国内的法律体系自行确定。由于各国法律存在较大差异，法律的不确定就难以避免。在实践中，法院在司法实践中往往享有较大的自由裁量权。因此，欧盟委员会试图援引欧洲

---

① Bernard Audit, *How Do Mandatory Rules of Law Function in International Civil Litigation*. The American Review of International Arbitration, Vol. 18, 2007, p. 38.

② Andrea Bonomi, *Mandatory Rules in Private International Law*, Yearbook of Private International Law, 1999, p. 223.

法院在 1999 年的 Arblade 一案①中所概括的概念对法院地的强制性规则进行了统一的界定。欧洲法院在该案中指出，法院地的强制性规则是指对保护成员国的政治、社会和经济秩序至关重要的，要求所有人在欧盟各成员国的国土内均必须遵守的规则。②

该定义体现的是欧盟各成员国国法院司法实践的主流观点。③ 德国、荷兰等国的法律体系即采用了类似的定义。从内容上来看，该定义与"公共政策"的概念较为接近，它强调其公法性而未提及其私法属性。另一方面，在丹麦的法律体系中，国际强制性规范即便多属于公法性质的内容但也存在私法当中。在 2000 年的 Ingmar 一案④中，欧洲法院确认了具有纯私法性质的法院地强制规则也存在于欧共体法律中。因此，法院地强制性规则可能是公法或私法或兼具双重属性。

2. 第三国的强制规则

根据《罗马条例Ⅰ》第 9 条第 3 款的规定，应在其境内或已在其境内履行合同之债的国家，其优先性强制规则也可被赋予效力，但该强制性规定不得使合同的履行归于非法。在决定是否赋予这些规定以强制性效力时，应考虑其性质、目的以及适用或不适用该规则将产生的后果。该款规定表述了欧盟成员国对其他国家法律制度的尊重。其结果是，可以在一定条件下适用欧盟成员国之外的第三国的强制规则。

在实践中，法院如何适用第三国的强制规则是一个较为复杂的问题。当合同准据法为第三国法时，该国法中的强制规则和非强制

---

① Criminal Proceedings against Jean – Claude Arblade（C – 369/96）［1999］E. C. R. I – 8453.

② Joined cases C – 369/96 Jean – Claude Arblade and Arblade & Fils SARL & C – 376/ 96 Bernard Leloup, Serge Leloup and Sofrage SARL, ［1999］ECR I – 8453. para. 30.

③ 杨永红：《论欧盟区域内的强制性规范》，载《当代法学》，2006 年第 7 期，第 45 页。

④ Judgment of lngmar GB Ltd v. Eaton Leonard Technologies lnc（C – 381/98）［2000］E. C. R. I – 9305.

规则一般都应予以适用，除非法院认为适用该国法会损害法院地国的公共秩序；而当合同准据法为法院地法时，法院考虑适用第三国的强制规则的情形就变得较为棘手了。

（1）法院可以考虑适用哪些第三国的强制规则

根据现行的立法和司法实践，法院一般可以考虑选择适用下述三类国家的强制规则：

第一，合同履行地国家的强制规则。例如，在1929年的 Foster v. Driscoll 一案①中，当事人双方签订了一份旨在将威士忌走私到美国的合同，英国法院认为因其违反了合同履行地——美国的禁酒法令，从而有悖于英国的国际友好义务和公共道德而不能履行。②

第二，消费者惯常居所地、雇员工作地或雇主营业所所在地国家的保护性强制规则。根据《罗马条例Ⅰ》第6条第2款、第8条第1款的规定，欧盟对于在消费者合同和个人雇佣合同中处于弱势谈判地位的当事人适用保护性强制规则，并以此来确保弱势群体的利益免受不法侵害，维护司法公正。因此，对于此类合同，无论其合同准据法是否为法院地法，如果消费者惯常居所地、雇员惯常工作地或雇主营业所所在地国家的强制规则为其提供的保护更为有利，那么法院就应考虑适用这些国家的强制规则。

第三，与案件具有最密切联系地国家的强制规则。为防止当事人通过意思自治选择合同准据法并旨在规避本应适用的强制规则的情形，法院可以考虑适用与案件存在最密切联系地国的强制规则。在1966年著名的 Alnati 一案③中，荷兰最高法院开拓了考虑适用第三国强制性规则的一个非常重要的先例。在该案中，荷兰最高法院指出，虽然合同双方当事人原则上可以选择适用于国际合同的准据法，但是，"当合同与他国存在密切联系，而且对于该国来说，在其

---

① Foster v. Driscoll［1929］1 KB 470.

② Bonomi，*Article 7（1）of the European Contracts Convention：Codifying The Practice of Applying Foreign Mandatory Rules*，Haward Law Review，Vol. 114，2001，p. 2461.

③ Judgment of Alnati case，13 May 1966，the Hoge Raad，the Netherlands.

领土之外遵守它的某些条款也是至关重要的，以至于法院必须考虑优先适用它们，而不是适用合同双方当事人所选择的另一国法律。"①

（2）法院如何确认第三国法律规则的强制性特征

一国法院通常对他国法律体系较为陌生，甚至是一无所知，因此在适用另一国家法律规则时会遭遇一定的困难，如果要在他国法律体系中确定具有强制性特征的法律则可谓困难重重了。在某些情况下，法律直接规定某些条款必须被适用，但是大多数情况下，法院无法直接从法律条款的内容上判断其是否必须被适用。此时，法院必须考察该法律规则所体现的国家政策及其所要实现的重要利益，评价如果未被适用在相关案件中，是否会严重损害该国的利益并被认为是对该国的不友好行为。与此同时，法院还应将它同法院地国政策的实现与维护、国际秩序的维护和促进、当事人的正当利益、个案公正和实质正义等若干因素相互比较，并作出权衡。②

（3）法院是否有义务必须适用第三国的强制规则

值得指出的是，对于第三国的强制规则，现行的各国立法中，均采用了"可以"（may）适用一词。因而，第三国的强制规则的适用不具有强制效力，而只是一项选择性规定，法院对于适用与否仍享有自由裁量权。2010 年法国最高法院的一项裁决即为较好的例证。在该案中，一家法国公司与一家加纳公司签订了一份冷冻牛肉的买卖合同，货物通过海运方式进行承运，但后因加纳通过了一项禁止进口法国牛肉的法律而导致无法交货，货物最终被遣返至法国的勒阿弗尔（Le Havre），法国公司因此在本国对违约方当事人（包括承运人）提起了诉讼。在合同中当事人约定的准据法为法国法，但是

---

① Katharina Boele – Woelki, *Dutch Private International Law at the End of the 20th Century: Pluralism of Methods* [EB/OL]. http://www.library.uu.nl/publarchief/jb/congres/01809180/15/b11.pdf, (last visited March, 26, 2010).

② 胡永庆：《论公法规范在国际私法中的地位——"直接适用法"问题的展开》，载《法律科学》1999 年第 4 期，第 98 页。

承运人认为，根据法国民法典第 113 条的规定，因非法的约因而导致合同无效，从而合同准据法——法国法也应是无效的，该合同因违反了加纳的禁运法律因而无效。昂热上诉法院（Court of appeal of Angers）认为加纳法对当事人无管辖权，应适用法国法，并裁定合同是无效的。

在 2010 年 3 月 16 日作出的判决中，法国最高法院最终确认了昂热上诉法院的判决，法院认为，上诉法院应当已经了探索加纳的法律是否属于《罗马公约》第 7 条第 1 款的强制规则，以及法院是否应赋予外国法以效力。本案实际上并不存在适用外国法的基础，但应考虑外国法的存在及适用法国法对合同的影响。法院最终没有考虑加纳禁运法而驳回了承运人的主张。① 从本案来看，虽然存在可选择适用的第三国强制规则，但法院也可基于对本国当事人利益保护的需要，而拒绝考虑第三国强制规则对合同效力带来的影响。

从以上分析可以看出，对强制规则的适用已经从法院地国扩展至其他国家，法院不再一味坚持只适用本国强制规则，而对外国强制规则的适用予以了适当考虑。然而我们也应当看到，尽管国际社会较多关注外国强制规则的适用问题，欧盟及一些国家的立法还将规则制度化，但是在实践中法院考虑外国强制规则往往是基于保护本国利益的需要，因此，要想真正实现平等适用外国强制规则这一目的，还需要各国的司法合作。

二、合同的实质有效性和形式有效性

合同有效成立，必须符合实质要件和形式要件。《罗马条例Ⅰ》第 10 条和第 11 条对这两方面的问题作了专门规定。

---

① Gilles Cuniberti, French Case on Foreign Mandatory Rules［EB/OL］, http: // conflictoflaws. net/2010/french – case – on – foreign – mandatory – rules/ . (last visited March, 28, 2011).

（一）合同的实质有效性

关于合同的实质有效性，《罗马条例 I 》第 10 条与《罗马公约》第 8 条的规定完全一样，唯一的区别在于将条标题由"合同的实质有效性"变更为"同意与实质有效性"。从条例第 10 条的两款规定来看，实质有效性具有非常广泛的含义，它不但包含英国法上的实质要件，如合法性问题，而且还包含合同成立即存在的一些方面，如要约、承诺、对价与约因等。同意合同的效力，如错误、欺诈、虚假陈述等，也适用第 10 条的规定。条例第 3 条和第 4 条允许合同分割，因而合同部分条款也存在有效性问题，条例第 10 条的效力延伸到了合同具体条款。①

根据条例第 10 条第 1 款的规定，合同或合同任何条款的成立及效力，应根据假设该合同或条款有效时依本条例应适用的法律确定。条例第 10 条第 2 款规定，如情况表明，按第 1 款规定的法律来确定一方当事人行为的效力是不合理的，则该当事人可援用其惯常居所地法以确证他并未同意该合同。

对于合同的存在及效力，当事人双方可以通过意思自治选择准据法；如果双方未作选择时，应适用与之有最密切联系国家的法律。准据法确立合同的效力与存在，而法律选择条款又为合同的组成部分，这在理论上将面临一个难题，逻辑上很难圆满。因此，存在一个假设前提，即认为合同是存在、有效的，由选出的准据法去决定选择准据法的合同条款的存在有效。②

如果准据法对合同存在及有效性规定不同，则可能会对一方当事人不公平。为了保护可能遭受不公平待遇的当事人，条例第 10 条第 2 款对此作了规定。例如，当事人 A 向当事人 B 发出要约，要约中包含了选择某国法律作为准据法以解决双方争端的条款。当事人

---

① Report on the Convention on the Law Applicable to Contractual Obligations by Mario Giuliano, Professor, University of Milan, and Paul Lagarde, Professor, University of Paris I, Official Journal C 282, 31/10/1980, p. 28.

② 肖永平主编:《欧盟统一国际私法研究》，武汉大学出版社 2002 年版，第 157 页。

B 对此保持沉默，而依据所选择的准据法，沉默即意味着承诺。这对当事人 B 显然是不公平的。因此，条例第 10 条第 2 款赋予类似 B 的当事人一种保护手段。该类当事人可以援引其惯常居所地法来主张其并没有同意该合同，但同时还应满足一个条件，即从整个情况来看，根据第 1 款规定的法律来确定一方当事人行为的效力是不合理的。

当事人的行为既包括其主动行为和被动行为。对整个情况的判断，应考虑该当事人的实践和他们承认合同的方式。如能证明当事人间曾经具有的商业实践接受过这种同意方式，即使其惯常居所地法否认这种方式，该当事人也不能主张其不同意该合同，在这种情况下，推定当事人同意是合理的。当事人可以在特定情况下，主张自己不同意合同成立，从而不受合同约束。

虽然条例并未明确将合同有效问题排除在外，但如果当事人否认合同效力，要证实其合理正当性也是十分困难的。因为对于已成立且确定了准据法的合同，而允许当事人根据其惯常居所地法律来否认合同效力，显然会损害对方当事人的利益。当事人依据确定的准据法判断合同实质效力，对其更为公平，也更符合商业习惯。① 因此，条例第 10 条第 2 款仅适用于合同成立的情形。

（二）合同的形式有效性

关于合同的形式有效性，《罗马条例Ⅰ》第 11 条与《罗马公约》第 9 条的规定大致相同，条例对公约相关修订和完善主要体现在以下方面：（1）将公约的第 2 款和第 3 款内容合并为条例 2 款，因而公约的 6 款规定变为了 5 款规定；（2）为避免条例在从英文版翻译为法文版的过程中产生的语言缺陷，条例对措辞语言进行了规范。例如，将"one or other"替换为"either"，将"present"替换为"is" present，将"is performed"替换为"was done"；（3）条例

---

① 肖永平主编：《欧盟统一国际私法研究》，武汉大学出版社 2002 年版，第 158 ~ 159 页。

对公约的唯一的实质性修订是在条例第 2 款中增加了一项可供选择的准据法，即当事人订立合同时的惯常居所地国法；（4）将公约第 4 款的"法律行为"（an act）修订为"单方行为"（a unilateral act）。①

条例与公约一样，没有对形式要件（formal requirements）的概念进行明确界定。根据朱利安诺和拉加德的报告，形式要件是指当事人愿意受法律约束的意思表示的任何外在表现形式，如果缺乏这种意思表示形式，将被认为没有完全的效力。该定义所涉及的内容非常宽泛，足以包含各种书面形式。但是，报告的解释是原则性的，它不可能穷尽所有情形。例如，它不包括当事人一方为未成年人或残疾人等情形下所应具备的各种特殊要件。

对于合同的形式有效性，条例第 11 条设置了若干任意选择性的复合冲突规范，体现了"有利于交易"（in favorem negotii）的原则②。只要合同符合其准据法、合同缔结地国法或当事人订立合同时的惯常居所地国法的形式要求，条例第 11 条均认定该合同的形式有效性。③ 例如，根据第 1 款的规定，合同各方当事人或其代理人在订立合同时在同一国家的，合同如果符合依本条例在实体上应适用的法律或合同缔结地国法所规定的形式要件，则在形式上为有效。根据第 2 款的规定，合同各方当事人或其代理人在订立合同时不在同一国家的，合同如果符合依本条例在实体上应适用的法律、一方当事人或其代理人订立合同时的所在地国法或者一方当事人订立合同时的惯常居所地国法所规定的形式要件，则在形式上为有效。

根据条例第 3 条、第 4 条的规定，合同的不同部分可以适用不

① Max Planck Institute for Comparative and International Private Law, *Comments on the European Commission's Proposal for a Regulation of the European Parliament and the Council on the law applicable to contractual obligations（Rome I）*, p. 83.

② Richard Plender & Michael Wilderspin, *The European Private International Law of Obligations*, 3rd ed., London: Sweet & Maxwell, 2009, p. 426.

③ Lando（O.）& Nielsen（P.）, *The Rome I Regulation*, 45 Common Mkt. L. Rev. 45（2008）, p. 1717.

同的准据法。对于形式有效性问题，如果涉及到合同准据法，到底应以什么准据法为准呢？朱利安诺和拉加德的报告认为，应适用与合同形式有效性所依赖的争议事实有最密切联系部分的合同准据法。有学者认为这不尽合理，假如适用 A 国法解决合同成立及解释问题，而适用 B 国法来解决合同履行与责任承担问题，在合同形式问题无论是依 B 国法还是依 A 国法都允许分割的情况下，对公约第 9 条中的准据法一词就难以理解，因为合同形式才是中心问题。因此，这里依据最密切联系原则存在不少困难，很难有一个统一标准。而从"有利于交易"的原则出发，应认为只要符合其中一个法律有关形式有效性的要求即可。①

条例第 11 条第 3 款规定，旨在对既存的或拟订立的合同产生法律效力的单方行为，如符合依本条例在实体上应适用或将适用的法律、行为实施地国法或者已实施行为的当事人当时的惯常居所地国法所规定的形式要件，则在形式上为有效。该款规定较之公约的规定更为清晰，因为公约的相关规定省略了"unilateral"一词。实际上，该项规定来源于法国法，根据法国法的规定，旨在产生法律效力的单方行为（*acte juridique*）包括保全行为（*acte conservatoire*）、行政（管理）行为（*acte d' administration*）和处分行为（*acte de disposition*）。条例的制定者所设想的范式（the paradigm envisaged）是，规范形式要件的国内法也应将缔约性的要约或要约邀请行为纳入其考虑的范畴。从该款适用的条件来看，它要求单方行为必须同既存的或拟订立的合同具有相关性。显然，与合同无关的单方行为，如与任何协议无关的物权转让行为（transfer of a right *in rem*），便被排除在适用范围之外。但是，该款规定并没有明确该单方行为是否应与某种特定的合同具有相关性。原则上而言，拟订合同过程中的准备性行为，例如卖方的要约邀请行为，② 即便符合假设的准据法的

---

① 肖永平主编：《欧盟统一国际私法研究》，武汉大学出版社 2002 年版，第 159 页。
② 此类行为应适用条例第 11 条第 4 款有关消费者合同形式有效性的相关规定。

条件，也不能赋予其效力。条例第 11 条 3 款的体现的立法宗旨是，对于合同的所有部分、相关法律行为以及国内法中采用的与合同有关的形式要件要求，应适用统一的规则来确定合同的形式有效性。[1]

条例第 11 条还适用特别规定来调整消费者合同以及不动产物权合同的形式有效性问题。条例第 11 条第 4 款规定，条例第 6 条范围内的消费者合同的形式，应适用消费者惯常居所地国法。条例第 11 条第 5 款规定，以不动产物权或不动产租赁权为标的的合同，应适用该不动产所在地国法有关形式要求的规定，如依该国法：（1）不论合同在何国订立，也不论合同适用何国法律，均须符合这些形式要求，或（2）这些形式要求不能通过协议加以减损。这两类合同不适用本条第 1 款、第 2 款和第 3 款的规定。

总而言之，对于合同的实质有效性和形式有效性，条例的规定整体上是协调统一的，它增强法律适用中的确定性和可预见性。条例对于确定合同实质有效性的准据法，体现了最密切联系原则。对于合同的形式有效性，虽采用了"有利于交易"的原则，但当合同法律适用采用分割方法时，其还是回到了最密切联系的老路。有学者建议此类情况可以考虑采用表面联系原则。表面联系原则认为，为使当事人之间的交易有效，可以将法律选择的范围扩展到一切与交易或当事人具有表面联系的法律。如若合同有效性遭遇到质疑，只要符合以下任一法律的有效要件，则该合同应视为有效：（1）合同当事人的属人法；（2）合同当事人选择的法律；（3）合同标的物的所在地法；（4）合同行为地法；（5）合同争议管辖法院所在地法；（6）其他与合同或合同当事人有关的法律。[2] 他们认为，由最密切联系原则确定的准据法决定合同的效力，并不必然能保护有关当事人的利益。表面联系原则比任何其他原则更能保证国际商事交易的有效性，更能有效维护当事人的利益。为克服表面联系原则的

---

[1]　Richard Plender & Michael Wilderspin, *The European Private International Law of Obligations*, 3rd ed., London: Sweet & Maxwell, 2009, p. 427.

[2]　潘攀：《论表面联系原则》，载《中国社会科学》，2000 年第 3 期。

不足，可以合理地利用公共秩序与直接适用强制规则，有效地保护有关国家的利益。①

三、债权的自愿转让和合同代位

关于债权人的替代（the substitution of creditors）问题，《罗马公约》第12条（"自愿转让"）和第13条（"代位权"）分别进行了规定。朱利安诺和拉加德的报告认为，公约第12条主要涉及基于合同的权利（a right based on a contract）的转让问题，而第13条则主要规范了法定权利（a right "by operation of law"）的转让问题。为避免出现识别上的困难，清晰厘定上述两者的差异，《罗马条例Ⅰ》第14条专门制定了有关债权的自由转让和合同代位法律的适用规则，而对于法定代位则适用条例第15条例的规定。关于债权的自愿转让和合同代位，条例第14条的规定并没有实质上变更公约的相关规定。

条例第14条第1款的规定主要适用于调整让与人与受让人之间的关系，根据该款的规定，基于自愿转让而发生的让与人与受让人之间的关系，以及对另一人（债务人）的债权基于合同而发生的代位，应由根据本条例规定适用于让与人与受让人间的合同的法律支配。因此，如果自愿转让合同中如果包含法律选择条款，则当事人所指定的法律也应适用于他们的相互权利和义务。《罗马公约》第12条第1款也有同样的规定。但是，关于其适用范围，这两款的规定存在两点区别：

第一，公约的相关规定主要适用于让与人与受让人之间的"相互债务"（mutual obligations），而条例则适用于让与人与受让人之间的"关系"（relationship）。由此可见，条例的适用范围较为宽泛一

---

① 肖永平主编：《欧盟统一国际私法研究》，武汉大学出版社2002年版，第160页。

些，它试图包含当事人之间关系的所有方面。① 根据条例详述部分第 38 条的解释，对于自愿转让，如果法律制度具有债法和物权法方面的区分，则应明确第 14 条第 1 款中的"关系"这个概念也适用于让与人与受让人之间转让的物权方面。但是，"关系"这个概念不应理解为让与人与受让人之间可能存在的任何关系，尤其是不应扩及与自愿转让和合同代位有关的先决问题。该概念应严格限于与所涉及的自愿转让或合同代位直接相关的方面。毫无疑问，条例详述部分的解释明确了"关系"的界定范围，有效地解决了其识别问题。

第二，条例明确规定其也适用于通过担保方式进行的转让，而对此公约则没有作出规定。根据条例第 14 条第 3 款的规定，本条中所指的"转让"之概念包括债权的完全转让、为设立担保而进行的债权转让以及在债权上设立抵押权或其他担保权的转让。由此可见，该款规定仅适用于当事人之间的合同之债。

条例第 14 条第 2 款主要规定了债务人的债权转让的效力问题。该款规定基本上与公约的规定是相同的，其基本原则是：债权的转让不能损害债务人的法律地位。因此，债权的可转让性、受让人与债务人间的关系、对债务人行使转让权和代位权的条件以及债务人的债务是否已被解除等问题，应由适用于被转让或代位的债权的法律决定。无论转让债权的性质如何，即无论其是否属于合同之债，该款均应适用。②

条例第 14 条的主要缺陷在于没有确定支配自愿转让对抗第三人效力（the effectiveness vis – à – vis third parties of the assignment）的准据法。③ 众所周知，公约的沉默造成了各国法院以及学者对此问题

---

① Garcimartín Alférez, Francisco J. , *The Rome I Regulation*：*Much ado about nothing?* The European Legal Forum （E） 2 – 2008, p. 78.

② Max Planck Institute for Comparative and International Private Law, *Comments on the European Commission's Proposal for a Regulation of the European Parliament and the Council on the law applicable to contractual obligations （Rome I）*, p. 88.

③ Garcimartín Alférez, Francisco J. , *The Rome I Regulation*：*Much ado about nothing?* The European Legal Forum （E） 2 – 2008, p. 78.

解释上的严重分歧，这种不确定性仍在条例中继续存在。在条例的磋商阶段，各国代表曾对此进行了深入地探讨。在《罗马条例Ⅰ议案》第13条中，欧盟委员会认为，可以参照联合国国际贸易法委员会2001年《联合国国际贸易中应收款转让公约》的规定，适用受让人惯常居所地国家的法律；而另一种观点则倡导将条例第14条第2款的规定拓展至此问题，认为自愿转让对抗第三人效力及其优先权问题应由适用于被转让债权的法律决定。两种观点针锋相对，最终欧盟委员会的意见没有被妥协采纳。因此，该漏洞只能通过条例第27条的复审条款来予以弥补了。根据第27条第2款的规定，在2010年6月17日之前，欧盟委员会应向欧洲议会、欧盟理事会和欧洲经济与社会委员会提交一份有关债权的转让或代位对第三人的效力以及被转让的债权对其他人权利的优先性等问题的报告。适当时，在报告中可附上对本条例的修改建议和施行该条款的影响评估。

四、法定代位和多方债务

《罗马公约》第13条规定了法定代位和多方债务的法律适用规则，但将这两项内容规范在一个条款中并概之以"代位权"，有语意模糊之嫌。关于法定代位，《罗马条例Ⅰ》第15条与公约的相关规定是相同的，而仅从措辞用语上进行了细微调整，以便与《罗马条例Ⅱ》第19条的规定保持一致。此外，为与《罗马条例Ⅱ》第20条的规定保持协调，《罗马条例Ⅰ》第16条也专门规定了多方债务的法律适用规则。①

根据《罗马条例Ⅰ》第15条的规定，当一人（债权人）对另一人（债务人）拥有合同上的请求权，而第三人有义务清偿该债权人，或事实上已向债权人履行了清偿义务，则该第三人是否有权以

---

① Garcimartín Alférez, Francisco J., *The Rome I Regulation: Much ado about nothing?* The European Legal Forum (E) 2 – 2008, p. 79.

及能在多大范围内有权行使原债权人对债务人基于支配他们之间关系的法律所享有的权利，应由支配该第三人清偿债权人义务的法律决定。显然，该类情形主要发生在债的担保之中。如果第三人对于债务人与债权人之间的合同之债进行了担保，则适用于合同的法律也可决定担保人是否可以行使原债权人对债务人的权利。①

关于多方债务的法律适用规则，与《罗马条例Ⅱ》第20条一样，《罗马条例Ⅰ》第16条首先明确设定了其适用的前提条件，即一个债权人对数个债务人享有债权，而其中的一个债务人已经全部或部分清偿了其债务。尽管债务人之间负有连带责任，但不同的债务人所适用的法律可能是不一致的。如果一个债务人进行了清偿，就会产生该债务人要求其他债务人予以补偿的权利的法律适用问题。条例将其准据法指向了支配该债务人对债权人义务的法律。与《罗马条例Ⅱ》第20条不同的是，为保护共同债务人的合法期待，《罗马条例Ⅰ》第16条还补充了一个新的规定，即其他债务人在支配他们对债权人义务的法律的许可范围内，可以对已经进行了清偿的债务人行使他们对债权人所享有的抗辩权。例如，其他债务人可以根据支配他们义务的法律中有关债务限制的条款来抗辩债权人的索赔权。②

五、抵销

《罗马条例Ⅰ》第17条规定了抵销的法律适用规则。与《罗马

---

① Richard Plender & Michael Wilderspin, *The European Private International Law of Obligations*, 3rd ed., London: Sweet & Maxwell, 2009, p. 387.

② Max Planck Institute for Comparative and International Private Law, *Comments on the European Commission's Proposal for a Regulation of the European Parliament and the Council on the law applicable to contractual obligations* (*Rome I*), p. 97.

公约》相比，该条的规定具有一定的新颖性。①

公约没有明确规定有关抵销权的法律适用规则。因此，基于合同的抵销，应适用公约第 3 条和第 4 条的一般规则确定其准据法。另外，关于非契约性抵销（如法定抵销）问题，一般认为，应属于第 10 条第 1 款 d 项的调整范围，根据该规定，适用于合同之债的法律也应支配债务消灭的各种方法的准据法。但是，该法律适用规则也暗含着其不确定性：如果所涉及的两项债务或多项债务由不同的法律支配，而各种法律有关抵销的却适用不同的规则，那么到底应依据哪一种法律来确定抵销的条件和效力呢？另外，所谓的"程序性抵销"（procedural set‑off）还会产生其他的问题。②

为了解决上述难题，2000 年 5 月 29 日欧盟理事会《关于破产程序的第 1346/2000 号（欧共体）条例》③（以下简称《破产条例》）。《破产条例》第 6 条主要适用于破产中的债务抵销，而《罗马条例 I》第 17 条则将此规则推广到了非破产情形中的抵销。根据该条的规定，如当事人未能就抵销权达成一致意见，抵销应由适用于设定抵销权债权的法律支配。例如，假设 A 欠 B 100 欧元，B 欠 A 150 欧元。第一项债务适用德国法，而第二项债务适用西班牙法。在这种情况下，如果 A 向 B 索赔 100 欧元，而 B 向 A 反索赔（counter‑claim）100 欧元，则有关 B 是否能够、在什么条件能够以及在何时能够主张抵销的问题，应适用西班牙法。欧盟委员会认为，该规则是合理的，因为该方法简化了抵销的法律适用规则，同时也尊重了不主动提出抵销的当事人的合法关切（the legitimate concerns）。④

从条例第 17 条的规定来看，抵销在冲突法上被识别为一个实体

---

① Michael Hellner, *Set‑off*, Ferrari（F.）& Leible（S.）, *Rome I Regulation: The Law Applicable to Contractual Obligations in Europe*, Sellier European Law Publishers, 2009, p. 251.

② H. Magnus, *Set‑off and the Rome I Proposal*, Y. P. I. L, 2006, p. 113.

③ Council Regulation（EC）No 1346/2000 of 29 May 2000 on Insolvency Proceeding, OJ L 160, 30/06/2000.

④ H. Magnus, *Set‑off and the Rome I Proposal*, Y. P. I. L, 2006, pp. 118‑119.

问题而不是程序问题。与欧盟委员会的建议不同，该条没有概之以"法定抵销"（statutory set-off），而是适用于"当事人未能达成一致意见"的抵销，主要是为了保证此规则适用于自动抵销或单方宣告等任何抵销形式。如果属于协议抵销，则适用条例第3条的一般规则。原则上，条例第17条的规定与条例第14条第2款的规定一样，可以直接适用或类推适用于合同之债以及非契约性金钱之债。①

---

① Garcimartín Alférez, Francisco J. , *The Rome I Regulation*: *Much ado about nothing*? The European Legal Forum（E）2-2008, p.79.

第四章　特殊合同的法律适用

当代合同冲突法中立法中，除了规范合同法律适用的一般性规则外，基于对当事人在特定合同中的具体身份和地位的考虑，一般也会对特殊类型的合同规定专门的冲突规则。当代各国合同冲突法立法确立的特殊合同主要为消费者合同和劳动合同两种，《罗马公约》即规定这两类合同的法律适用规则。《罗马条例Ⅰ》在沿袭公约规定的基础上，进而增补了运输合同和保险合同的法律适用规则，充分体现了保护弱方当事人利益的立法理念。

第一节　运输合同的法律适用

一、立法背景和过程

在《罗马公约》中，旅客运输合同不受任何特殊规则的支配。因此，在旅客运输合同中，如果当事人没有选择适用的法律，公约第 3 条对当事人的意思自治没有任何限制，根据公约第 4 条第 2 款的规定，旅客运输合同的特征性履行地应推定为当事人的惯常居所地或管理中心地。但货物运输合同不适用上述推定。鉴于货物运输合同的特殊性，公约在第 4 条第 4 款中规定，如在订立合同时，承运人主营业所所在地的国家亦为装运地、卸货地，或发货人主营业所所在地的国家，应推定合同与此国家有最密切联系。如果承运人的主营业所不位于上述任一国家，则必须按照公约第 5 条的规定，综合考虑整体情况来确定与合同有最密切联系的国家。

应该说，公约专门对运输合同进行规范的条款主要是第 4 条第 4 款。但在公约存续的 20 多年中，欧盟各成员国法院适用该条款的判例却很少。从笔者查阅的资料来看，在荷兰，仅有 3 个案件的判决中适用了该条款，① 德国仅在 2007 年 10 月 25 日联邦法院的判决中②适用了该条款。③

2003 年 1 月 14 日《绿皮书》正式发布后，欧盟委员收到 81 份书面反馈意见，其中有一些是关于运输合同的法律适用规则的建议。德国的马普所在其对《绿皮书》的评论中指出，公约第 4 条第 4 款的设计，主要是为了避免当事人适用与合同毫无联系的国家的法律，尤其是悬挂方便旗的情形。但如此规范似乎没有必要，因为悬挂方便旗的船舶所属公司往往不是货物运输合同的缔约方，因此马普所建议删除公约中的第 4 条第 4 款。④ 欧洲国际私法学会（The European Group for Private International Law）也持同样的观点。

欧盟委员会在综合考虑《绿皮书》反馈意见的基础上，在 2005 年 12 月 15 日正式发布的《罗马条例 I 议案》中建议，后续的立法应保留第 4 条有关运输合同的一般法律选择规则，同时，应将其适用的范围拓展至货物运输合同之外的其他运输合同，所有的运输合同应适用统一的规则，包括旅客运输合同。欧盟委员会将有关运输合同的条款设计为，"运输合同应适用承运人惯常居所地法"。令人困惑的是，对于放弃《罗马公约》中较为复杂的条款转而适用统一规则的原因，欧盟委员会在其解释报告和详述草案中均没有提及，

①　这三案件分别为：*Wiersma v. Westrate Groep BV*（1999）；*Frans Maas Groningen BV v. Delta Lloyd Schadeverzekering NV*（1998）；*Intercontainer Interfrigo v. Balkenende*（2008）.

②　I ZR 151/04，[2008] RIW 397.

③　Richard Plender & Michael Wilderspin, *The European Private International Law of Obligations*, 3rd ed. , London：Sweet & Maxwell, 2009, p. 206.

④　Max Planck Institute for Foreign Private and Private International Law, *Comment on the Commission's Green Paper*, p. 47.

因此而招致了众多质疑。

《罗马条例 I 议案》正式发布后，马普所继而评论指出，关于议案废除《罗马公约》第 4 条第 4 款的做法，他们表示欢迎，但这并不意味着公约对该条款的考虑是毫无根据的，承运人的惯常居所地或许会指向与船舶运营和执行合同完全无关的船旗国法，根据议案第 4 条第 1 款 c 项的规定，在某些情况下，法院可能会减损适用承运人的惯常居所地法，因此为议案条款补充范围有限的例外规则或许是可行的。①

欧盟理事会就有关运输合同的法律适用问题展开了多轮磋商，2007 年 3 月，德国的轮值主席提出了一种新的修改方案，该方案专门就有关旅客运输合同制定了规则，并提出了 4 款内容。2007 年 6 月，德国的轮值主席及其下届的葡萄牙轮值主席提出了一种包含 3 款内容的方案，该方案与《罗马条例 I》最终文本已经比较接近②，欧盟理事会据此逐步就有关运输合同的法律适用问题形成共识。欧盟各成员国均赞成制定较为复杂的规则体系，并分别适用于旅客运输合同与货物运输合同。《罗马条例 I》的最终文本即为该意见的反映，条例第 5 条分别就旅客运输合同与货物运输合同的法律适用规则进行了规范。

二、货物运输合同的法律适用规则

《罗马条例 I》第 5 条第 1 款规定，当事人可以根据条例第 3 条的规定选择适用于货物运输合同的法律，未根据第 3 条规定选择适用于货物运输合同的法律时，如果收货地、发货地或托运人的惯常居所地也在承运人的惯常居所地国境内，则适用承运人的惯常居所

---

① Max Planck Institute for Foreign Private and Private International Law, *Comments on the European Commission's Proposal for a Regulation of the European Parliament and the Council on the law applicable to contractual obligations (Rome I)*, p. 262.

② council document 6935/07.

地国法。如不能满足上述条件，则应适用当事人认可的发货地的国家的法律。条例第 5 条第 3 款规定，当事人未进行法律选择时，如从整体情况看，合同明显与第 1 款所指国家以外的其他国家有更密切联系，则适用该另一国的法律。

《罗马条例Ⅰ》有关货物运输合同的法律适用问题具有以下特征：①

第一，《罗马条例Ⅰ》与《罗马公约》一样，在当事人通过意思自治选择适用于货物运输合同的法律方面几乎没有限制，唯一的限制主要来自于条例第 3 条第 3 款和第 4 款的规定。

第二，条例第 5 条第 1 款第 1 句的表述基本上是公约第 4 条第 4 款的现代化版本，因此，其解释应与公约相同。条例详述部分第 22 条指出，"关于货物运输合同的解释，本条例与《罗马公约》第 4 条第 3 款第三句的规定相比没有实质性变化。因此，单程租船合同以及其他以货物运输为主要目的的合同应视为货物运输合同。在本条例中，'发货人'是指与承运人签订运输合同的人；'承运人'是指从事运输货物的合同当事人，而无论其是否亲自从事运输。"条例第 5 条第 1 款第 2 句则是公约的复制品。另外，该详述的第 2 句和第 3 句则援引自《罗马公约》的解释报告。

在《罗马公约》中，光船租赁合同不属于其第 4 条第 4 款的范畴，因此应适用第 4 条第 2 款的规定。② 因此，在《罗马条例Ⅰ》中，光船租赁合同也应适用条例第 4 条第 2 款的规定。另外，定期租赁合同、连续航次租船合同与货物运输合同一样，也应适用条例第 5 条第 1 款的规定。③

第三，值得指出的是，如果由消费者签订但属于条例第 5 条调

---

① Peter Arnt Nielsen, *The Rome I Regulation and Contract of Carriage*, Ferrari（F.）& Leible（S.）, *Rome I Regulation: The Law Applicable to Contractual Obligations in Europe*, Sellier European Law Publishers, 2009, pp105 – 106.

② Scrutton, Charterparties and Bills of Lading, 20th ed., 1996, p. 14.

③ Dicey & Morris, The Conflict of Laws, 13th ed., Vol. 2, p. 1403.

整范围的运输合同，应适条例第 5 条的规定，而不是条例第 6 条关于消费者合同的规定。①

第四，从本质属性上来看，《罗马条例Ⅰ》第 5 条第 1 款是一种硬性（a hard and fast rule）的法律选择规则，而公约第 4 条第 4 款则是一种备受非议的推定。

第五，尤为最为重要是，当承运人的惯常居所地法适用的各项条件都无法得到满足时，有关如何确定合同准据法的问题，公约第 4 条第 4 款没有作出进一步的明确规定；而条例第 5 条第 1 款则规范了其缺省规则（default rule），即适用当事人认可的发货地的国家的法律。因此，此项规定体现了条例从灵活性到可预见性的嬗变。

第六，《罗马条例Ⅰ》将《罗马公约》中有关承运人的连接点也进行了变更，由其主营业地修订为其惯常居所地，以便与条例第 4 条中所采用的术语保持一致。另外，在条例第 5 条第 1 款中，确定货物运输合同准据法的主要连接点不是最密切联系地，而是当事人认可的发货地的国家的法律。该连接点的采用，体现了欧盟在其立法中对于确定性和可预见性的高度关注。但是，在货物运输合同的法律适用中采用该连接点，在某种情况下，可能会增加当事人的开支，也可能会导致不公平的现象发生。例如，一个瑞典客户与一个丹麦承运人签订了一份 300 个集装箱的货物运输合同，其中，从中国运往新加坡 100 个集装箱，从中国运往约翰内斯堡 100 个集装箱，从中国运往纽约 100 个集装箱。如果采用发货地国家作为连接点的话，那么在同一份运输合同中就必须要分别考虑新加坡、南非和美国的法律，情形之乱可想而知。在这种情况下，当事人还是就有关适用的法律达成协议为妙。

关于条例第 5 条第 1 款的规定，有一点尚不明晰。如果当事人就发货地没有达成协议，而仅规定该事项由货物运输合同的准据法

---

① 条例第 6 条第 1 款规定："在不影响第 5 条及第 7 条规定的情况下，……"；条例详述 32 规定："由于运输合同和保险合同的特殊性，应制定特别条款，……因此，第 6 条不适用于这些特殊合同。"

来确定，那么是否可以适用第 5 条第 1 款第 2 句的规定？关于上述情况，条例第 5 条第 1 款没有规定法律选择规则，有学者建议，此类情况应适用条例第 4 条第 2 款的规定，即适用承运人惯常居所地国法。①

三、旅客运输合同的法律适用规则

有关旅客运输合同的法律适用问题，《罗马条例Ⅰ》最主要的特点就是，为保护旅客或消费者的利益，它引入了对当事人的意思自治进行限制的制度，当事人通过协议的方式选择法律时必须满足条例第 3 条规定的条件。

根据第 5 条第 2 款第 2 段的规定，当事人按照第 3 条规定选择适用于旅客运输合同的法律时，只能选择下述地点所在国的法律：（1）旅客的惯常居所地；（2）承运人的惯常居所地；（3）承运人的管理中心所在地；（4）始发地；（5）目的地。

但对当事人意思自治的限制，到底在多大程度上保护了旅客的利益，令人质疑。例如在运输合同中指定适用承运人惯常居所地国法，就是为了对当事人的意思自治进行限制，也在一定程度上保护了旅客的利益。但在司法实践中，旅客惯常居所地法中的强制规则往往会以合法的形式减损合同中对旅客提供的保护。如果在旅客运输合同的法律适用规则中采用类似于条例第 6 条第 2 款的规定②，相信旅客会信赖本国法中的强制规则。而且，在大多数情况下，承运人在运输合同中会采用格式条款（standard terms），条款中所适用的法律通常是承运人而不是旅客的惯常居所地法。因此，依据《罗马

---

① Peter Arnt Nielsen, *The Rome I Regulation and Contract of Carriage*, Ferrari（F.）& Leible（S.）, *Rome I Regulation：The Law Applicable to Contractual Obligations in Europe*, Sellier European Law Publishers, 2009, pp. 106 – 107.

② 条例第 6 条第 2 款规定：“尽管有第 1 款的规定，双方当事人仍可依第 3 条的规定选择符合第 1 款要求的合同的准据法。但此种选择的结果，不得剥夺未选择法律时依照第 1 款本应适用的法律中不能通过协议加以减损的强制规则给予消费者提供的保护。”

条例Ⅰ》第 5 条第 2 款第 2 段的规定，条例对旅客的利益进行的保护很可能会是一种假象。①

旅客运输合同的当事人未按照条例第 5 条第 2 款第 2 段的规定选择适用于旅客运输合同的法律时，如果始发地或者目的地也在旅客的惯常居所地国境内，则适用旅客惯常居所地国法。如不能满足上述条件，根据第 5 条第 1 款第 1 段的规定，则应适用承运人的惯常居所地国法。

同《罗马公约》相比而言，《罗马条例Ⅰ》的此处规定具有独特之处。根据公约的规定，承运人的惯常居所地法应依据公约第 4 条第 2 款的规定确定；而在条例中，只有当始发地或者目的地均不在旅客的惯常居所地国境内时，才适用承运人的惯常居所地法。因此，当承运人签订旅客运输合同时，最好就明确合同的法律选择条款。

当事人未进行法律选择时，如从整体情况看，合同明显与第 2 款所指国家以外的其他国家有更密切联系，则适用该另一国的法律。

另外，值得一提的是，《罗马条例Ⅰ》第 6 条第 4 款 b 项规定，该条第 1 款和第 2 款不适用于除 1990 年 6 月 13 日（欧洲经济共同体）理事会《关于包办旅游、包办度假与包办旅行的第 90/314 号指令》（以下简称《第 90/314 号指令》）② 所规定的一揽子旅游合同（package travel）之外的其他运输合同。该条似乎暗指一揽子旅游合同应属于运输合同的范畴，因为它既包括旅客运输也包括安排食宿等事项。但一揽子旅游合同不属于条例第 5 条第 2 款规定的旅客运输合同，除非旅客运输为该合同最主要的组成部分，否则不得适用条例第 5 条第 2 款的规定，而应适用《第 90/314 号指令》的规定。如果一揽子旅游合同满足上述要求，从理论上而言是可以适用条例

---

① Peter Arnt Nielsen, *The Rome I Regulation and Contract of Carriage*, Ferrari (F.) & Leible (S.), *Rome I Regulation: The Law Applicable to Contractual Obligations in Europe*, Sellier European Law Publishers, 2009, p107.

② Council Directive 90/314/EEC of 13 June 1990 on package travel, package, holidays and package tours, OJ L 158, 23.6.1990, p. 59.

第 5 条第 2 款的规定，但同时也会产生自相矛盾的结果。因为根据条例第 6 条的规定的对消费者进行保护的规定，对当事人选择合同准据法是没有限制性规定的，而条例第 5 条第 2 款则对当事人的意思自治进行了严格的限制。① 因此，有学者指出，一揽子旅游合同如果满足条例第 6 条第 1 款的规定，应适用条例第 6 条的规定。②

四、国际公约对运输合同法律适用规则的影响

在国际层面，诸多公约就运输合同进行了规范。因此，在《罗马公约》的起草阶段和《罗马条例Ⅰ议案》的磋商阶段，欧盟各成员国都曾就是否纳入运输合同的问题进行过多轮磋商，《罗马条例Ⅰ》最终文本还是就货物运输合同和旅客运输合同的法律适用规则进行了规范。因此，在条例第 5 条适用的过程中，其所涉及相关合同事项可能也同时会受诸多有关运输的国际公约的支配，这些国际条约会极大地限制《罗马条例Ⅰ》的适用范围。

首先，就有关《罗马条例Ⅰ》与相关运输的国际公约的关系问题，条例第 25 条规定，条例正式通过时，如果一个或多个成员国已成为某些制定了合同之债的法律选择规则的国际公约的缔约国，则这些国际公约的适用不受本条例影响；但是，就仅由两个或多个成员国签署的涉及本条例调整事项的国际公约而言，本条例在这些成员国之间应优先适用。因此，《罗马条例Ⅰ》的法律选择规则仅适用于相关国际公约没有涉及的部分运输合同，从某种程度上而言，该条例只能属于有关运输合同法律适用的次级（secondary）立法。

第二，在运输部门，通过仲裁的方式解决法律纠纷较受欢迎，

---

① Richard Plender & Michael Wilderspin, *The European Private International Law of Obligations*, 3rd ed., London: Sweet & Maxwell, 2009, p. 214.

② Peter Arnt Nielsen, *The Rome I Regulation and Contract of Carriage*, Ferrari（F.）& Leible（S.）, *Rome I Regulation: The Law Applicable to Contractual Obligations in Europe*, Sellier European Law Publishers, 2009, p108.

因此，在适用法律的过程中，人们常常放弃适用欧盟有关法律选择、国际管辖权和判决的承认与执行的规则，而适用国内以及国际上的相关仲裁制度，例如仲裁法（lex arbitri）、联合国国际贸易法委员会1985年制订2006年修订的《国际商事仲裁示范法》以及1958年《承认及执行外国仲裁裁决公约》（以下简称《纽约公约》）等等。

有关货物运输或旅客运输的最为重要的国际公约主要包括：（1）1980年欧洲各国在伯尔尼签署的《国际铁路货物运送公约》（又称为《伯尔尼货运公约》）；（2）1956年5月19日签署的《国际公路货物运输合同公约》；（3）1973年签署的《公路旅客及其行李运输合同公约》；（4）1974年签署的《海上旅客及其行李运输雅典公约》（简称《雅典公约》，该公约于1976年进行了修订）；（5）1924年签署的《海牙规则》（该规则经1968年《布鲁塞尔议定书》修订后，统称为《海牙－维斯比规则》，并于1977年生效）；（6）1929年《统一国际航空运输某些规则的公约》（简称为《华沙公约》，该公约于1955年和1961年进行了修订，该公约内容还包括1975年《蒙特利尔议定书》），等等。

如果欧盟各成员国为上述国际公约的缔约国，且公约对有关运输合同的法律选择规则进行了规范，则无论其为冲突法规范抑或统一实体法规范，国际公约都应优先于《罗马条例 I》而适用。

五、规则评析

《罗马条例 I》与《罗马公约》关于运输合同的法律适用规则存在较大差异。总体而言，公约中复杂而灵活的规定已为条例严格的法律选择规则和有限的例外条款所代替。

在货物运输合同方面，就有关当事人没有就准据法形成协议的情况下，《罗马条例 I》第5条第1款的规定与《罗马公约》的相关规定差异较大。首先，公约第4条第4款的推定适用已修订为条例第5条第1款的硬性规定。其次，条例第5条第1款第1句所适用的各项条件都无法得到满足时，条例的后备条文（fall-back provision）将所适用的法律指向了当事人认可的发货地的国家的法律；而在该情况下，公约却适用第 4 条第 1 款的最密切联系原则来确定其准据法。再次，如果当事人就发货地没有达成协议，而仅规定该事项由货物运输合同的准据法来确定，有学者建议，此类情况应适用条例第 4 条第 2 款的规定，即适用承运人惯常居所地国法。

在旅客运输合同方面，《罗马条例 I 》与《罗马公约》是根本不同的，因为公约对此没有进行规定。首先，它们最大的不同之处是，条例为了保护旅客的利益，而采用了有限的意思自治原则；而公约则没有提供这种保护。但与此同时，条例中对旅客所提供保护的程度也是令人质疑的。其次，旅客运输合同的当事人未选择适用于旅客运输合同的法律时，如果始发地或者目的地也在旅客的惯常居所地国境内，则适用旅客惯常居所地国法。根据公约的规定，承运人的惯常居所地法应依据公约第 4 条第 2 款的规定确定。

总而言之，《罗马条例 I 》制定了一套适用于运输合同的法律选择规则，它虽然减损了《罗马公约》的灵活性，但同时却增强了法律选择的确定性和可预见性。

第二节　消费者合同的法律适用

消费者问题的普遍存在和日益恶化是现代消费者保护法产生的基本动因。"工业化社会孕育了一种考虑当事人之间实际存在的不平等的契约关系的新观念。立法者倾向于保护最弱者，打击最强者，保护外行，打击内行：当事人必须服从于一个被现代法学家称之为经济秩序的东西。"① 同经营者和生产者等商家相比，消费者无论是在经济实力和信息获取方面，还是在社会影响和权利救济方面均处

① ［法］热拉尔·卡著：《消费者权益保护》，姜依群译，商务印书馆 1997 年版，第 5 页。

于弱势地位，大量证据显示，当合法权益受到商家的不法侵害时，消费者往往不会得到其满意的赔偿。① 因此，自20世纪下半叶以来，各国以及国际社会都通过立法来加强对消费者的保护。在消费者保护方面，国际私法规则也扮演着极为重要的角色，近年来，保护消费者等弱方当事人原则已成为国际私法中的一项基本原则，对此各国学者已形成共识。欧盟的消费者保护立法走在世界的前列，为保护消费者利益，欧盟先后出台了一系列指令、条例及其他相关立法，形成了一个庞大的消费者保护政策体系。《罗马条例Ⅰ》以共同体立法的形式在欧盟统一了有关消费者合同法律适用的规则，必将对各欧盟成员国产生重大影响。

一、立法背景和过程

（一）欧盟消费者保护政策的确立和发展

消费者保护是欧洲联盟的一项共同政策。② 欧盟消费者保护政策是市场经济的产物，并随欧盟一体化与消费者运动的深入发展而不断完善，③欧盟在消费者保护方面已全面考虑到了整个欧洲范围内的统一。④ 自欧共体成立以来，欧盟消费者保护经历了一个从无到有、从简单到细化、从国内保护到统一立法的过程。

在1957年《罗马条约》（the Treaty of Rome）⑤ 的框架内，消费

---

① Jonathan Hill, *Cross – Border Consumer Contracts*, Oxford University Press, 2008, p. 1.

② 杜志华：《欧盟消费者保护法的立法根据》，载《武汉大学学报》（社会科学版），2001年第6期，第727~732页。

③ 赵志全：《欧盟消费者保护研究：经济分析、法律规制与制度启示》，复旦大学博士后出站报告，2006年9月，第22页。

④ 范征、王凤华：《欧盟统一大市场中的消费者保护一体化研究》，载《法学》2000年第10期，第55页。

⑤ 1957年3月25日，法国、西德、意大利、荷兰、比利时和卢森堡6国的政府首脑和外长在罗马签署《欧洲经济共同体条约》和《欧洲原子能共同体条约》，后来人们把这两个条约统称为《罗马条约》，条约于1958年1月1日生效，该条约的生效标志着欧洲经济共同体正式成立。

者政策并不构成欧洲经济共同体的一项共同政策,① 但它通过协调各国立法以及理事会和委员会决议或行动方案等"软法提案"等形式,② 形成了共同体"间接"的消费者政策,并作为共同市场的副产品开启了欧盟消费者保护政策的大门。③ 1973 年欧洲理事会《消费者保护宪章》(Consumer Protection Charter) 规范了消费者保护的国际标准与基本原则,并为欧洲消费者提供最低程度的保护。④ 1987 年《单一欧洲法令》(Single European Act) 首次引入了"消费者保护"的概念,并将其作为完善单一市场的若干目标之一,第 100a 条也成为一系列消费者保护指令的基础。⑤ 之后,欧共体陆续出台了一系列旨在改善各成员国人民健康、安全和福利的消费者指令,⑥ 这些指令对各成员国的消费者私法及其发展到一般私法的道路产生了非

---

① Nobet Reich, *European Consumer Law and its Relationship to Private Law*, (1995) European Review of Private Law 3, p. 285.

② 杜志华:《欧盟消费者保护政策的形成与发展》,载《欧洲》2001 年第 5 期,第 84 页。

③ 《罗马条约》第 4 条、第 39 条、第 85 条和第 86 条均涉及到了消费者的保护问题,该条约第 40 条规定:农业共同组织应该排除在共同体的生产者和消费者之间存在的任何歧视;第 39 条规定:确保消费者以合理的价格取得交货。转引自张严方著:《消费者保护法研究》,法律出版社 2003 年版,第 179 页。

④ 《消费者保护宪章》虽然其以"宪章"命名,然而实际上并非纲领性的文件,仅仅对消费者要求保护和援助的权利、要求损害赔偿的权利、获得信息的权利、接受教育的权利和成立代表机构获得咨询的权利做了具体规定。

⑤ 谢海:《国际消费者保护政策的国内借鉴:以欧盟为例》,载《经济体制改革》2005 年第 4 期,第 56 页。

⑥ 就欧盟在债法领域的条例和指令而言,涉及消费者保护的主要有:(1) 1985 年《关于在营业场所外缔结合同方面保护消费者的第 85/577 号指令》,,即《上门推销指令》;(2) 1987 年《关于消费者信贷的第 87/ 102 号指令》;(3) 1990 年《关于一揽子旅游的第 90/314 号指令》;(4) 1993 年《关于消费者合同中不公平条款的第 93/13 号指令》;(5) 1994 年《关于不动产分时段使用权的第 94/47 号指令》;(6) 1997 年《关于远程销售合同缔结中的消费者保护的 97/7 号指令》,简称为《远程销售第 97/7 号指令》;(7) 1998 年《关于向消费者发出产品要约的价格提示的第 98/6 号指令》,简称《价格提示指令》;(8) 1999 年《关于消费品买卖及担保的第 99/44 号指令》;(9) 2000 年《关于电子商务的第 2000/31 号指令》;(10) 2002 年《关于向消费者提供远程金融服务第 2002/65 号指令》,等等。

常深远的影响，① 也有助于在欧盟形成一个较为完整的消费者保护的规则体系，该法律体系既包括有关消费者保护的一般规则，也包括仅适用于特定领域的特别规则。

1992 年 2 月 7 日签署的《欧洲联盟条约》正式确认了欧盟的消费者保护政策，消费者保护问题被首次提到共同体共同政策的地位。该条约第 129a 条以基础条约的形式确立了共同体就消费者保护问题进行独立立法的权能。② 1998 年欧盟理事会颁布的《欧盟消费者保护法》（EU Consumer Law）确立了以产品价格为核心的消费者保护体系。1999 年 5 月 1 日生效的《阿姆斯特丹条约》第一次以宪法性条约的形式确认了消费者的权利，并要求给予消费者高水平的保护。③ 2001 年 10 月 2 日，欧盟委员会发布了《欧盟消费者保护绿皮书》，④ 以征集欧盟各界对消费者保护现状和未来的发展意见。欧盟委员会于 2002 年 6 月 11 日发表了后续的交换意见，建议采用混合调整模式在现有特殊领域进行改革，并敦促欧盟委员会关注欧洲合同法委员会等部门在这方面开展的工作。

2002 年 5 月 7 日，欧盟委员会向欧洲议会、理事会、经济与社

---

① 张学哲：《德国当代私法体系变迁中的消费者法》，《比较法研究》2006 年第 6 期，第 35 页。

② 《欧洲联盟条约》第 129a 条规定："1. 共同体将通过以下途径努力实现对消费者的高水平保护：（a）为内部市场的完成而根据第 100a 条所采取的措施；（b）为支持和补充成员国保护消费者健康、安全和经济利益并为消费者提供适当信息的政策所采取的特别行动；2. 理事会，根据第 189b 条所规定的程序，向经济及社会委员会咨询之后，将采取第 1 款 b 项规定的特别行动。3. 根据第 2 款所采取的行动不应该阻止任何成员国维持和引入更严格的保护性措施。这种措施必须与条约相一致。委员会应得到通知。

③ 《阿姆斯特丹条约》第 153 条规定："1. 为了促进消费者的利益和确保对消费者的高水平保护，共同体应该努力保护消费者的健康、安全和经济利益，保障他们的信息权、受教育权以及为维护他们自己的利益而自我组织的权利；2. 在确定和执行其他共同体政策时，应该考虑消费者保护的要求；3. 共同体应该通过：（a）根据第 95 条为实现内部市场而采取的措施；（b）支持、补充和监督成员国所采取的政策的措施，以努力实现第 1 款所提及的目标；4. 理事会，依照第 251 条所规定的程序，向经济及社会委员会咨询之后，将采取第 3 款（b）项所规定的措施。5. 根据第 4 款所采取的措施不应该阻止任何成员国维持和引入更严格的保护性措施。这种措施必须与条约相一致。委员会应得到通知。"

④ Green Paper on consumer protection in the European Union, COM (2001) 531, 2 October 2001.

会委员会以及地区委员会提交了名为《2002～2006 年消费者政策战略》的交换意见，该战略设定了未来 5 年的三个主要的发展目标，即消费者保护的同等高标准、消费者保护规定的有效履行、消费者组织对欧盟政策制定过程的合理参与。

为提高法律实施的标准和持续性，在共同体层面上就共同体内部的违法行为协调各成员国的法律实施行动，致力于内部市场的平稳运行，从而更好地保护消费者的利益，欧洲议会及欧盟理事会于 2004 年 10 月 27 日通过了《关于负责实施消费者保护法律的国家机构之间的合作的第 2006/2004 号（欧共体）条例》①（简称为《消费者保护合作条例》）。②

2007 年 5 月 31 日，欧盟颁布了《2007～2013 年欧盟消费者保护政策战略》，该决定旨在增强消费者对欧盟单一市场的信心，促进欧盟范围内的跨境消费，尤其是网上跨境消费这种新型消费方式的发展。要求各成员国加强执法和完善消费者救济制度，确保产品安全，特别是要在卫生、环境和运输等领域的政策制定过程中充分考虑消费者的权益。

欧盟消费者保护政策是欧盟经济一体化的产物，并随一体化的深入而不断完善。欧盟经济一体化为欧盟消费者保护政策提供了市场基础，消费者运动的深入进行为欧盟消费者政策提供了社会条件；消费者权利至上观念为欧盟消费者政策提供理论支持；而新技术的出现及其广泛运用则为欧盟消费者保护提供技术条件。欧盟消费者保护政策体系是一个由食品安全、产品质量、消费合同、广告宣传、市场竞争、环境健康、标签制度等多方面组成的有机整体。欧盟通过各种制度安排，或直接赋予消费者权益，或规范商家行为，抑制

---

① Regulation（EC）No. 2006/2004 of the European Parliament and of the Council of 27 October 2004 on Cooperation between National Authorities responsible for the Enforcement of Consumer Protection Laws, OJL 364, 09/12/2004, pp. 1–34.

② 苏号朋、刘春梅：《欧盟消费者保护立法述评》，沈四宝、王军主编：《国际商法论丛》第 9 卷，法律出版社 2008 年版，第 156 页。

商家权利滥用间接实现对消费者权益的保护。① 欧盟消费者保护政策的主旨是协调其成员国消费者保护政策的冲突而出台的，也会随着有关冲突法规则的统一而不断发展。

（二）《罗马公约》第 5 条及其局限性

在消费合同中，当事人双方的交易地位往往是不平等的，合同中处于优势地位的卖方当事人可能会选择有利于自己的法律，迫使处于弱势地位的买方当事人（消费者）接受，而这种法律通常很难对后者的合法权益给予有效保护。② 因此，为了维护实体法上的公平与正义，对处于弱势地位的消费者应予以特别保护，欧盟的国际私法学者对此已经形成共识。③ 在 20 世纪的 70 年代，英国、法国、德国、西班牙和瑞典出台了许多法律规范，他们把消费者看成是本质上需要被保护的弱势群体。这些国家纷纷出台了一些法律规范，例如德国在 1976 年出台了关于合同一般条款的法律；英国在 1977 年颁布了合同不公平条款的法案；法国在 1978 年颁布了消费者在合同中不合理条款的法案。这些法律在合同的一般原则中，引入了例外性的规定，对消费者进行特殊的保护。

鉴于消费者与商家之间地位的不平等性以及消费者在欧共体事务中的重要作用，1980 年的《罗马公约》第 5 条对某些消费者合同进行了规范。该条第 1 款对消费者合同进行了界定；第 2 款规定，双方当事人作出的法律选择不具有剥夺消费者惯常居所国法律的强制性规定给予他的保护的后果。第 3 款规定，当事人未作法律选择时，合同适用消费者惯常居所地国法；第 4 款和第 5 款则对适用公

---

① 谢海：《欧盟消费者保护政策研究》，四川大学博士学位论文，2007 年 3 月，第 52～97 页。

② 李双元主编：《国际私法学》，北京大学出版社 2000 年版，第 408 页。

③ Franceca Ragno, *The Law Applicable to Consumer Contract under the Rome I Regulation*, Ferrari（F.）& Leible（S.）, *Rome I Regulation：The Law Applicable to Contractual Obligations in Europe*, Sellier European Law Publishers, 2009, p129.

约第5条的消费者合同的范围进行了限定。①

《罗马公约》第5条是欧盟有关消费者合同法律适用规则的第一项共同体立法，它增强了消费者合同法律适用过程中的确定性和统一性，但同时也遭到了欧盟各界的批评。

《罗马公约》第5条的适用范围是有限的，它仅适用于某些消费者合同的以下情形：（1）消费者订立合同是通过先在其惯常居所所在国向消费者进行个别的推销或通过广告进行的推销，而消费者在该国采取了订立合同所需的其他一切步骤；（2）供应商或其代理人在消费者惯常居所所在国收到该国消费者的定单；（3）合同为售货合同，且消费者曾离开该国到另一国提交定单，但消费者的旅程系卖方为导致消费者购买之目的而为之安排的。

有的学者认为，公约第5条制定了一种双重规则（a double rule），但该条的适用可能会导致合同的"分割"（dépeçage），也就是说，同一合同的不同部分可能会适用两个或多个国家的法律。② 例如，A国的消费者和B国的商家签订合同，选择适用B国法，若出现公约第5条规定的情形，所涉内容属于A国的公共政策对消费者的保护的内容，法院应优先适用A国法。此时，对同一个合同就会出现适用两种截然不同的法律的情况，即涉及对消费者的保护，适用A国法；而合同其他问题则适用B国法。

有些学者认为，公约第5条并不能使暂时居住于与合同有最密切联系的国家的消费者受益③，没有对"移动消费者"（the mobile consumer）给予适当的保护。首先，"移动消费者"合同显然不属于公约第5条的适用范围，因此，此类消费者合同可能适用没有规定

---

① 《罗马公约》第5条第4款规定，本条不适用于：（a）运输合同；（b）提供服务的合同，此种服务是在消费者惯常居所地国家以外的国家，向消费者专门提供的。第5款规定，尽管有第4款的规定，本条应适用于按总价提供旅行和食宿供应的合同。

② Green Paper on the Conversion of the Rome Convention of 1980 on the Law Applicable to Contractual Obligations into a Community Instrument and its Modernization, COM（2002）654 final（Jan. 14, 2003），p. 31.

③ T. C. Hartley, *Contract Conflict*（P. M. North ed.）1982, p. 130.

消费者保护条款的外国法，若被剥夺了强制规则所保护的利益后，"移动消费者"所处情势将会更糟。其次，诚然，欧盟颁布了一系列消费者保护指令后，共同体内的消费者享受到了最低程度的保护所带来的利益，但这些指令适用的范围有限，且各成员国转化指令的情况各异，有的甚至没有转化为国内立法。一些指令只规定了最低保护标准，该标准即便与某些成员国的已经施行的标准相比都还有很大差距。①

另外，公约第 5 条第 2 款②中，将某些特殊的消费者合同与一般的消费者合同进行了区分，但其采用的标准已不能适应新的远程技术发展需要，也同《布鲁塞尔条例 I 》第 15 条的规定不一致。第 5 条虽然从冲突法上对消费者保护做出了规定，但该规定本身并不完善。例如，对于住宅建筑物的分时使用权合同、消费者合同中的不公平条款等存在规范上的缺失。③

（三）《绿皮书》中的相关建议

为了弥补《罗马公约》的不足，自 20 世纪 80 年代初以来，欧盟陆续颁布了一系列有关消费者保护的指令，其中既包括实体法规范，也包括冲突规范。为适应时代发展特别是电子商务发展的需要，对《罗马公约》第 5 条的修订也就被提上了工作日程。在 2003 年 1 月 14 日欧盟委员会发布的《绿皮书》中，就有关《罗马公约》第 5 条适用过程中遇到的障碍进行了全面分析，并提出了可行的修改建议。

---

① Green Paper on the Conversion of the Rome Convention of 1980 on the Law Applicable to Contractual Obligations into a Community Instrument and its Modernization, COM（2002）654 final（Jan. 14, 2003），p. 33.

② 《罗马公约》第 5 条第 2 款规定：尽管有第三条的规定，但由双方当事人所作的法律选择，不得剥夺消费者惯常居所地国法律的强制性规定，对他提供的保护：

——如果在该国，在订立合同前曾经对他发出专门的邀请或者登过广告，而且他在该国，为了订立合同已采取一切必要的步骤时；或者

——如果另一方当事人或其代理人在该国接受了消费者定货单时；或者

——如果合同是关于货物销售的，而消费者是从该国来到另一国并在该地送出其定货单的，但消费者此项旅程是由卖方为了吸引消费者购买货物的目的而安排的。

③ 邹国勇著：《德国国际私法的欧洲化》，法律出版社 2007 年版，第 82 页。

在《绿皮书》中，欧盟委员会认为，对《罗马公约》第5条修改应体现如下原则：（1）体现对消费者的普遍保护，尤其是当所有的联结因素都集中在欧盟内时，更应如此；（2）平衡双方当事人的利益；（3）未来的规则应具有明确性、一般性和广泛性的特点，以便当事人能明确地预见到适用于其合同关系的法律。①

同时，欧盟委员会提出了9种可行性的修改方案以供欧盟各界讨论：

（1）保留目前规定，同时增设一个一般条款，以确保适用共同体对消费者最低保护标准。

（2）保留目前规定，仅修改其适用的条件，扩大其适用范围，应包括"移动消费者"合同以及现行规定排除的其他消费者合同。

（3）普遍（Generalisation）适用公约第3条和第4条的规定，对消费者合同，适用当事人的营业地法而不是普遍适用消费者惯常居所地国的强制规则。采用该方法，有利于供应商预见其适用的法律。为进一步增强其预见性，还可补充适用消费者惯常居所地国的强制规则：如果供应商确实知道消费者惯常居所地国存在强制规则，应适用该强制性规则。但如此规定可能会造成合同的分割和潜在实践困难。

（4）在上述方案（2）和方案（3）中，需要对消费者惯常居所地国的强制规则进行识别。就共同体层面已经统一的法律事项，建议可适用当事人选择的消费者保护规则，即当事人的营业地法；仅在共同体层面尚未统一的法律事项方面，消费者才不应被剥夺其惯常居所地国的强制规则给予他的保护。

（5）系统地适用消费者惯常居所所在国法，该方法既明确又不需分割合同，这样有利于增强法律的确定性，又能增加诉讼的快捷性和经济性，合同双方当事人均可从该方法中受益。但适用该规则

---

① Green Paper on the Conversion of the Rome Convention of 1980 on the Law Applicable to Contractual Obligations into a Community Instrument and its Modernization, COM（2002）654 final（Jan. 14, 2003），p. 34.

的条件难以确定。

(6) 在上述方案(2)、方案(3)和方案(5)中,应明确合同是否为跨境交易所致。对此,《布鲁塞尔公约》和《罗马公约》基于消费者的视角,认为不应对明知"外贸风险"(risk of foreign trade)的消费者进行保护,但该标准显然不能适应远程销售技术的发展需要。未来的共同体立法应基于《布鲁塞尔条例Ⅰ》第15条的规定,在考量两项条件的基础上来确定是否给予消费者保护:(a)营业活动指向了消费者惯常居所地国;(b)该活动通过远程方式签订了合同。

(7) 应对方案(6)中适用条件进行概括。未来的共同体立法可以做出如下规定:供应商只有在基于消费者行为知道或理应知道的情况下,消费者惯常居所地国才应被视为一个相关因素;如果消费者为其提供了解该信息的渠道,供应商可以不适用该外国法。

(8) 引入一种适用于所有消费者合同的统一规则。例如,未来的共同体立法可以做出如下规定:所有消费者合同,均可选择适用消费者惯常居所地国之外的法律,但该选择权是非常有限的,因为消费者或许只能选择与消费者签约的当事人的营业地国法律;并且,供应商只有在将选择的法律及相关权利与义务提前告知消费者的情况下,该选择是有效的。如果供应商没有履行其告知义务,则法院可适用消费者惯常居所地国法或其强制规则。根据共同体对消费者的最低保护标准,该规则是合理的,但显然仅适用于供应商的营业地位于成员国的情形。对于营业地位于成员国外的情形,则应继续适用强制规则,允许分割合同。

需要指出的是,无论选择上述哪种方案,均应明确:由于消费者争议大多数额较小,合同双方很少在法院提起诉讼,且各成员国和欧盟委员会都鼓励消费者通过 ADR 方式解决争议,所以有关消费者合同法律适用的方法选择应顺应时代潮流。①

---

① Green Paper on the Conversion of the Rome Convention of 1980 on the Law Applicable to Contractual Obligations into a Community Instrument and its Modernization, COM (2002) 654 final (Jan. 14, 2003), p. 34 - 37.

（四）《罗马条例Ⅰ议案》第 5 条与《罗马条例Ⅰ》第 6 条

在广泛吸收各成员国和《绿皮书》意见的基础上，欧盟委员会于 2005 年 12 月 15 日发布了《罗马条例Ⅰ议案》，该议案第 5 条就有关消费者合同的法律适用进行了规范。

《罗马条例Ⅰ议案》第 5 条第 1 款规定了一条简单且具有可预见性的新的冲突法规则：消费者合同适用消费者惯常居所在地国法。欧盟委员会在其解释报告中指出，消费者诉讼多为小额诉讼，按照公约的复杂标准解决争议往往会增加当事人的额外诉讼成本；适用消费者惯常居所在地国法与保护消费者的目标真正相容，也有利于维护经济学上的公平。一个消费者进行跨国交易往往具有偶然性，而商家却经常从事跨国交易，这有利于他们将学习一个或多个法律制度的成本分散于较大范围的交易利益中。另外，在实践中，该规定也不会实质性地改变商家根据公约所受的保护，对他们来说，起草格式合同的最大困难时必须遵守消费者所在国的强制规则，而公约也规定，商家必须遵守消费者惯常居所地国的强制规则。①

《罗马条例Ⅰ议案》第 5 条第 2 款规定了适用条件：首先，消费者的缔约相对方必须是商家。其次，在不实质改变《公约》适用范围的情况下，对公约规定进行了修订。该议案并不要求消费者已经在其惯常居所在地国作出了订立合同的必要行动。第 2 款规定消费者合同应受消费者拥有惯常居所在地成员国的法律支配。第 1 款适用于由一个自然人与他人之间订立的合同，前者是消费者，他为了某种目的而在某一成员国拥有惯常居所，该目的不被视为其商业或职业活动，后者是商家，其从事的是其商业或职业活动。其适用条件为，该合同是与这样一个人订立的：他在某成员国从事商业或职业活动，而该消费者在该国拥有惯常居所，或者，通过某种手段，将此种活动指向了该国或包括该国在内的多个国家，并且该合同属

---

① *Proposal for a regulation of the European Parliament and the Council on the law applicable to contractual obligations*（*Rome I*），COM（2005）650 final，15. 12. 2005，p. 6.

于该活动的范围。除非，该商家并不知道该消费者在哪里拥有其惯常居所，并且，此种不知晓不是其疏忽所致。如果消费者对其惯常居所地作了虚假陈述，则不能适用其所指的惯常居住地国法。

《罗马条例 I 议案》第 5 条第 3 款则就排除适用的范围进行了规定。第 3 款主要排除了 3 类合同：（1）专门在消费者的惯常居所地之外的其他国家向消费者提供服务的合同；（2）除 1990 年 6 月 13 日（欧洲经济共同体）理事会《第 90/314 号指令》所规定的一揽子旅游合同之外的其他运输合同；（3）除《第 94/47 号（欧共体）指令》所规定的不动产分时使用权合同之外的其他与不动产物权或者不动产租赁有关的合同；

《罗马条例 I 议案》第 5 条公布后，欧盟各界在对其表示欢迎的同时也提出了许多修改意见。欧洲经济和社会委员会（EESC）审议议案第一稿后，公开进行了回应，认为该议案第 5 条创设的新规则是一次"彻底改造"（a thorough reworking），并誉其为"在正确的方向迈出的一步"（a step in the right direction）。经济和社会委员会支持通过消费者本国法来对其保护的理念，因为消费者对其本国法相对最为熟悉，且没有语言障碍，他们也会更容易获得法律救济。同时，经济和社会委员会也对削减消费者选择法律机会的做法提出了质疑，相反地，他们认为，只要特定的保护措施能为交易中处于弱势地位的当事人提供保护，消费者便可从中受益。因此，经济和社会委员会极力主张对该议案进行修订。①

欧洲议会也同样非常关注《罗马条例 I 议案》第 5 条的修订。他们认为，该议案第 5 条第 1 款可以保持不变，"商业合同应适用消费者惯常居所地国法"；但第 5 条第 2 款应允许当事人选择合同的准据法，只要"此种选择的结果，不得剥夺未选择法律时依照第 1 款本应适用的法律中不能通过协议加以减损的强制规则给予消费者提

---

① *Opinion of the European Economic and Social Committee on the Proposal for a Regulation of the European Parliament and the Council on the Law Applicable to Contractual Obligations（Rome I），* 2006 O. J（C 318），p. 56.

供的保护"。欧洲议会的该项提议最终被欧盟立法采纳，并在《罗马条例Ⅰ》的最终文本中得以反映。①

另外，许多学术组织也对《罗马条例Ⅰ议案》进行了积极回应。德国的马普所认为，《罗马条例Ⅰ议案》基本解决了《绿皮书》中所列的问题，但仍有四个方面应该进行修改：（1）关于第5条第1款和第2款的适用范围，不应仅局限于在成员国有惯常居所的消费者，而应包括符合该议案条件的所有消费者，而不论其惯常居所地位于何处；（2）在第5条第2款中，第2句在措辞上应该对第1句中"商家"（professional）的概念进行解释；（3）第5条第2款第2句中，"商家并非出于过失而不知道消费者惯常居所地"的表述应该删除；（4）第5条第3款的排除事项中，不应该包括专门在消费者的惯常居所地之外的其他国家向消费者提供服务的合同。②

在广泛征求欧盟各成员国及各界意见后，欧盟委员会法律事务处以《罗马条例Ⅰ议案》第5条为基础并进行修改的基础上，拟订了有关消费者合同法律适用的规则，并经过欧盟理事会和欧洲议会审议通过后，于2008年6月17日形成最终文本。

《罗马条例Ⅰ》第6条对消费者合同的法律适用进行了规范，并在详述部分第23～31条进行了详细解释，条例第27条也将消费者合同纳入了重点审查条款，由此可见欧盟对此条规定的重视程度。至于《罗马条例Ⅰ》有关消费者合同法律适用规则的内容，我们将在文章的后续内容中进行介绍，这里不再赘述。

---

① *Comm. on Legal Affairs*, *Report on the Proposal for a Regulation of the European Parliament and of the Council on the Law Applicable to Consumer Contractual Obligations* (*Rome I*), U. N. Doc. A6 – 0450/2007 (Nov. 21, 2007) (prepared by Cristian Dumitrescu).

② Max Planck Institute for Foreign Private and Private International Law, *Comments on the European Commission's Proposal for a Regulation of the European Parliament and the Council on the law applicable to contractual obligations* (*Rome I*), p. 268 – 269.

二、《罗马条例Ⅰ》关于消费者合同的界定

什么样的合同可视为消费者合同，是消费者保护法律中最为复杂、争议最大的问题之一。① 对消费者合同的界定，关键在于对"消费者"概念的理解。

《布莱克法律辞典》的解释为，消费者是指"出于个人使用而不是生产或转售的目的，而购产品或服务的个人"②。2001《俄罗斯联邦民法典》规定，消费者合同是"合同的一方是为了个人、家庭以及与从事经营活动无关的其他需求而使用、购买或订购或是有意使用、购买或订购货物（工作、服务）的自然人的合同"。1987 年《瑞士国际私法典》和国际标准化组织也持同样的观点，强调消费者只能是自然人。2000《日本消费者合同法》规定，"消费者"仅指个人，从事经营或为经营而成为合同当事人的场合除外。而 1980 年《消费者买卖法律适用公约（草案）》和 1984 年的西班牙《消费者和使用者利益保护法》规定，消费者可以是自然人或法人。1978 年的《奥地利联邦国际私法法规》则未对消费者合同进行明确进行界定。③ 英国 1977 年《货物买卖法》第 12 条规定，消费者是"与另一方交易时不是专门从事商业的人、也不能使人认为是专门从事商业的人"。1974 年英国《消费者信用法》规定，消费者是非因自己的经营业务而接受由供应商在日常营业中向他或要求为他提供商品或服务的人。

尽管有关国际和国内立法存在着诸多差异，但对消费者合同的界定仍然存在以下共同之处：（1）合同是为个人或家庭提供商品或

---

① 肖永平主编：《欧盟统一国际私法研究》，武汉大学出版社 2002 年版，第 153 页。
② 《布莱克法律辞典》的解释为："Consumer is an individual who buys products or services for personal use and not for manufacture or resale."
③ 《奥地利联邦国际私法法规》规定，消费者合同是"一方当事人由他有习惯居所的国家将他作为消费者而给予保护的契约"。

服务；（2）卖方的行为发生在自己的商业过程中；（3）买方属于在自己的行业或职业范围之外的个人。①

《罗马条例Ⅰ》第6条第1款对消费者合同的界定为：自然人非出于商业或职业目的（"消费者"）而与从事商业或职业活动的另一方（"商家"）②订立的合同。

根据《罗马条例Ⅰ》详述部分第7条的规定，《罗马条例Ⅰ》实体适用范围及规定应与《布鲁塞尔条例Ⅰ》保持一致，因此，我们在理解"消费者"概念时，应参照《布鲁塞尔条例Ⅰ》第15条第1款的规定及其相关判例。在2006年的Romarie Kapfer v. Schank & Schick GmbH 案③的判决中，欧洲法院沿袭1993年Shearson Lehman Hutton④一案的判决理由，欧洲法院认为，对于消费者合同的解释，应采用自治的方式，即不受各成员国法律的影响，另外，可以适用有关《布鲁塞尔公约》第13条的判例对《布鲁塞尔条例Ⅰ》第15条进行解释。⑤

根据《罗马条例Ⅰ》第6条第1款的规定，消费者合同应具有如下特征：

首先，消费者合同是由消费者与商家之间签订的合同。因此，B2C⑥合同属于消费者合同的范畴，而B2B⑦合同或C2C⑧合同则

---

① 朱军、张茂：《国际消费合同的法律适用问题探讨》，载《法制与社会发展》1998年第5期。

② 在本文中，the professional 被翻译为"商家"。

③ *Romarie Kapfer v. Schank & Schick GmbH*（C - 234/04）[2006] E. C. R. I - 02585.

④ *Shearson Lehman Hutton v. TVB Treuhandgesellschaft fuur Vem? gensverwaltung und Beteilingungen mbH*（C - 89/91）[1993] E. C. R. I - 139.

⑤ L. Gilles, *Jurisdiction for Consumer Contract: European Union Modified Rules for Electronic Consumer Contract*, 17 Computer Law and Society Reports 395（2001）.

⑥ B2C 是英文 Business - to - Consumer（商家对客户）的缩写，而其中文简称为"商对客"。

⑦ B2B（Business To Business），是指一个市场的领域的一种，是企业对企业之间的营销关系。

⑧ C2C 即 Consumer to Consumer，是个人与个人之间的电子商务关系。

不是。①

其次,《罗马条例Ⅰ》同《布鲁塞尔条例Ⅰ》一样,明确规定"消费者"只能是自然人,不包括法人或其他组织。在 1993 年 Shearson Lehman Hutton 案、1997 年的 Benincasa v. Dentalkit 案②和 2002 年的 Shearson Lehman Hutton in Verein Fur Konsumenteninformation v. K. K. Henkel 案③的判决中,欧洲法院明确指出,银行、个人独资企业和消费者组织不属于"消费者"的范畴。在共同体层面,不能援引西班牙、德国等国家的法律来确定"消费者"的范围,因为根据这些国家的法律,"消费者"的范围包括了法人或其他组织。《罗马条例Ⅰ》的此项规定也因此终结了《罗马公约》第 5 条的引发的关于法人是否可以作为消费者进行保护的争论。

再次,"消费者"订立合同的目的必须是满足个人自身的需要(for the purpose of satisfying an individual's own needs),而不是从事商业或职业活动。在 1997 年的 Benincasa v. Dentalkit 案的判决中,欧洲法院认为,"'消费者'是指为满足自身需要而订立合同的个体当事人"④,在对"消费者"概念进行严谨解释时,应主要考虑合同的性质和目的,而不是当事人的主观判断,只有为满足个人自身需要的私人消费而签订的合同才属于消费者合同。欧洲法院在后来的多个类似案件中沿袭了该案确立的判决原则。⑤

当事人订立合同是出于个人自身消费的需要还是出于商业目的,一般较容易判定,但也存在较为复杂的情形,即签订双重目的合同

---

① Jonathan Hill, *Cross - Border Consumer Contracts*, Oxford University Press, 2008, p. 3.

② Benincasa v. Dentalkit (C‑269/95) [1997] E. C. R. I‑3767.

③ *Shearson Lehman Hutton in Verein Fur Konsumenteninformation v. K. K. Henkel* (C‑167/00) [2002] E. C. R. I‑8111.

④ 原文为:"a consumer is a 'private' party who contracts for the purpose of satisfying his 'own needs".

⑤ 主要有如下案件: *Rudolf Gabriel* (C‑96/00) [2002] E. C. R. I‑06367; *Johann Gruber v. Bay Wa AG* (C‑464/01) [2005] E. C. R. I‑00439; *Petra Engler v. Janus Versand GmbH* (27/02) [2005] E. C. R. I‑00481; *Rosmarie Kapferer v. Schlank & Schick GmbH* (C‑234/04) [2006] E. C. R. I‑02585.

（dual purpose contract）的当事人是否可以被视为"消费者"予以特别保护？所谓双重目的合同，是指当事人一方签订合同主要是为了从事商业或职业活动（即商家），而另一方当事人签订合同则兼具私人（个人）目的和商业目的。

2001 年的 Standard Bank London Ltd. v Apostolakis & Anor① 一案即涉及到了此类问题。1997 年 8 月 27 日，一对居住在希腊的家境较为宽裕的夫妇同渣打银行伦敦有限公司签订了一份有关投资外汇的合同，并约定有关合同的争议由英国法院行使管辖权。1998 年 3 月 13 日，银行单方终止了希腊夫妇的外汇交易而导致合同双方的债务纠纷。1998 年 12 月，当事人分别在英国和希腊提起了诉讼。审理此案的英国高等法院认为，因为此案系消费者合同纠纷，管辖权协议无效，应由希腊法院管辖。而审理此案的希腊法院也拒绝行使管辖权，他们认为，这对希腊夫妇不属于"消费者"，因为：（1）希腊夫妇订立合同是出于商业上的目的；（2）与银行相比，希腊夫妇具有较强经济基础和专业知识，因而不能得到《布鲁塞尔公约》第 13 条给予弱方当事人——消费者的保护；（3）通过投资来增加个人财富不属于个人（私人）消费，因为其目的不是满足人类生活中的自然人或个人的需要。②

有学者认为，希腊法院的解释不能令人信服。第一，上述类型的合同客观上是否出于商业目的，根据欧盟法的规定，尚不能明确。根据《第 2004/39 号（欧共体）指令》附录 I 第 A 和 B 部分的规定，无论何时商家为非出于商业或职业目的自然人提供投资服务，国内法院均不能认定此类投资盈利合同（investment-for-profit contract）客观上是出于商业目的，同时也不能认定此类个人投资不属于个人（私人）消费。第二，在消费者保护中，个人的实际需要（actual

---

① *Standard Bank London Ltd. v. Apostolakis & Anor*, Court of Appeal - Commercial Court, February 09, 2001, ［2001］EWHC 493（Comm），［2002］CLC 939，［2001］Lloyd's Rep Bank 240.

② ［2003］I. L. Pr. 29 in the Greek Court at ［17］-［29］.

need) 与否, 一般由其经济状况和商业知识来确定, 关于其是否作为判断消费者的相关要素, 2005 年 Johann Gruber v. Bay Wa AG 案的判决以及《〈布鲁塞尔条例I〉在欧盟各成员国适用情况报告》① 对此进行了肯定, 而在欧洲法院的其他大量判决中, 欧洲法院则没有进行明确回应。因此, 从某种程度上而言, 个人的实际需要至少还不足以成为确定个人是否为"消费者"的决定性因素。②

为解决 Standard Bank London 案所遭遇的窘境, 欧洲法院在 2005 年的 Gruber 案的判决中创造性地采用"可忽略不计商业目的标准"(negligible business purpose test): 只有当后者的商业目的"可忽略不计"(negligible) 时, 双重目的合同方可归于消费者合同;③ 如果个人 (私人) 目的和商业目的均非常重要, 则不能视为弱方当事人给予特别保护, 此种情形应视为一般的商业合同; 至于何种情形才属于"可忽略不计"的商业目的, 应由各国法院基于合同的内容、性质和目的以及订立合同时的客观情况自行确定, 当事人应提供相关证据。在 Gruber 案中, 从各成员国提出的意见来看, 大多数成员国主张"主导论"或"优势论"(predominance test), 即如果商业目的处于主导或优势地位, 则不可视为"消费者", 反之即可。至于判断标准, 有的成员国认为, 应对货物的使用目的的比重进行量化分析; 有的主张对合同与相关情形进行综合考虑; Gruber 则认为只有个人自己的意图才是决定性因素。欧洲法院则认为, 完全没有必要通过对各种要素计算来确定孰轻孰重, "可忽略不计性"标准更能增加法律的确定性。为确保《罗马条例I》与《布鲁塞尔条例I》的一致性, 有关判断双重目的合同中"消费者"身份的"可忽略不

---

① Prof. Dr. Bukhard Hess, Prof. Dr. Thomas Pfeiffer and Prof. Dr. Peter Schlosser, *Report on the Application of Regulation Brussels I in the Member States*, Final Version September 2007.

② Richard Plender & Michael Wilderspin, *The European Private International Law of Obligations*, 3rd ed., London: Sweet & Maxwell, 2009, p. 231 –233.

③ Johann Gruber v. Bay Wa AG (C –464/01) [2005] E. C. R. I –00439.

计商业目的标准"也可用于条例第 15 条的解释。①

　　关于对方当事人的行为是出于个人或私人目的的问题，商家是否具有应当知道或理应知道的义务呢？《罗马条例Ⅰ》第 6 条仍然没有明确规定。在 Gruber 案中，欧洲法院认为，在确定合同是否为消费者合同时，法院不应以商家的知识（knowledge of business party）作为证据；但当合同应被确定为消费者合同后的第二个阶段，若对方当事人事实上从事的行为不是出于"可忽略不计"的商业目的，而具有诚信的商家不知道或不应知道此情况，法院可以剥夺对"消费者"的特别保护。对于上述问题，欧盟委员会曾在《罗马条例Ⅰ议案》的意见中建议，商家一般不会奢求得到消费者特别规则保护，但在适用该规则时，也应保护商家的利益；如果商家并不知道消费者的惯常居所地位于何处，并且，此种不知晓不是其疏忽所致，则不能适用消费者保护规则。这样，如果消费者在订立合同时对其惯常居所地作了虚假陈述，可以为商家提供保护。但不幸的是，欧盟委员会的建议条款最终被欧洲议会删除。因此，关于消费者误导商家签订的合同是否适用《罗马条例Ⅰ》第 6 条的问题，还有待确定。

　　最后，作为消费者合同的商家，既可以为自然人，也可以是法人或其他组织，但商家签订合同时必须是出于其商业或职业目的。如果商家并非出于其商业或职业目的而是以其他身份订立合同，则不属于消费者合同适用的范围。对此，法国的鲁昂上诉法院（Cour d'Appel Rouen）在 2005 年 9 月 1 日对 Fineschi Conte Bouchired 案的判决中指出，就有关比利时的出租人与法国的承租人之间订立的赛艇租赁合同，尽管承租人是一个消费者，但出租人的主要经营项目是面包店，赛艇租赁服务超出了他的业务范围，在此合同中，他不符合"商家"的身份，因此该合同不属于消费者合同。②

---

　　① Richard Plender & Michael Wilderspin, *The European Private International Law of Obligations*, 3rd ed., London: Sweet & Maxwell, 2009, p. 234 – 235.

　　② Richard Plender & Michael Wilderspin, *The European Private International Law of Obligations*, 3rd ed., London: Sweet & Maxwell, 2009, p. 228.

总而言之，只有满足上述条件的合同，才能认定为消费者合同，并适用《罗马条例 I》第 6 条的规定给予特别保护。

三、《罗马条例 I》第 6 条适用的范围

《罗马条例 I》第 6 条规定了消费者合同适用的特殊规则，其适用的范围包括实质范围（material scope）和地域范围（territorial scope）。① 就实质范围上而言，条例第 6 条仅适用于消费者合同；就地域范围上而言，它要求商家与消费者的惯常居所地存在特定联系。对于不属于条例第 6 条的适用范围的消费者合同，应适用《罗马条例 I》第 3 条或第 4 条规定的一般规则。

（一）实质范围

《罗马公约》第 5 条仅适用于由消费者与商家之间订立的旨在提供货物或劳务以及相关信贷的合同。与之相比，《罗马条例 I》第 6 条扩大了消费者合同的适用范围，只要其不属于条例第 6 条第 4 款的排除对象，不论消费者合同的具体类型和目的为何，该规则均等同适用于所有的消费者合同。条例第 6 条的适用范围不再局限于动产和有形货物，它也可适用于不动产（如建设工程合同）和无形货物（如商标、专利、信贷、软件和可转让证券等）事项；另外，考虑到现代技术特别是互联网技术的发展，该条例将远程合同也纳入了其适用范围。

与《罗马公约》第 5 条第 4 款一样，《罗马条例 I》第 6 条第 4 款也对其排除适用的范围进行了规定。条例第 6 条不适用于以下合同：

1. 专门在消费者的惯常居所地之外的其他国家向消费者提供服务的合同

---

① Francisco J. Garcimartín Alférez, *The Rome I Regulation*: *Much ado about nothing*? The European Legal Forum – Internet Portal, Issue 2 –2008, p. 71.

该项排除与《罗马公约》第 5 条第 4 款 b 项相同。此类合同大多发生在旅游、度假或提供语言教学服务的过程中。排除此类合同的主要原因是：此类合同应与提供服务的国家存在最密切联系，如果消费者同意由商家在其他国家为其提供服务，他就对适用其本国法不存在合理的期待。德国的马普所在其《〈罗马条例 I 议案〉评论》中建议删除该排除条款。他们认为，既然在消费合同的适用条件中采取了"活动指向"标准（targeted activity criterion），该项排除就不再具有说服力了。如果商家通过某种手段，将其活动指向了消费者惯常居所地的国家，消费者就应当受到其本国法的保护，这与商家在什么地方为其提供服务无关。① 因此，对此类合同的排除只是从另一角度对消费者合同适用的条件重申了一次而已。

2. 除 1990 年 6 月 13 日（欧洲经济共同体）理事会《第 90/314 号指令》② 所规定的一揽子旅游合同之外的其他运输合同

该项排除与《罗马公约》第 5 条第 4 款 a 项和第 5 款规定相同。排除的主要理由为：（1）运输合同，无论是货物运输合同还是旅客运输合同，一般都适用统一实体法（包括大量的公约）的规定，不需要再行规定；（2）在运输合同尤其是跨境旅客运输合同中，消费者往往来自于不同的国家，如果此类合同适用消费者惯常居所地国法，那么承运人就应当同时遵守不同国家的消费者保护法，这显然既不可行，也不可取。也有的学者指出，此类排除主要是出于对运输行业保护的需要。③

值得指出的是，该项排除存在例外情形，即欧洲经济共同体理

---

① Max Planck Institute for Foreign Private and Private International Law, *Comments on the European Commission's Proposal for a Regulation of the European Parliament and the Council on the law applicable to contractual obligations (Rome I)*, p. 276.

② Council Directive 90/314/EEC of 13 June 1990 on package travel, package holidays and package tours, OJ L 158, 23.6.1990, p. 59.

③ *Report on the Convention on the Law Applicable to Contractual Obligations* by Mario Giuliano, Professor, University of Milan, and Paul Lagarde, Professor, University of Paris I, Official Journal C 282, 31/10/1980, p. 22.

事会《第 90/314 号指令》所规定的一揽子旅游合同仍属于《罗马条例 I 》第 6 条调整的范围。《罗马公约》也包括同样的排除例外，只不过其使用了不同的表达方式，公约第 5 条第 5 款规定，"本条适用于按一个总计价格合并提供旅行及膳宿等供应的合同"。根据《第 90/314 号指令》的规定，国际私法给予一揽子旅游合同中消费者的保护范围进一步扩大了，它不仅包括住宿和运输，还包括膳食和语言学习等与合同相关的其他事项。[①] 另外，该指令主要内容包括以下方面：（1）保护消费者不受旅游组织者（即商家）的误导；（2）当旅游组织者未履行其义务（如声称因客满而不提供其许诺的食宿服务）时，各成员国应确保消费者不另外支付价款。（3）规定了消费者最低保护条款。因此，为了与该条例保持一致，《罗马条例 I 》第 6 条应适用于一揽子旅游合同。

3. 除《第 94/47 号（欧共体）指令》所规定的不动产分时使用权合同之外的其他与不动产物权或者不动产租赁有关的合同

《罗马条例 I 》第 6 条不适用于与不动产物权或者不动产租赁有关的合同，其排除的主要理由是：不动产与不动产所在地存在着密切联系。根据《罗马条例 I 》第 4 条第 1 款 c 项以及《布鲁塞尔条例 I 》第 22 条第 1 款的规定，因不动产物权合同以及超过 6 个月的不动产租赁合同提起的诉讼，由不动产所在地的法院行使专属管辖权。

至于将不动产分时使用权合同纳入《罗马条例 I 》第 6 条适用的范围，欧盟主要是出于保护消费者政策上的考虑，欧洲议会和欧盟理事会 1994 年 10 月 26 日通过了《关于对不动产分时使用权买卖合同中的买受人加以保护的第 94/47 号（欧共体）指令》[②]（简称为

---

① Joustra, *Cross - border Complaints in Private International Law*, Journal of Consumer Policy, 1992, 431, p. 436.

② Directive of the European Parliament and Council of 26 October 1994 on the protection of purchasers in respect of certain aspects of contracts relating to purchase of the right to use immovable properties on a timeshare basis (94/47/EC), OJL 280, 29/10/1994, pp. 83 – 87.

《分时指令 I》)。在大多数情况下，根据此类合同，消费者对该财产每年仅享有短期的使用权，欧盟的许多机构认为，该类合同不同于不动产物权或者不动产租赁合同，它较类似于在酒店或其他旅游场所的居留权合同，而与特定不动产的实质联系不甚密切，因此其适用不动产所在地法较为勉强。① 消费者往往基于对转让者的信赖，在尚未看到该不动产或为对该居住权充分权衡的情况下便支付了价款，并因此上当受骗。为了保护消费者合法权益，该指令第 11 条允许成员国在通过或保留更有利于保护受让人的规定。此外，该指令在详述部分第 14 条指出："在某些情况下，如果明确规定适用非成员国法，则消费者可能会被剥夺本指令所提供的保护。因此，本指令应做出相应规定以消除该危险。"该指令第 9 条还规定了第三国条款："成员国应采取必要措施，以确保不管适用什么法律，只要有关不动产位于成员国境内，受让人就不得被剥夺本指令所提供的保护。"也就是说，该指令的相关规则在成员国可视为优先性强制规则（overriding mandatory rule）。值得注意的是，欧洲议会和欧盟理事会于 2009 年 1 月 14 日通过了《关于对分时合同、长期度假产品、转售和交易产品中的消费者加以保护的第 2008/122 号（欧共体）指令》（简称为《分时指令 II》）②，根据该指令将取代《分时指令 I》而在欧盟成员国适用。《分时指令 II》保留了《分时指令 I》的上述规定，并就分时合同问题在第 12 条补充规定，各成员国应认可优先性强制规则的地位，但该条补充规定与分时合同没有直接关系。③

另外，《布鲁塞尔条例 I》已为此类合同的消费者提供了管辖权

---

① Recitals 6 and 7, Directive 94/47/EC of the European Parliamentand of the Council of 26 October 1994 on the protection of purchasers in respect of certain aspects of contracts relating to the purchase of the right to use immovable properties on a timeshare basis, OJ L 280, 29.10.1994, p. 83.

② Directive 2008/122/EC of the European Parliament and of the Council of 14 January 2009 on the protection of consumers in respect of certain aspects of timeshare, long – term holiday product, resale and exchange contracts, OJ L 033, 03/02/2009, p. 10 – 30.

③ Richard Plender & Michael Wilderspin, The European Private International Law of Obligations, 3rd ed., London: Sweet & Maxwell, 2009, p. 253.

上的保护，为与之保持一致，《罗马条例 I 》也应将此类合同纳入适用的范围。①

4. 与金融工具相关的权利和义务，以及作为发行、向公众发售或公开收购可转让证券的条件以及认购和购回共同投资企业股份条件的权利和义务，但以这些活动不涉及提供金融服务为限②

《罗马条例 I 》最终文本对此类合同排除的表达令人相当费解（convoluted），因此应参照详述部分第 26 条、第 28 条、第 29 条、第 30 条和第 31 条的解释。条例对上述内容的排除主要是为了扩大其适用范围。

《罗马公约》第 5 条仅适用于提供货物或劳务的消费者合同，其中，"货物"不包括可转让证券。③ 因此，公约第 5 条不适用于股份以及其他金融工具的买卖合同。而根据《罗马条例 I 》第 6 条则适用于上述合同。为了保证金融市场的正常运转，对上述内容的排除尤为必要。

为便于理解，可以将上述排除内容分为三类：（1）金融工具；（2）发行、向公众发售或公开收购可转让证券；（3）认购和购回共同投资企业股份。

（1）金融工具

根据《罗马条例 I 》详述部分第 30 条的规定，金融工具是指《第 2004/39 号（欧共体）指令》第 4 条所指的各种手段，具体包括可转让证券、共同投资企业股份、期权（options）、期货（futures）

---

① Franceca Ragno, *The Law Applicable to Consumer Contract under the Rome I Regulation*, Ferrari (F.) & Leible (S.), *Rome I Regulation: The Law Applicable to Contractual Obligations in Europe*, Sellier European Law Publishers, 2009, p142 – 143.

② 原文如下："rights and obligations which constitute a financial instrument and rights and obligations constituting the terms and conditions governing the issuance or offer to the public and public take – over bids of transferable securities, and the subscription and redemption of units in collective investment undertakings in so far as these activities do not constitute provision of a financial service."

③ http://ec. europa. eu/justice/news/consulting_ public/rome i/doc/max_ planck_ institute_ foreign_ private_ international_ law_ en. pdf （visited on December 23, 2007）.

和掉期交易（swap transaction）等。从法律的角度来看，金融工具可产生一系列权利和义务；另外，各种金融工具一般都是标准化的产物，因而应适用统一的法律，如果适用的法律因持有人的拥有不同惯常居所而各不相同，金融市场则无法正常运转。对此类合同的排除正是为了防范这种风险。根据《罗马条例Ⅰ》详述部分第28条的规定，应确保因金融工具而产生的权利和义务不受适用消费者合同的一般规则的支配，因为这可能会导致对发行的每种金融工具适用不同的法律，并因此改变金融工具的性质，妨碍其交易和发行。也有人认为，鉴于《罗马条例Ⅰ》第1条第2款已经将流通票据、公司法事项和信托排除于适用范围之外，此处再没必要进行重复。但很多学者对此持保守意见，他们认为，在金融界，法律所面临的风险是极其昂贵的，还是不要留下漏洞为宜。[①]

（2）发行、向公众发售或公开收购可转让证券

《罗马条例Ⅰ》详述部分第28条对上述内容的排除理由进行了解释。如果该类合同适用条例第6条的规定，发行人或发售人可能遭遇适用多种投资者惯常居所地的强制规则的情形。这样不仅会增加证券的价格，并且，如果所要适用的法律有不同的规定，很可能会导致无法解决的矛盾。因此，无论何时发行或发售这种金融工具，为确保发行或发售条件的统一性，发行人或发售人与消费者之间业已建立的合同关系并不必然强行适用消费者惯常居所地国法。

《罗马条例Ⅰ》详述部分第28条也对排除的范围进行了限制。对可转让证券的发行、公开发售或公开收购条款规定的权利与义务的指引，应包括第10条、第11条、第12条和第13条所指事项以及决定证券或份额的分配、超额认购权、撤回权和与发行相关的类似事项的条件，从而确保与发行相关的、使发行人或发售人对消费者负有义务的所有合同方面适用唯一的法律。

---

① Francisco J. Garcimartín Alférez, *The Rome I Regulation*: *Much ado about nothing*? The European Legal Forum – Internet Portal, Issue 2 – 2008, p. 72.

根据《罗马条例 I》详述部分第 30 条的规定，可转让证券是指《第 2004/39 号（欧共体）指令》第 4 条所指的各种手段，具体包括股票、存托凭证（depositary receipts）和债券。

另外，应清晰地厘定此处的排除范围，它不仅包括新（初次）发行，也包括对现有证券的公开发行，还包括通过全额包销（firm commitment underwriting）方式公开发行证券时承销商和投资者之间合同关系。所有上述事项均不适用条例第 6 条的规定。

（3）认购和购回共同投资企业股份

根据《第 2004/39 号（欧共体）指令》附录 II 第 C 部分的规定，金融工具也包括共同投资企业股份。投资共同投资企业股份也会产生相关的权利和义务，但其与上述两种金融工具不存在内在的关联性，因而不应一并规范，为避免法律规定上的漏洞，条例专门进行了排除。根据详述部分第 26 条和第 29 条的规定，有关出售共同投资企业股份的合同，无论其是否包含在欧洲经济共同体理事会1985 年 12 月 20 日《关于协调有关以可转让证券形式共同投资企业的法律、法规和行政规章的第 85/611 号指令》① 的适用范围之内，应符合条例第 6 条的规定；如援引认购和购回共同投资企业股份的各种条件时，该援引应包括发行人或发售人对消费者所负义务的各个方面；对共同投资企业股份的认购和购回的指引，应包括决定证券或份额的分配、超额认购权、撤回权和与发行相关的类似事项的条件，从而确保与发行相关的、使发行人或发售人对消费者负有义务的所有合同方面适用唯一的法律。

值得指出的是，《罗马条例 I》第 6 条适用于金融服务，如提供商业化或投资建议等，也就是说，金融工具的营销或直销不属于条例排除的事项。条例详述部分第 26 条规定，条例第 6 条第 4 款 d 项

---

① Council Directive 85/611/EEC of 20 December 1985 on the coordination of laws, regulations and administrative provisions relating to undertakings for collective investment in transferable securities, OJ L 375, 31. 12. 1985, p. 3. 该指令最后被欧洲议会和欧盟理事会《第 2008/18 号（欧共体）指令》（OJL 76, 19. 3. 2008, p. 42）修订。

中的排除事项，不包括《第 2004/39 号（欧共体）指令》附录 I 第 A 和 B 部分所指的商家为消费者提供的诸如投资服务和活动、辅助性服务等多种金融服务。依次规定，如果共同投资企业股份由第三方当事人出售，该合同应适用《罗马条例 I》第 6 条的规定；如果由管理公司出售，则该合同属于条例第 6 条排除适用的范围。

5. 在第 4 条第 1 款第 h 项①所指体系下订立的合同

《罗马条例 I》第 6 条第 4 款 e 项将在多边体系下订立的合同也列入了排除适用的范围，其主要原因是：如果投资人惯常居所地国的强制规则对所适用的法律进行过度限制，会导致市场失灵。因此，应确保在这种多边体系下或者与该体系中的经营者订立的合同所适用的法律规则不受消费者惯常居所地国法的影响。

（二）地域范围

《罗马条例 I》第 6 条适用的领域范围要求商家与消费者的惯常居所地存在特定联系。对此，条例第 1 条规定了两种情形：（1）商家在消费者惯常居所地国从事商业或职业活动，并且该合同属于该活动的范围；或者（2）商家通过某种手段，将此种活动指向了该国或包括该国在内多个国家，并且该合同属于该活动的范围。因此，条例与公约一样，继而对商家寻找的消费者即"被动消费者"（passive consumer）② 进行保护，但其放弃了公约第 5 条第 2 款复杂混乱的规则，而采用了较为灵活的"活动指向"标准（targeted

---

① 其主要规定为："在多边体系下订立的合同，如果依照非自由裁量规则和唯一的法律，该多边体系能集结或便利集结在《第 2004/39 号（欧共体）指令》第 4 条第 1 款第 17 项所指的金融市场中的众多第三人买卖利益，则依该唯一一法律。"

② 关于"被动消费者"和"主动消费者"，曾有这样的描述："被动消费者是国际私法需要特别保护的心爱的孩子，而主动消费者——无论其是否偶尔上网或上网成瘾——应排除其本国法给予的保护，因此，可能适用供应商提出的任何法律。"原文如下："the passive consumer is the beloved child of private international law who needs to be cuddled and protected, while the active consumer—whether an occasional surfer or an internet addict—opts out of his or her home jurisdiction and, therefore, may be subjected to whatever law the supplier propose." Reich & Halfmeier, Consumer Protection in the Global Village: Recent Developments in German and European Union Law, Dickinson Law Review, 2001 - 2002, pp. 117 - 118.

activity criterion），将其适用范围扩展到了移动消费者等其他领域。

对于上述第（1）种情形，其判断依据是：商家是否在消费者惯常居所地国家的市场出场（appearance）。如果商家在消费者惯常居所地的国家有分支机构、代理或其他机构，并通过该机构与消费者签订了合同，该类消费者合同应适用条例第6条的规定；如果具备上述条件，但是，合同是由消费者在其旅行时于另一国签订的，则该合同不应适用条例第6条的规定。如果商家在消费者惯常居所地的国家没有分支机构，或者说虽有但该机构无权签订合同，商家通过某种手段，将此种活动指向了该国，且合同是通过远程方式或基于向该国的消费者邀请后签订的，则适用条例第6条的规定。①

至于第（2）种情形中的"活动指向"标准，则相对较难确定。"活动指向"的概念是由《布鲁塞尔条例Ⅰ》首次提出的，主要是为了适应信息技术和远程销售技术（特别是电子商务）的发展而进行的立法变革。关于"活动指向"标准，条例的详述部分第24条阐述了其解释原则：

为确保与《第44/2001号（欧共体）条例》一致，一方面，应援引直接活动的概念来作为适用消费者保护规则的条件；另一方面，在《第44/2001号（欧共体）条例》和本条例中，对该概念的解释应保持一致；同时应注意的是，欧盟理事会和欧盟委员会在有关《第44/2001号（欧共体）条例》第15条的联合声明指出："企业在消费者住所地的成员国或者在包括该成员国在内的多个成员国境内开展活动，并不足以满足即将适用第15条第1款c项的条件，而且，合同还应在其活动范围内订立。"该声明还指出，"尽管互联网网址是促成订立远程合同的一个因素，并且事实上也通过某种方式签订了远程合同，但仅仅基于互联网网址的可访问性，并不足以满足即将适用第15条第1款c项的条件。另外，网站所使用的语言或

①　Francisco J. Garcimartín Alférez, *The Rome I Regulation*：*Much ado about nothing*? The European Legal Forum – Internet Portal, Issue 2 – 2008, p. 73.

货币也并不属于其相关因素。"

显然，虽然消费者能够在其他国家浏览商家的网站，但仅此因素不足以将此合同与消费者惯常居所地联系起来，并适用条例第 6 条第 1 款 b 项的规定。欧盟理事会和欧盟委员会在其联合声明中已明确指出了该项原则。在有关《罗马条例 I》第 6 条的各种准备性文件也对此进行了强调。① 在 2005 年 Johann Gruber v. Bay Wa AG 案的判决中，欧洲法院指出，如果根据网址中商家提供的电话号码、传真号码、邮寄地址或网上缔约系统，导致消费者最终同商家签订了合同（订货或支付），则该网址可以作为适用条例第 6 条的条件。

有学者认为，该项声明的解释较为随意（arbitrary）、难以理解。这样就导致了对"活动指向"标准解释上的困难，对电子商务中的消费者合同如此，即便是通常的消费者合同亦然。针对此项难题，一些法律学者总结出了两点实践指南。一方面，他们建议，可以仿照《罗马公约》对"广告"概念的解释标准，应对"活动指向"的概念进行广义的解释；另一方面，他们明确希望，《罗马公约》中规定的吸引消费者签订合同的所有行为，即便是间接行为，在《罗马条例 I》中均可视为商家将其商业或职业活动指向了弱方当事人的活动。②

为了确定商家是否通过某种方式将其活动指向了消费者惯常居所地的国家，有学者建议应重点考虑以下因素：（1）商家的意图。③Gillies 教授认为，"活动指向"可以解释为"活动意在指向"，旨在强调商家主观意图的重要影响。在具体的实践中，法院应根据客观事实

① 主要包括：（1）《将 1980 年〈合同之债法律适用的罗马公约〉转化为共同体立法的公开听证会》；（2）《2004 年 1 月 27 日关于"消费者合同"的讨论稿》；（3）《罗马条例 I 议案》；等等。

② Franceca Ragno, *The Law Applicable to Consumer Contract under the Rome I Regulation*, Ferrari (F.) & Leible (S.), *Rome I Regulation*: *The Law Applicable to Contractual Obligations in Europe*, Sellier European Law Publishers, 2009, pp. 148 – 149.

③ L. E. Gillies, *Choice – of – Law Rules for Electronic Consumer Contracts*: *Replacement of the Rome Convention by the Rome I Regulation*, 3 Journal of Private International Law, 2007, p. 89.

来推断商家的意图。如果商家明确指出其活动仅指向 A、B、C 三国，则 D 国的消费者与之签订的合同不能适用条例第 6 条第 1 款 b 项的规定；如果商家没有明示其意图，而 D 国的消费者与之签订的合同则应纳入条例第 6 条第 1 款 b 项的适用范围。（2）语言或货币。欧盟理事会和欧盟委员会在其联合声明中，将网站所使用的语言或货币作为非相关因素进行了排除，但同时又指出订立远程合同的诱因为其相关因素，这显然是矛盾的。在远程合同中，消费者和商家来自不同国家，网站使用的语言和货币对双方当事人的权利和义务均具有不同程度的影响，因而不可忽视。（3）合同必须属于商家"活动"的范围。"活动"不仅包括商家实际的商业或职业活动，而且也应包括商家的营销过程。在 2005 年 Johann Gruber v. Bay Wa AG 案的判决中，欧洲法院指出，就营销和最终的购买之间是否存在联系的问题，当事人没有必要证明，他们仅需证明合同订立前进行了营销即可。①

四、消费者合同的法律适用规则

（一）《罗马条例Ⅰ》第 6 条的法律选择模式

关于消费者合同的法律选择，通常有四种模式：（1）自由选择原则（the principle of free choice）；（2）有限选择原则（the principle of limited choice）； （3） "优法"方法（the "preferential law" approach）；（4）"无选择"方法（the "no choice" approach）。② 根据自由选择原则，消费者合同的当事人在选择法律方面享有完全的自由，其主要的缺陷在于：如果商家选择与合同毫无关系的法律，消费者的利益有可能会因此失去保障。有限选择原则则要求所选择的法律与合同之间存在合理的联系，但如果商家提供给消费者的保护

---

① Richard Plender & Michael Wilderspin, *The European Private International Law of Obligations*, 3rd ed. , London: Sweet & Maxwell, 2009, p. 244 - 247.

② Z Tang, *Parties' Choice of Law in E - Consumer Contracts*, 3 Journal of Private International Law, 2007, p. 113.

低于有关消费者的法律中保护标准，消费者所享受的保护会因此而减损。为有效地避免上述两种方法的缺陷，"优法"方法应运而生，根据该方法，当事人可以自由地选择适用的法律，但双方当事人选择的法律不应具有减少消费者所属国的法律中不能通过协议加以减损的强制规则给予消费者提供的保护的后果。因此，如果消费者所属国的法律中的强制规则能为消费者提供更高程度的保护，法律选择条款将会被强制规则所替代。"优法"方法能为消费者提供更高程度的保护，但在实践中，强制规则与其他法律规则因没有清晰的界限而难以区分，[1] 并且，到底哪种法律能够为其提供更高的保护，有时候往往难以确定。[2] 与"优法"方法不同。"无选择"方法拒绝给予合同当事人选择法律的权利，认为没有必要为消费者提供最高程度的保护，只要能满足消费者的合法期待即可。因此，"无选择"方法主张适用消费者惯常居所地法，根据该方法，有关消费者的法律仅适用于不包括法律选择条款的合同。[3]

为了保护消费者的利益，《罗马公约》第 5 条采用了"优法"方法。但是，在公约向条例转化的过程中，欧盟委员会在其最初的议案里主张采用"无选择"方法，并建议消费者合同适用消费者惯常居所地法。这样可以简化适用的法律，从而避免了两种法律之间复杂的相互作用。但欧盟委员会的提议因广受非议而最终被迫放弃。因此，在消费者合同的法律选择模式方面，《罗马条例 I》的最终文本仍然沿袭了《罗马公约》所采用的"优法"方法。[4]

---

[1]　L. E. Gillies, *Choice - of - Law Rules for Electronic Consumer Contracts: Replacement of the Rome Convention by the Rome I Regulation*, 3 Journal of Private International Law, 2007, p. 89.

[2]　C Riefa, *Acticle 5 of the Rome Convention on the Law Applicable to Contractual Obligation of 19 June 1980 and Consumer E - cntracts: The Need for Reform*, 13 Information & Communications Technology, 2004, p. 59.

[3]　Jonathan Hill, *Cross - Border Consumer Contracts*, Oxford University Press, 2008, pp. 326 - 329.

[4]　Lando (O.) & Nielsen (P.), *The Rome I Proposal*, 3 Journal of Private International Law, 2007, p. 29.

根据《罗马条例Ⅰ》所采用的"优法"方法，体现了法律选择中的"有利于消费者"原则。具体而言，它包括以下内容：（1）如果消费者惯常居所地国没有关于消费者保护的强制规则，而当事人选择的法律中有此规定时，应适用当事人所选择的法律；（2）消费者惯常居所地国存在关于消费者保护的强制规则，但依当事人选择的法律规定更有利于对消费者的保护，也应适用当事人所选择的法律；（3）如果当事人选择的法律不存在保护消费者的规定，或者其提供的保护水平低于消费者惯常居所地国提供的保护，也就是说客观准据法中的强制规则对消费者更为有利时，则应适用消费者惯常居所地国法。

对于何为"优法"或"有利于消费者"的法律，欧盟及各成员国没有对此进行解释，在实践中，一般由法官依职权确定或消费者自行确定。①

（二）一般规则：适用消费者惯常居所地国法

关于消费者合同的法律适用问题，《罗马公约》第 5 条为此设计了复杂的公式，② 而《罗马条例Ⅰ》第 6 条第 1 款则规定了一条简单且具有可预见性的新的冲突法规则：自然人非出于商业或职业目的而与从事商业或职业活动的另一方订立的合同，即消费者合同，应适用消费者惯常居所地国法。条例的此款规定具有其显然的优势。首先，它没有采用较为模糊的强制规则概念，因而能有效避免根据公约规定而产生的平行适用不同法律的情形，简单的规则增加了法律适用的确定性，有利于减少上述费用。其次，根据《布鲁塞尔条例Ⅰ》第 16 条的规定，因消费者合同提起的诉讼，一般由消费者惯常居所地法院行使管辖权，该款规定有利于管辖权规则与法律适用规则的统一。再次，该条款一方面满足了消费者适用其本国法的合

① Francisco J. Garcimartín Alférez, *The Rome I Regulation: Much ado about nothing?* The European Legal Forum – Internet Portal, Issue 2 – 2008, p. 74.

② 刘卫翔著：《欧洲联盟国际私法》，法律出版社 2002 年版，第 143 页。

理期待，同时有没有削弱商家的地位，体现了对消费者和商家利益的平衡考量。①

但是，《罗马条例Ⅰ》没有对"消费者惯常居所地"的概念进行界定。② 一般认为，"消费者惯常居所地"即为消费者通常的实际（*de facto*）居住地，而不是短期驻足地（如度假地、运动员村等）。在《罗马条例Ⅰ》中，该概念一方面具有比较的功能，同时如果当事人选择了适用的法律时，它也具有作为客观连接点的功能。根据条例第19条第3款的规定，确定消费者惯常居所地时，应以合同订立的时间为准，合同签订后，消费者惯常居所的变化对合同所适用的法律有任何影响。③

（三）当事人意思自治的限制适用

意思自治原则在合同领域的法律适用上一直占据着首要的法律地位，随着经济的发展，意思自治原则的适用开始受到一些限制，特别是合同双方当事人的地位存在着很大的不平衡，当事人选择的准据法可能不符合公平原则时，在消费者合同中就存在这样的忧虑。④ 在消费者合同中，当事人双方的交易地位往往是不平等的，合同中处于优势地位的卖方当事人可能会选择有利于自己的法律，迫使处于弱势地位的买方当事人（消费者）接受，而这种法律通常很难对后者的合法权益给予有效保护。从保护弱方当事人正当权益的立场出发，当事人的意思自治应该受到限制。⑤在合同中，对当事人的意思自治进行限制的方式主要有三种：（1）限制当事人的默示选

---

① Max Planck Institute for Foreign Private and Private International Law, *Comments on the European Commission's Proposal for a Regulation of the European Parliament and the Council on the law applicable to contractual obligations*（*Rome I*）, p. 269 – 270.

② 《罗马条例Ⅰ》的"惯常居所地"概念仅适用于从事商业活动的自然人和法人。

③ Franceca Ragno, *The Law Applicable to Consumer Contract under the Rome I Regulation*, Ferrari（F.）& Leible（S.）, *Rome I Regulation: The Law Applicable to Contractual Obligations in Europe*, Sellier European Law Publishers, 2009, p151.

④ 刘仁山主编：《国际私法》，中国法制出版社2007年版，第252页。

⑤ 李双元主编：《国际私法》，北京大学出版社2000年版，第408页。

择方式。如1985年的海牙《国际货物买卖合同法律适用公约》第7条第1款规定：当事人的选择必须是明示的，或为合同条款或具体案情总的情况所明确表明；（2）诚信原则的限制，该项限制要求当事人的选择必须善意和合法、不能违反法院地的公共政策。如美国《冲突法重述（第二次）》对第187条的评注认为，"如果合同一方当事人对法律选择条款所作的同意是通过不适当的方式，诸如谎报、胁迫或过度的影响或错误获得的，该条款无效。在附合合同中，这种导致'实质上不正义'的法律选择必须予以排除。"①（3）有关国家强制规则的限制。如1979年《奥地利国际私法》第41条规定，当事人的法律选择，如果违背了消费者惯常居所地国法的强制性规则，不发生效力；1986年《联邦德国国际私法》第29条规定，当事人选择的法律不得剥夺消费者依其惯常居所地法的强制性规定所受到的保护。

《罗马条例 I》第6条第2款规定："尽管有第1款的规定，双方当事人仍可依第3条的规定选择符合第1款要求的合同的准据法。但此种选择的结果，不得剥夺未选择法律时依照第1款本应适用的法律中不能通过协议加以减损的强制规则给予消费者提供的保护。"

根据《罗马条例 I》第6条第2款的规定表明，对于消费者合同的法律适用，条例主张适度承认当事人的意思自治，并通过消费者惯常居所地法中的强制规则对当事人的意思自治进行限制。

根据该规则，法官首先要确认当事人是否根据《罗马条例 I》的有关规定适当地选择了法律。其次，法官要确认当事人的选择是否剥夺了消费者惯常居所地法中的强制规则为消费者提供的保护。为此，法官应对消费者惯常居所地的整个法律体系中的的强制规则进行识别，然后将其与当事人选择的法律进行比较，并就其是否为消费者提供了更好的保护作出判断，最后适用对消费者更为有利的法律：② 如果当事人选择的法律能够为消费者提供更好的保护，应适

---

① 沈涓：《合同准据法理论的解释》，法律出版社2000年版，第96页。

② C. G. J. Morse, *The EEC Convention on the Law Applicable to Contractual Obligation*, 2 Ybk. E. L., pp. 136–137.

用当事人选择的法律；反之，则应适用消费者惯常居所地法中的强制规则。

关于消费者惯常居所地国家的哪些法律属于强制规则，其解释应依据消费者惯常居所地法，而不是法院地法或其准据法。[①]

（四）最密切联系原则的补充适用

如果当事人对合同准据法未作出明示或默示选择时，或者法律选择无效时，各国法律一般都运用最密切联系原则来确定合同的准据法。如1985年《海牙国际货物买卖合同法律适用公约》的8条第3款规定："从总的情况看，如在双方当事人的商业关系中，合同如果明显地与根据本条第1款或第2款规定将会适用于合同的法律以外的法律有更加密切的联系，则该合同依该另一国的法律。"

根据《罗马条例Ⅰ》第6条第3款规定："如不能满足第1款第a项或第b项条件的，则适用于消费者和商家之间的合同的法律，应依第3条和第4条规定确定。"由此可见，最密切联系原则在《罗马条例Ⅰ》有关消费者合同的法律适用方面起着补充适用的作用。

在消费者合同中，最密切联系原则的确定，需要法官结合案件的实际情况逐一认定，具体可以考虑的因素主要包括：当事人交易过程中的行为地、当事人主营业地或住所地、商品或服务的供应地、合同缔结地或履行地等。从合理性的角度来考虑，国际消费合同在确定最密切联系原则时，应当较少地考虑传统的特征性履行等方法，着重考虑消费者惯常居所地国家的法律和与合同有联系的国家的法律。消费者在其惯常居所地国收到供应商的个别邀请或者看到供应商的广告，并在该国采取行为以缔结合同，或者供应商在该国收到消费者的订单都可以作为合同与消费者住所地有密切联系的证明。[②]

---

① F. A. Mann, *The Proposed New Law of Exemption Clauses and the Conflict of Laws*, 26 I. C. L. Q., 1977, p. 903.

② 刘仁山主编：《国际私法》，中国法制出版社2007年版，第252~253页。

五、规则评析

消费者保护是欧洲联盟的一项共同政策。为保护消费者利益，欧盟先后出台了一系列指令、条例及其他相关立法，形成了一个庞大的消费者保护政策体系。《布鲁塞尔条例 I》就有关消费者合同案件的管辖权以及判决的承认与执行进行了规范。《罗马条例 I》第 6条则以共同体立法的形式进一步统一了欧盟有关消费者合同的冲突法规则，也因而增强了欧盟消费者合同法律适用过程中的确定性和统一性。

首先，条例第 6 条对消费者合同的概念和实质范围进行了清晰的界定，以便当事人能明确地预见到适用于其合同关系的法律，并通过拓展冲突法的实质范围，《罗马条例 I》第 6 条的规定扩大了对弱方当事人的保护。

其次，条例第 6 条第 1 款规定了一条简单且具有可预见性的新的冲突法规则：消费者合同适用消费者惯常居所在地国法。这样，有关消费者合同的法律适用具有明确性、一般性和广泛性的特点。同时，通过"活动指向"标准，取代了《罗马公约》第 5 条复杂而不完整的规则。有学者认为，在实践中，该规则体系的最大的优势在于，它加快了诉讼程序的进行，同时也有利于降低诉讼成本。①

再次，与《罗马公约》第 5 条一样，《罗马条例 I》第 6 条继而选择了"优法"理论作为确定当事人法律选择的主要方法，将消费者的惯常居所地法作为确定消费者合同法律适用的主要连接点，从保护弱方当事人的正当权益的立场出发，对当事人的意思自治进行了限制，最密切原则在条例中仅起着补充适用的作用。

---

① Jirgen Basedow, *Consumer Contracts and Insurance Contracts in a Future Rome I Regulation*, *Enforcement of International Contracts in the European Union: Convergence and Divergence between Brussels I and Rome I*, JohanMeeusen, Marta Pertegds & Gert Straetmans eds., 2004. p. 276.

最后值得指出的是，《罗马条例Ⅰ》虽然在某些方面完善了欧盟有关消费者合同法律适用的规则，但仍然存在有待改进的地方。

第一，其最大的不足之处在于，《罗马条例Ⅰ》与欧盟的其他共同体立法主要是各种条例间缺乏有效的协调。虽然欧盟从立法层面统一了相关的冲突法规则，但如何来协调欧盟各项立法的关系，欧盟各成员国的法院不得不肩负起该项重任。

第二，有学者认为，欧盟在《罗马条例Ⅰ》第6条中对消费者的保护是过度的，① 对法律选择条款的解释过于宽泛。②

第三，有关确定条例第6条第1款b项规定的适用条例的"活动指向"标准，欧盟的相关解释较为随意、难以理解，也会导致条例适用中的困难。条例第6条中的相关概念，如"商家"、"消费者惯常居所地"等，还有待清晰地界定。

第四，《罗马条例Ⅰ》关于第6条第1款和第2款的适用范围，存在着歧视性的规定，其不应仅局限于在成员国有惯常居所的消费者，而应包括符合该议案条件的所有消费者，而不论其惯常居所地位于何处。

总而言之，欧盟的消费者保护立法在整合欧盟共同市场的同时，使欧盟消费者切实触摸到了一体化的脉搏，让广大的消费者感受到了一体化为其带来的福利。③ 然而，欧洲一体化的过程同样也是欧洲消费者保护立法逐步融合和统一的过程，随着市场经济的进一步发展，对消费者的保护也将会越来越完善。

---

① Dennis Solomon, The Private International Law of Contracts in Europe: Advances and Retreats, 82 TUL. L. REV. 2008, p. 1717.

② James J. Healy, Consumer Protection Choice of Law: European Lessons for the United States, 19 Duke J. Comp. & Int'l L. 2008 – 2009, p. 552.

③ 苏号朋、刘春梅：《欧盟消费者保护立法述评》，载沈四宝、王军主编：《国际商法论丛》第9卷，法律出版社2008年版，第162页。

第三节　保险合同的法律适用

为规范保险活动，扩大欧洲共同体的单一保险服务市场，保护保险活动当事人的合法权益，自 20 世纪 70 年代以来，欧盟一直试图从实体法方面统一成员国的保险合同法，但最终均无功而返。因此，欧盟将其工作重心调整到了冲突法领域，认为统一各成员国有关保险合同的法律适用规则是较为现实的选择。1980 年的《罗马公约》虽然规定了统一的合同法律适用规则，但对保险合同的法律适用规则仅作了较为零散的规定。此后，欧盟陆续在人寿保险和非人寿保险服务方面发布了一系列指令，在一定程度上统一和协调了各国的保险合同法律适用规则。《罗马条例Ⅰ》第 7 条以共同体立法的形式在欧盟统一了保险合同法律适用的规则，是欧盟有关保险合同法律适用的重要立法文件。

一、立法背景及过程

长期以来，保险合同因被视为国际合同法中的"害群之马"（black sheep）。欧盟的很多学者对现行的有关规则进行了严厉地批评，他们认为，各国立法部门对保险合同的立法问题欠缺周密的考虑。①

在确定保险合同准据法方面，《罗马公约》规定了两类规则：（1）适用于一般合同的法律适用规则，例如当事人意思自治原则、最密切联系原则等；根据《罗马公约》第 1 条第 3 款的规定，公约的统一规则不适用于承保位于共同体成员国领土内之风险的保险合同。继而公约第 1 条第 4 款规定，上述条款不适用于再保险合同。

---

① Urs Peter Gruber, *Insurance Contract*, Ferrari（F.）& Leible（S.）, *Rome I Regulation*: *The Law Applicable to Contractual Obligations in Europe* , Sellier European Law Publishers, 2009, p109.

（2）适用于消费者合同的特殊法律适用规则。根据公约第 5 条的规定，消费合同是指以向消费者提供其行业或职业以外的货物或服务为目的的合同，或为上述目的提供信贷的合同。保险是一种提供服务的希望，因而保险合同也可适用可能适用消费者合同的特殊规则。

同时，为协调和统一欧盟各成员国的保险法律制度，欧盟先后发布了一系列有关人寿保险和非人寿保险的保险服务指令。①

在《罗马公约》与欧盟保险服务指令并行调整的时期，关于保险合同的法律适用，根据风险或保险人是否位于欧共体之内，分别适用不同的规则：（1）如果承保的风险位于欧共体领土之外，则无论保险人是否在共同体之内，此类保险合同应适用公约第 4 条的规定，即适用保险人所在国法；（2）如果风险与保险人均位于欧共体内，则适用欧盟有关保险指令的规定；（3）如果风险位于欧共体内、但保险人位于欧共体之外时，此类保险则只能适用各成员国的冲突规则，公约没有就此作统一规定。②

《罗马公约》有关保险合同的法律适用规则存在着明显的缺陷：（1）其法律适用规则较为零散，不利于司法实践，且有违法律的透明度原则；（2）如果风险位于欧共体内、但保险人位于欧共体之外时，此类保险合同的法律适用规则仍属欧共体立法空白。

在 2003 年 1 月 14 日发布的《绿皮书》中，欧盟委员会简要提及了适用于保险合同的冲突法规则的复杂性，并向相关利益人寻求立法建议。在欧盟各界对《绿皮书》的回复意见中，有些学术组织

---

① 欧盟有关保险服务的指令主要包括：1973 年《第一非人寿保险指令》、1979 年《第一人寿保险指令》、1988 年《第二非人寿保险指令》、1990 年《第二人寿保险指令》、1992 年《第三非人寿保险指令》、1992 年《第三人寿保险指令》、《第 2002/12 号（欧共体）指令》、《第 2002/13 号（欧共体）指令》和《关于人寿保险的第 2002/83 号（欧共体）指令》。详细内容参见：邹国勇著：《德国国际私法的欧洲化》，法律出版社 2007 年版，第 102 ~ 109 页。

② Green Paperon the conversion of the Rome Convention of 1980 on the law applicable to contractual obligations into a Community instrument and its modernization, presented by Commission of the European communities, Brussels, 14.1.～'03 COM（2002）654 fina, l p. 21.

对现行规则提出了具体的修改建议，其中，马普所的建议较具代表性。

马普所批评现行的有关保险合同的法律适用规则"过于复杂、前后矛盾、缺乏透明性且混乱无章"，① 并倡议创制一种全新的规则，并将有关保险合同的特殊规则并入未来的共同体立法中，以提高其透明度。他们建议，所有保险合同（大风险和再保险除外），无论其承保的风险位于何处，应适用保单持有人惯常居所地国法。

在 2005 年 12 月 15 日正式发布的《罗马条例Ⅰ议案》第 5a 条中，欧盟委员会对保险合同的法律适用规定如下：

1. 保险合同适用订立合同时保单持有人的惯常居所地国法或中心管理地国法。

2. 保险合同的当事人可选择如下法律：

（a）风险所在地国法或法院地的国内法；

（b）当保险合同仅限于某一国家发生的风险事件时，则为该国法；

（c）人寿保险合同中保单持有人的国内法；

（d）在为期六个月以内的旅行或度假保险合同中，保单开具国的法律；

3. 强制保险合同适用课加强制保险义务的成员国法；

4. 本条第 1 款和第 2 款不适用于理事会《第 73/239 号指令》及对其修订的《第 88/357 号指令》和《第 90/618 号指令》所指的再

---

① *Comments of the Max Planck Institute on the Commission's Green Paper on the Convention and Modernisation of the Rome Convention*，p. 26.

保险和大风险保险合同。①

该议案的规定并未对《罗马公约》的相关规定进行实质性修订，而是对《罗马公约》和欧盟有关保险的各项指令的相关规定的继承和发展。根据议案第22条及其附件一的规定，《第二非人寿保险指令》② 第7条和第8条以及《关于人寿保险的第2002/83号（欧共体）指令》（综合版本）③ 第32条中的冲突法规则仍然较一般的冲突法规则具有优先效力。上述两项指令仅适用于由成员国的保险公

---

① 原文如下：1. The law applicable to the insurance contract shall be the law of the country in which the policyholder has his habitual residence or central administration at the time of the conclusion of the contract.

2. The parties to the contract of insurance may choose

（a）the law of the country in which the risk or part of it is situated in accordance with the internal law of the forum;

（b）in case of an insurance contract limited to events occurring in a given State, the law of that State;

（c）in life insurance contracts, the law of a country of which the policyholder is a national;

（d）in travel or holiday insurance of a duration of six months or less, the law of the country where the policyholder took out the policy.

3. The law applicable to a compulsory insurance contract is the law of the country which imposes the obligation to take out insurance.

4. The rules set out in paragraphs 1 and 2 of this Article do not apply to reinsurance and to the insurance of large risks as defined in Council Directive 73/239/EEC as amended by Council Directives 88/357/EEC and 90/618/EEC, as they may be amended.

② 中文全称为：欧洲经济共同体1988年6月22日《关于协调有关除人寿保险以外的直接保险的法律、法规和行政规章以便有效实施提供服务自由的第88/357号第二指令》，该指令最后被欧洲议会与欧盟理事会《第2005/14号（欧共体）指令》修订。其英文全称为：Second Council Directive 88/357/EEC of 22 June 1988 on the coordination of laws, regulations and administrative provisions relating to direct insurance other than life assurance and laying down provisions to facilitate the effective exercise of freedom to provide services, OJ L 172, 4.7.1988. Directive as last amended by Directive 2005/14/EC of the European Parliament and of the Council OJL 149, 11.6.2005.

③ Directive 2002/83/EC of the European Parliament and of the Council of 5 November 2002 concerning life assurance, OJ L 345, 19.12.2002. 该指令将所有现行人寿保险指令综合为一个法律文本，从而取代以前的所有有关人寿保险的欧共体指令，包括《第一人寿保险指令》、《第二人寿保险指令》和《第三人寿保险指令》和《第2002/12号指令》。该指令于2002年12月19日生效。后来，该指令为欧盟理事会2004年4月26日发布的《第2004/66号（欧共体）指令》所修改。

司签订的、承保风险所在地位于另一成员国的跨国保险合同。如果保险合同承保风险所在地位于成员国以外的第三国，则适用一般的冲突法规则。如果保险合同的承保风险所在地位于成员国，但合同是由第三国的保险公司签订的，对于此类情形，上述两项指令则均没有规定，因而只能适用成员国的国内冲突法规则。因此，《罗马条例 I 议案》有关保险合同的法律适用规则正式发布后，欧盟各界均对此较为失望。德国的马普所认为，首先，该规则存在着技术性的错误。例如，议案中附件一所列的《关于人寿保险的第 619/1990 号指令》现已为《关于人寿保险的第 2002/83 号（欧共体）指令》所替代，议案却没有做出相应的修订；第二，两种冲突法规则相互矛盾。例如，根据《第 88/357 号指令》的规定，在欧盟成员国的小商贩签订的保险合同受其保护，因而不能选择成员国保险商所在国的法律；但根据议案却规定，当事人可自由选择适用的法律。第三，当事人选择法律的范围可以适当扩大；第四，该规则缺乏间接性的法律选择规则。①

在议案的协商阶段，大多数国家均认为应对其进行修订，并主要讨论了两个问题：（1）是否应对欧盟的有关保险的各项指令进行修订？（2）对于位于成员国内和成员国外的风险是否应适用同样的规则？但最终形成的共识是，讨论此类问题为时尚早，因为欧盟委员会没有将此列入讨论的范畴，而且相关的影响评估安排在 2013 年 6 月 17 日以前进行。此后，各成员国将讨论的重点转移到修订的内容问题上，并逐渐形成了两派意见：有的主张该规则应适用于所有保险合同；而有的则认为应对当事人意思自治的范围以及保险合同的范围进行限制。

在 2006 年 12 月 12 日召开的会议上，欧盟委员会对议案进行了重要修订，对当事人的意思自治进行了限定，同时将欧盟指令中的

---

① Max Planck Institute for Foreign Private and Private International Law, *Comments on the European Commission's Proposal for a Regulation of the European Parliament and the Council on the law applicable to contractual obligations（Rome I）*, p. 262.

保险合同的范围扩展到了所有普通风险。在 2007 年 3 月 2 日和 10 月 4 日的会议上，欧盟委员会的提议得到了各成员国代表的支持。2007 年 11 月 19 日，即就《罗马条例 I》最终文本达成政治协议的前三周，欧盟委员会将议案中的承保风险位于第三国的保险合同排除于其适用范围之外，这样不仅满足了各成员国代表的愿望，也符合了欧洲议会的要求。

在《罗马条例 I》最终文本中，条例第 7 条对有关保险合同的法律适用规则进行了详细规定，但欧盟的立法者对此规则还不尽满意，因此在条例第 27 条的复审条款中，欧盟委员会特别指出：

在 2013 年 6 月 17 日以前，欧盟委员会应向欧洲议会、欧盟理事会和欧洲经济与社会委员会提交一份关于本条例适用情况的报告。适当时，在报告中可附上对本条例的修改建议。该报告应包括：

（a）有关保险合同法律适用的研究和施行该条款的影响评估，以及

（b）对第 6 条适用情况，特别是其与共同体法在消费者保护方面的一致性评价。

另外，在《罗马条例 I》最终通过时，欧盟理事会和欧盟委员会作出了如下声明：

"理事会和委员会注意到，条例第 7 条的规定反映了当前各项保险指令中有关法律适用规则的立法状况。根据条例的复审条款，今后可能会对现行规则进行实质性的修订。"

二、《罗马条例 I》第 7 条的适用范围

《罗马条例 I》第 7 条第 1 款规定，本条适用于大风险（large risks）保险合同，而无论承保的风险是否位于某一成员国境内；本条也可适用于承保位于成员国境内的风险的所有其他保险合同。

但是，承保欧共体之外普通风险（mass risks）的保险合同以及再保险合同则不适用条例第 7 条的规定，因而这两类保险合同应适

用条例的一般规则，应依据条例第 3 条和第 4 条的规定来确定其准据法。如果这两类合同属于消费者合同的范畴，则应根据条例第 6 条的规定来确定其适用的法律。

如果保险合同中仅有部分内容属于条例第 7 条调整的范围，而其他部分则不属于其调整范畴，对于此类合同如何来确定其适用的法律呢？对此，《罗马条例 I》没有进行明确地规定。一般认为，在大多数案件的实践中，此类合同可以视为可分割的（severable）合同。①

值得指出的是，条例第 1 款第 2 款 j 项（排除事项）对保险合同的适用范围也进行了规定，该项内容将企业之外的其他组织所从事的行为而产生的保险合同排除于《罗马条例 I》适用范围之外，其具体排除规定为：

"因欧洲议会和欧盟理事会 2002 年 11 月 5 日《关于人寿保险的第 2002/83 号（欧共体）指令》第 2 条所指企业之外的其他组织所从事的行为而产生的保险合同，且该行为旨在为企业或企业集团、行业或集团的雇员或自雇人在其死亡、幸存、失业或丧失劳动能力、患有职业病或发生工伤事故时支付保险金。"

三、大风险保险合同的法律适用规则

无论承保的风险是否位于某一成员国境内，大风险保险合同均属于条例的适用范围。关于大风险保险合同，《罗马条例 I》规定了一种单一的法律适用规则，从而终结了先前立法中的双重规定。② 条例第 7 条第 2 款规定了大风险保险合同的法律适用规则。

---

① Richard Plender & Michael Wilderspin, *The European Private International Law of Obligations*, 3rd ed., London: Sweet & Maxwell, 2009, p. 270.

② 在先前立法中，承保欧共体之内大风险的保险合同属于《第二非人寿保险指令》的适用范围，根据该指令第 7 条第 1 款 f 项的规定，当事人可以选择任何国家的法律；而关于成员国外大风险的消费者合同则属于《罗马公约》的适用范围。

（一） 大风险的界定

大风险的界定对于相关冲突法规则的确定具有重要意义，但是，《罗马条例Ⅰ》第 7 条第 2 款却没有对此单独进行界定，而要求相关概念的解释应参照欧洲经济共同体 1973 年 7 月 24 日《第一非人寿保险指令》①。该指令没有直接对何谓"大风险"进行界定，而是通过列举的方式对大风险进行了描述。

根据《第一非人寿保险指令》第 5 条 d 款的规定，大风险分为三类：（1） 常规大风险；（2） 与保单持有人的职业活动相关的大风险；（3） 满足特定条件的大风险。

1. 常规大风险（risks which are always large risks）

根据《第一非人寿保险指令》第 5 条第 d 款 i 项的规定，常规大风险主要包括以下 6 类：（1） 铁路机车车辆（railway rolling stock）的损害赔偿风险；（2） 航空器的损害赔偿风险；（3） 船舶的损害赔偿风险；（4） 运输中的货物（goods in transit） 的损害赔偿风险；（5） 因使用航空器而产生的责任风险；（6） 因在海洋、湖泊、河流或运河使用船舶而产生的责任风险。

2. 与保单持有人的职业活动相关的大风险

根据《第一非人寿保险指令》第 5 条第 d 款 ii 项的规定，如果保单持有人从事商业、工业或自由职业，且保险合同承保的是两项或多项与此活动有关的、位于不同成员国的风险，则信用（credit）保险或保证（suretyship）保险相关的风险属于大风险。

3. 满足特定条件的大风险

根据《第一非人寿保险指令》第 5 条第 d 款 iii 项的规定，如果

---

① 中文全称为：欧洲经济共同体 1973 年 7 月 24 日《关于协调有关从事人寿保险以外的直接保险业务的法律、法规和行政规章的第 73/239 号第一指令》，该指令最后被欧洲议会和欧盟理事会《第 2005/68 号（欧共体）指令》修订。英文全称为：the First Council Directive 73/239/EEC of 24 July 1973 on the coordination of laws, regulations and administrative provisions relating to the taking – up and pursuit of the business of direct insurance other than life assurance, OJ L 228, 16. 8. 1973. Directive as last amended by Directive 2005/68/EC of the European Parliament and of the Council, OJL 323, 9. 12. 2005.

保单持有人如果满足下述三项条件中的两项条件，也可以将特定种类的风险认定为大风险。相关标准如下：

（1）资产负债总额（the total balance sheet）超过 620 万欧洲货币单位；

（2）净营业额（the net turnover）超过 1280 万欧洲货币单位；

（3）在本财政年度的平均雇员人数超过 250 人。

这里的特定种类的风险主要包括：（1）陆上交通工具（不包括铁路机车车辆）的损害赔偿风险；（2）因火灾或其他自然灾害而产生的损害赔偿风险；（3）其他财产的损害赔偿风险；（4）机动车辆的责任风险；（5）一般性责任风险（general liability）；（6）其他各类财政损失（miscellaneous financial loss）。

（二）大风险保险合同的法律适用规则

《罗马条例Ⅰ》第 7 条第 2 款较为明确地规定了大风险保险合同的法律适用规则：大风险保险合同，适用当事人根据条例第 3 条规定所选择的法律。

首先，关于大风险保险合同，当事人可以自行选择其适用的法律，但当事人的选择必须符合条例第 3 条第 1 款的规定，即"法律选择必须通过合同条款或具体情况明确地或清楚地加以表明"。另外，有关合同适用法律的分割和变更、当事人的选择不得影响共同体法和成员国国内法的那些不能通过协议减损的法律条款的适用、当事人对于选择准据法的同意的存在及效力等问题，均应适用条例第 3 条的相关规定。

其次，如果当事人未选择合同准据法或所作选择无效时，根据条例第 7 条第 2 款第 2 段第 1 句的规定，大风险保险合同应适用保险人惯常居所地国法。关于保险人惯常居所地的确定问题，应适用条例第 19 条的规定，公司或其他企业以及法人或非法人团体的惯常居所地为其管理中心地；如合同是在分支机构、代理机构或其他机构的经营过程中订立的，或者根据合同规定，由该分支机构、代理机构或其他机构负责履行合同，则该分支机构、代理机构或其他机构所在地应被视为其惯常居所地。

再次，如果当事人未选择合同准据法或所作选择无效时，根据条例第7条第2款第2段第2句的规定，如从整体情况看，合同明显与另一国有更密切联系，则适用该另一国的法律。此处规定与条例第4条第3款规定相同。其实，从整体上看，条例第7条第2款的规定与条例第4条比较类似，不同之处主要在于条例第4条第4款设置了一个后备条款（fall - back rule），即如当事人不能确定应适用的法律时，应适用与其有最密切联系的国家的法律。但条例第7条第2款却省略了此后备条款。对此，有的学者认为，立法者似乎忽略了一种情形：在有关大风险的海洋保险合同中，共同保险人完全可以通过事先协议（an antecedent agreement）规定该保险合同适用不同的法律，如多个保险人均具有不同的惯常居所地，条例第7条第2款的规定就会出现立法上的空白（lacuna）。① 因而，有学者建议，在实践中，对条例第7条第2款第2段第2句中"更密切联系"的表述可以作宽泛的解释，以便根据该规定可以适用与大风险保险合同有最密切联系的国家的法律。②

四、普通风险保险合同的法律适用规则

（一）普通风险的界定

根据《罗马条例Ⅰ》第7条第3款的规定，大风险保险合同和再保险合同范围之外的保险合同，如果其承保风险位于欧盟成员国境内，则该保险合同属于普通风险保险合同。根据《罗马条例Ⅰ》第1条第4款的规定，这里的"成员国"系指欧盟所有的成员国，而不是指适用该条例的欧盟各成员国。因此，即便承保风险位于丹麦的普通风险保险合同，也应适用条例第7条的规定。

---

① F. Seatzu, *Insurance in Private International Law: A European Perpective*, Hart Publishing, 2003, p. 105.

② Richard Plender & Michael Wilderspin, *The European Private International Law of Obligations*, 3rd ed., London: Sweet & Maxwell, 2009, p. 276.

《第一非人寿保险指令》第 5 条 d 款所指范围之外的所有风险即为普通风险。常规的普通风险主要包括因意外事故和疾病而产生的损害赔偿风险。不能满足该指令第 5 条第 d 款 ii 项或 iii 项规定条件的风险，即为特定的普通风险。

（二）承保欧盟内普通风险的保险合同的法律适用规则

1. 有限制地适用当事人选择的法律

根据条例第 7 条第 3 款第 1 段和第 2 段的规定，有关普通风险保险合同，当事人享有一定程度上的有限的自由选择适用法律的权利。条例的此项规定主要沿袭了《第二非人寿保险指令》第 7 条①和

---

① 《第二非人寿保险指令》第 7 条规定："1. 适用于本指令下的承保成员国境内风险的保险合同的法律，依如下规则确定：（a）如保单持有人的惯常居所或其管理中心地位于风险所在的成员国境内，则保险合同适用该成员国的法律。但如该成员国法允许，则当事人可以选择另一国法律；（b）如保单持有人的惯常居所或其管理中心地不在风险所在成员国境内，则当事人可以选择风险所在成员国法或者保单持有人惯常居所或其管理中心地所在国法为合同准据法；（c）如果保单持有人从事工业或商业活动或者自由职业，并且合同承保的风险是与此类活动有关的不同成员国境内的两种或多种风险时，则对合同准据法的自由选择包括这些成员国的法律以及保单持有人的惯常居所或管理中心地所在国的法律；（d）尽管有（b）和（c）项的规定，但如果这两项所指的成员国赋予更大的选择合同准据法的自由，则当事人可利用此权利；（e）尽管有（a）、（b）和（c）项规定，但如果合同承保的风险仅限于在第 2 条 d 项所指的风险所在成员国之外的另一成员国境内发生的损害事件，则可选择该另一国法律；（f）对于《第一非人寿保险指令》第 5 条 d 项（i）所指风险，当事人可选择任何国家的法律；（g）如果法律选择时案件的所有其他部分均位于同一国境内，则当事人在（a）项和（f）项所指情况下的法律选择不影响该国的强制性规定，即依照该国法律规定不得通过合同规避的规定；（h）上述各项所指的法律选择必须是明示的，或者可以从合同条款或案件的各种情势中十分明确地推断出来。在未明确进行或未做法律选择时，则合同适用与合同有最密切联系的上述各项所指国家的法律。如果合同的某个独立部分与上述各项所指的另一国家有更密切联系，则例外地适用该另一国法律。风险所在的成员国推定为与合同有最密切联系；（i）如果某个国家由多个在合同义务方面各有其法律规范的领土单位组成，则在根据本指令确定准据法时，各领土单位视为国家。由在合同义务方面各有其法律规范的不同领土单位组成的成员国，无义务将本指令适用于决这些领土单位的法制之间的争议；2. 本条不影响根据受诉法院地国法中那些无须考虑合同准据法而强行调整案件的现行规定。如果某成员国法律有此规定，则可适用风险所在成员国法或者规定了保险义务的成员国的强制性规定，只要此类规定根据这些国家的法律均予以用，而无需考虑合同由何国法律支配。如果合同承保位于一个成员国以上的国家境内的风险，则在适用本款时，该合同视为由多个均与一个成员国有关的合同组成；3. 除上述各款规定的情况外，对于本指令下的保险合同，各成员国适用其有关合同之债的一般国际私法规定。"

《第 2002/83 号（欧共体）指令》第 32 条①的法律适用规则，但也有所区别。条例第 7 条第 3 款的规定可同时适用于人寿保险合同和非人寿保险合同，且当事人只能根据条例第 3 条的规定选择如下法律：

（a）订立合同时风险所在地的成员国法；

（b）保单持有人惯常居所地国法；

（c）人寿保险中的保单持有人国籍国法；

（d）当保险合同承保的风险仅限于风险所在地成员国以外的其他成员国发生的风险事件时，则为该其他成员国法；

（e）如果本款所指保险合同的保单持有人从事商业、工业或自由职业，且保险合同承保的是两项或多项与此活动有关的、位于不同成员国的风险，则为各相关成员国法或者保单持有人的惯常居所地国法。

2. 未作选择时适用的法律

如当事人未选择适用的法律时，条例第 7 条第 3 款为此设置的规则为一项硬性规定（a hard and fast rule），根据该款的规定，如果当事人未依本款规定选择准据法，则该保险合同应适用订立合同时风险所在地的成员国法。该规定不包括任何例外条款，即便是该保险合同明显与其他国家存在更密切关系。在适用该规则时，关键在于风险所在地的确定。

----

① 《第 2002/83 号（欧共体）指令》第 32 条规定："1. 适用于承保本指令所述业务的保险合同的法律，为义务成员国法。但是，如果该成员国法律允许，当事人可以选择另一国法律；2. 如果保单持有人为自然人且其惯常居所位于其国籍国以外的其他成员国，则当事人可选择投保人国籍国的成员国法律；3. 如果一个国家由多个在合同义务方面具有独特法律规范的领土单位组成，则在确定本指令所指准据法时，各领土单位视为一个国家。由多个在合同义务方面具有独特法律规范的领土单位组成的成员国，无义务将本指令适用于解决这些领土单位法律间的争议；4. 本条规定并不影响法院地国法中那些无论合同准据法为何均强行调整案件的现行法律规定的适用。如果某成员国法有此规定，只要依照义务成员国法律，不论合同由何法律支配，其国内法中的强行规范均予以适用，则可适用该国法中的此类规范；5. 除第 1 至第 4 款规定外，本指令范围内的保险合同适用成员国有关合同之债的一般国际私法规定。"

"风险所在地"是国际保险合同法的一个重要概念，也是除了保单持有人惯常居所地之外确定保险合同准据法的另一个主要连结点，直接影响着冲突规则的适用。《罗马公约》第1条第3款虽然规定风险所在地由法院依照其本国法确定，但没有制定有关"风险所在地"的确定标准。根据《罗马条例Ⅰ》第7条第6款的规定，风险所在国的确定应依据《第二非人寿保险指令》第2条d项和《第2002/83号（欧共体）指令》第1条第1款g项的相关规定。

（1）非人寿保险合同的风险所在地

根据《第二非人寿保险指令》第2条d项的规定，对于非人寿保险合同的风险所在地，应依据如下规则确定：

（i）建筑物保险或者建筑物及其内财产的保险，其风险所在地为该保险财产所在地的成员国；

（ii）各类交通工具的保险，其风险所在地为交通工具登记成员国；

（iii）4个月内的旅游和度假保险，其风险所在地为开具保单的成员国；

（iv）在其他情况下，保险合同的风险所在地为保单持有人惯常居所地成员国；或者，如果保单持有人为法人，则该法人与合同有关的法人机构所在地的成员国为其风险所在地。

（2）人寿保险合同的风险所在地

根据《第2002/83号（欧共体）指令》第1条第1款g项的规定，人寿保险合同的风险所在地为"义务成员国"（the Member State of the commitment），即保单持有人惯常居所所在的成员国，或者，如果保单持有人为法人，则为该法人的与合同有关的法人机构所在地的成员国。

（3）承保的风险位于多个成员国境内

还有一类比较复杂的情形，如果同一保险合同承保的风险位于多个成员国境内，则其风险所在地如何确定呢？根据《第二非人寿保险指令》第2条d项（4）和《第2002/83号（欧共体）指令》

的规定，此类保险合同的风险所在地通常指向了保单持有人的惯常居所所在的成员国。在 2001 年的 Kvaerner plc v. Staatsecretaris van Financien 案①的判决中，欧洲法院指出，当位于一个成员国的母公司开具了一张保险单时，如果此保险单承保的风险与其在其他成员国的子公司或分支机构的活动有关时，则风险所在地也可以是其子公司或分支机构所在国。同样，如果保单持有人为自然人时，其惯常居所地也可能位于多个成员国。

根据条例第 7 条第 5 款的规定，如保险合同承保的风险位于多个成员国境内，则应认为该合同由几个合同组成，且每个合同均只涉及一个成员国。该款的规定可适用于人寿保险合同和非人寿保险合同，且包括两个方面条件：其一，保险合同承保的风险位于多个成员国境内；其二承保风险具有 "不可分割性"（indivisible）。在这种情况下，一般认为，不能反对当事人选择任一风险所在地的成员国的法律。但是如果当事人没有选择适用的法律时，则应选择保单持有人的主要（dominant）惯常居所所在的成员国的法律。②

（三）强制保险合同的法律适用规则

强制保险合同，又称为法定保险合同，是指依据法律的规定而强制实施的保险合同。强制保险大多是基于国家的社会经济政策等公共政策和第三方当事人的特别保护需要而设置的，主要适用于诸如交通工具责任、产品责任、公共责任、雇工责任、职业责任等领域。

根据条例第 7 条第 4 款的规定，如果成员国对某些风险规定了强制保险义务，则对于承保此类风险的保险合同，不应适用有关保险合同的一般规则，而适用下列另行规定：（1）只有在保险合同符合课加强制保险义务的成员国有关该保险的特别规定时，该保险合

---

① *Kvaerner plc v. Staatsecretaris van Financien*（C – 191/99）[2001] E. C. R. I – 4447.

② Richard Plender & Michael Wilderspin, *The European Private International Law of Obligations*, 3rd ed., London：Sweet & Maxwell, 2009, p. 280.

同才具有承担保险义务的效力。如果风险所在国法与课加强制保险义务的成员国法彼此冲突，则后者优先适用；（2）各成员国可以通过减损条例第 7 条第 2 款和第 3 款的方式，规定保险合同适用课加强制保险义务的成员国法。

五、其他保险合同的法律适用规则

根据条例第 7 条第 1 款的规定，无论承保的风险是否位于某一成员国境内，大风险保险合同均属于条例的适用范围。而对于承保欧盟外普通风险的所有其他保险合同以及再保险合同，则不属于条例第 7 条的适用范围。

（一）承保欧盟外普通风险的保险合同的法律适用规则

根据条例详述部分第 33 条的规定，如保险合同承保的是大风险之外的多项风险，而至少有一项风险分别位于某一成员国和第三国境内，本条例中有关保险合同的特殊规定仅适用于位于某一成员国或多个成员国的一项或多项风险。为确定风险所在地是位于欧盟境内还是位于第三国，则适用条例第 7 条第 6 款的规定。根据该款的规定，风险所在国的确定应依据《第二非人寿保险指令》第 2 条 d 项的规定。从字面意义来看，该款规定也可用以确定风险所在地是否位于非欧盟成员国。然而，如果一份保险合同承保了两项或多项风险，而至少有一项风险分别位于某一成员国和第三国境内，应该如何适用有关冲突法规则？条例第 7 条没有作出明确规定，因而应适用《罗马条例Ⅰ》的一般冲突法规则，即适用条例第 3 条、第 4 条和第 6 条的规定。

（二）再保险合同的法律适用规则

再保险合同，是指一个保险人（再保险分出人）分出一定的保费给另一个保险人（再保险接受人），再保险接受人对再保险分出人由原保险合同所引起的赔付成本及其他相关费用进行补偿的保险合同。根据条例第 7 条第 1 款的规定，再保险合同不适用条例第 7 条的规定，因而也适用《罗马条例Ⅰ》的一般冲突法规则。在再保险合同中，当事人可以根据条例第 3 条的规定自由地选择适用于合同的准据法，如果当事人未作出选择的，则应根据条例第 4 条的规定来确定合同准据法。

六、规则评析

与保险合同有关的冲突规则一直是欧盟国际私法发展的瓶颈。《罗马公约》没有专门规定保险合同的法律适用规则，而是适用一般规则和某些消费者合同的特殊规则，公约的适用因其立法层次不高而受到了一定的限制。欧盟一系列保险服务指令中的有关保险合同的法律适用规则被转化为各成员国国内立法后，在一定程度上协调和统一了各国的保险合同法律适用规则。但欧盟各成员国的保险合同法律适用规则依然千差万别，随着欧盟的不断扩展，各成员国间的政治、经济、法律和文化差异也越来越大，指令的执行难度相应也会与日俱增。① 各国保险合同法中的各种强制性监管措施也严重阻碍了欧盟内部保险市场的正常运行。

为统一欧盟有关保险合同的法律适用问题，《罗马条例Ⅰ》规定了专门的规则，并建立了一套较为统一的保险合同冲突规则体系，从而增加了欧盟保险合同法律适用过程中的确定性和可预见性。《罗马条例Ⅰ》是欧盟在共同体层面的重要立法，其相关规则可直接适用于各成员国，与《罗马公约》及各欧盟保险服务指令相比，其先进性是自不待言的。与欧盟先前的相关立法相比较，《罗马条例Ⅰ》中的保险合同法律适用规则具有如下特征：

第一，条例是对欧盟先前保险合同立法中的法律适用规则的优

---

① 王军、沈雨青：《欧盟保险法的统一进程》，载《河北法学》2007 年第 8 期，第 40 页。

化和整合。就《罗马条例Ⅰ》有关保险合同法律适用规则的内容而言，它并不是对《罗马公约》与保险指令中相关规定的简单组合，而是兼收并蓄的基础上进行了优化和组合。例如，在当事人意思自治方面，根据《罗马公约》的相关规定，当事人享有较大的选择自由，除消费合同外，几乎未对选择适用法律的范围加以任何限制。在欧盟保险服务指令中，对于非寿险中的大风险保险合同，当事人享有完全的选择自由，而对于非寿险中的普通风险合同和寿险合同，当事人只能在特定的范围内选择合同准据法。在立法过程中，经过全面考量，《罗马条例Ⅰ》最终选择了较为合理的立法，遵循了保险服务指令中的原则精神。

第二，条例规定充分体现了保护弱方当事人原则。当事人意思自治原则的适用条件中暗含着一个前提性的假设：当事人的议价能力和地位均衡。如果一方当事人的议价能力和地位明显高于对方当事人，适用意思自治原则的结果实际上是保障了优势当事人的利益，从而忽视甚至损害了弱方当事人的合法权益。在保险合同中，保险人大多是资金雄厚、行业经验丰富、聚集各类专业人才的公司法人，缔约能力较强；而被保险人或投保人却大都经验欠缺、财单力薄，属于合同中的弱方当事人。为切实保护保险合同中弱方当事人的合法权益，《罗马条例Ⅰ》修订了《罗马公约》的相关规则。

条例的详述部分第 32 条明确指出：由于保险合同的特殊性，应制定特别规定，以确保对保单持有人进行充分保护。在具体规则方面，通过有限制的适用意思自治原则的方式，《罗马条例Ⅰ》也充分体现出对保单持有人利益的保护。例如，根据条例第 7 条第 3 款的规定，有关普通风险保险合同，当事人享有一定程度上的有限的选择法律适用的权利，该款还对确定合同准据法的连接点的范围专门进行了限制，当事人只能在订立合同时风险所在地的成员国法、保单持有人惯常居所地国法、保单持有人国籍国法、保险事故发生地法中进行选择。在当事人未作选择的情况下，则适用保单持有人惯常居所地国法，因为保单持有人对其惯常居所地国法最为熟悉，这样规定有利于保护其自身的正当权益。根据条例第 7 条第 6 款的规定，对于人寿保险合同，一般不适用意思自治原则，而直接规定"义务成员国"法，如果保单持有人为自然人，应适用其惯常居所地；如果保单持有人为法人，则为该法人的与合同有关的法人机构所在地的成员国。在保险合同的法律适用中充分保护弱方当事人业已成为欧盟的一种立法倾向，在某种情况下，该原则甚至可以超越意思自治原则。

然而，从《罗马条例 I》第 27 条的规定来看，欧盟的立法者对于条例中的保险合同法律适用规则显然信心不足，该条实际上提出了一个供欧盟各界探讨的问题：对现存的欧盟保险合同法律适用规则，是进行必要的革新抑或维持原状？欧盟各界对此进行了广泛的讨论，从反馈的意见来看，主张改革的意见居多。从改革派的观点来看，一部分学者持保守态度，他们认为《罗马条例 I》第 7 条的基本概念和规则是合理可行的，进一步完善相关立法即可。① 另一部分学者则持较为激进的改革态度，他们认为该规则体系错综复杂，宛如迷宫或丛林，② 是欧盟国际私法的灾难，必须重新修订。"欧洲保险合同法重述"（Restatement of European Insurance Contract Law）项目组主席、苏黎世大学比较法与国际私法所海斯教授（Helmut Heiss）也认为，新的保险合同法律适用规则是欧盟立法者的又一次失误。③《罗马条例 I》第 7 条的不足之处主要体现在以下方面：

首先，该规则的最大的缺陷是其不成体系（fragmentation），缺乏完整性。《罗马条例 I》第 7 条虽然从形式统一了欧盟有关保险合同的法律适用规则，但事实上却不能适用于所有的保险合同，未尽

---

① Urs Peter Gruber, *Insurance Contract*, Ferrari（F. ）& Leible（S. ）, *Rome I Regulation: The Law Applicable to Contractual Obligations in Europe*, Sellier European Law Publishers, 2009, p111.

② Kramer, *The New European Conflict of Law Rules on Insurance Contract in Rome I*, *A Complex Compromise*, The Lefai University Journal of Insurance Law, 2008, 23, 41.

③ Helmut Heiss, *Insurance Contracts in Rome I: Another Recent Failunre of the European Legislature*, Yearbook of Private International Law, Vol. 10（2008）, pp. 261 – 283.

事项则尚需根据条例第3条、第4条和第6条予以确定。另外，该条也不适用于再保险合同和承保欧盟之外普通风险的保险合同。保险合同法律适用规则的不成体系性也容易导致司法实践中的混淆，从而有悖于立法者统一欧盟国际私法的愿景。

其次，条例第7条第2款的规定有欠妥当。条例第7条第2款规定了适用于所有大风险保险合同的法律适用规则，其相对于《罗马公约》的相关规定具有显然的先进性。根据该款的规定，当事人能够自行选择适用的法律，因而也应适用条例第3条第3款和第4款所设定的限制性条件。确定大风险合同法律适用一般规则的客观连接点是保险人的惯常居所地国法，但在个案中也允许适用与合同有更密切联系的国家的法律。事实上，如果根据条例第3条和第4条的规定，也可确定大风险保险合同的法律适用规则，并且其结论是完全相同的。因此，有学者对此款规定提出了质疑，他们认为，该款的规定并非仅适用于特殊合同的特殊规则，而属于条例中一般规则可以确定的范畴，因而没有必要单独进行规范。

再次，相关概念的界定不尽科学。明确"大风险"的概念对于准据法的确定无疑是非常重要的。但是，条例第7条第2款并没有对其进行独立的解释，而是参照《第一非人寿保险指令》第5条d款的相关界定。该方法从立法技术层面来看是无可厚非的，但肯定会影响法律适用过程中的可操作性。实际上，《布鲁塞尔条例Ⅰ》也采用了同样的界定方法。但是，《布鲁塞尔条例Ⅰ》的界定的"大风险"范围更为宽泛，《布鲁塞尔条例Ⅰ》第14条还包含一些特殊的风险（special risks）。根据《罗马条例Ⅰ》详述部分第7条的规定，《罗马条例Ⅰ》的实体适用范围及规定应与《布鲁塞尔条例Ⅰ》保持一致。因此，《罗马条例Ⅰ》第7条第2款可以规定："大风险"概念的界定，应参照《布鲁塞尔条例Ⅰ》第14条的规定，这样不仅简便易行，而且可以体现欧盟立法的连贯性和一致性。另外，条例对"风险所在地"的界定也可能会增加司法实践中的困难。德国的马普所和海斯教授认为，条例对于确定"风险所在地"的规则过于复杂，在司法实践中可能会导致不公平的结果，由此他们提出了务实的简化方案："风险所在地"即为保单持有人的惯常居所地。[①]

最后，条例关于强制保险合同的法律适用规则过于复杂。德国的马普所和海斯教授还认为，条例第 7 条第 4 款中适用于强制保险合同的规则过于复杂，应简化现存规则，强制保险合同仅适用课加强制保险义务的成员国法。另外，该款规定不应仅适用于承保风险位于欧盟境内的保险合同，而应适用于所有的保险合同。

总而言之，虽然《罗马条例 I 》有关保险合同的法律适用规则存在着些许瑕疵，但其至少是朝着正确的方向迈出了重要的一步。条例正式施行后，其与《布鲁塞尔条例》、《罗马条例 II 》在适用过程中相互协调、相互补充，必将极大地推动欧盟统一国际私法的发展和内部共同市场的正常运转。[②]

第四节　个人雇佣合同的法律适用

保护弱方当事人的合法权益是欧盟合同法的一项基本原则。在个人雇佣合同中，受雇人在雇主的领导、监督和管理下进行工作，按照雇主规定的规章制度和习惯办事，为雇主提供约定的劳务或服务；[③] 而雇主往往会通过格式合同选择适用对其有利的法律，从而预先排除或者减轻自己的责任。因此，为了纠正这种不合理的现象，保护受雇人的利益，一些国际私法立法特别规定了个人雇佣合同的法律适用规范，在一定程度上对受雇人起到了保护作用。

---

① Max Planck Institute for Foreign Private and Private International Law, *Comments on the European Commission's Proposal for a Regulation of the European Parliament and the Council on the law applicable to contractual obligations* (*Rome I*), p. 262. Helmut Heiss, *Insurance Contracts in Rome I: Another Recent Failunre of the European Legislature*, Yearbook of Private International Law, Vol. 10（2008），pp. 277.

② 温树英、刘佳佳：《欧盟保险合同法律适用规则的最新发展及其对我国的启示》，载《武大国际法评论》（第十三卷），武汉大学出版社 2010 年版，第 238 页。

③ 赵相林主编：《国际私法》，中国政法大学出版社 2005 年版，第 286 页。

一、立法背景和过程

在个人雇佣合同中，缔约双方之间往往存在着实质上的不平等地位。为了防止雇主利用优势地位侵犯受雇人的合法权益，欧盟各成员国都制定了特别规则，对受雇人予以倾斜保护，然而，各国的立法规定不一，也产生了法律适用过程中的困难。为统一欧盟各成员国的相关立法，1980 年的《罗马公约》第 6 条特别规定了个人雇佣合同的法律适用规则。

（一）《罗马公约》第 6 条的规定及其局限性

根据公约第 6 条的规定，在个人雇佣合同中，当事人具有选择合同准据法的自由，但该选择自由是受限制的。第 6 条第 1 款规定，在个人雇佣合同中，双方当事人的选择不得剥夺未作选择时本应适用于合同的法律中的强制规则对受雇人提供的保护。第 6 条第 2 款进而明确了在未作选择时应适用的法律，并可适用公约第 4 条规定的一般原则之外的法律，具体包括：

（1）受雇人在履约的过程中惯常地从事其工作的国家的法律，即使他暂时受雇于另一个国家；或者

（2）如受雇人并不惯常性地在某一国家从事工作，他所受雇的营业所所在地国家的法律应得到适用；

（3）如从整体情况看，合同与另一个国家具有更密切的联系，则合同应适用该另一国的法律。

公约第 6 条规定的主要不足之处在于以下方面：

首先，公约没有明确界定"暂时性雇佣"（temporary employment）的概念和内涵。到底多长时间可以称为"暂时性"呢？实践中，此期限只能由各国法院酌情判定。然而，因各国立法规定各不相同，不同的法院有可能对相同情况的案件作出不一致、甚至完全相反的判决，这样便增加了当事人"挑选法院"的可能性，也使法律的适用丧失了确定性和可预见性。

第二，公约规定没有对涉及海员、飞行员等特殊受雇人的雇佣合同的法律适用规则予以充分考虑。此类受雇人惯常性地在一个不属于主权国家范围内的地点工作，如此类人员在个人雇佣合同中未选择适用的法律时，根据公约的规定无法确定合同准据法。

第三，公约中"暂时性雇佣"与欧共体《第 96/71 号指令》①中"派遣"（posting）的判断标准不同。《第 96/71 号指令》主要关注的是受雇人与被派往的另一个国家的公司或企业是否存在雇佣关系，从受雇人在另一个国家签订新的合同时起，派遣消灭。而公约更为关注的是期限本身，即便受雇人在另一个国家签订了新的合同，暂时性雇佣仍可能存在。因此，不同的判断标准不仅增加了法律适用的难度，也损伤了共同体立法的透明性。

第四，当受雇人与原雇主或与原雇主同属于同一集团公司的另一雇主订立新的雇佣合同时，该雇佣合同的法律适用情况如何？公约也未作规定。②

由此可见，公约第 6 条虽然在一定程度上对受雇人起到了保护作用。但随着欧盟内部市场的顺畅运作，该条款的具体规定已不能满足实践的需求，改革势在必行。

（二）《绿皮书》中的相关建议

在 2003 年 1 月 14 日发布的《绿皮书》中，欧盟委员会对个人雇佣合同的法律适用规则提出了如下修改意见：

（1）以当事人双方的意思表示为根据确定是否为"暂时性雇佣"，有预计期限或既定项目的雇佣是短暂性的；

（2）由法院以每个案件的实际期限为基础决定雇佣是否为短暂

①　该指令中文全称为：欧洲议会和欧盟理事会 1996 年 12 月 16 日《关于服务规则框架内派遣劳工的第 96/7 号（欧共体）指令》；英文全称为：Directive 96/71/EC of the European Parliament and of the Council of 16 December 1996 concerning the posting of workers in the framework of the provision of services, OJ L 18, 21. 1. 1997, p. 1.

②　王秀转：《欧盟雇佣合同的法律适用规则》，http：//www. law－walker. net/detail. asp? id＝4446。

性的雇佣;

(3)公约可以规定,与原雇主或与原雇主同属于同一集团公司的另一雇主订立新的雇佣合同,不得排除受雇人被视为在另一国暂时性地从事工作的可能性;

(4)公约可以规定,当受雇人惯常性地在一个不属于主权范围内的地点工作时,其所订立的雇佣合同应当适用其受雇企业或公司的营业所所在地国家的法律,或受雇人惯常居所地国家的法律。①

(三)《罗马条例 I 议案》第 6 条与《罗马条例 I》第 8 条

《绿皮书》正式发布后,在广泛吸收欧盟各界评论意见的基础上,欧盟委员会于 2005 年 12 月 15 日发布了《罗马条例 I 议案》,该议案第 6 条规定了个人雇佣合同的法律适用规则。

从议案第 6 条第 1 款的规定看,它并没有改变公约的规定,仍然采用了最密切联系原则来确定为受雇人提供保护的强制规则的国家。

议案第 6 条 2 款第 1 项虽未明确地界定何谓"暂时性雇佣",但规定了确定"暂时性雇佣"的指导原则。即:(1)如受雇人完成其在国外的任务后被期望继续在原来的国家工作,则其在另一国从事的工作应被视为暂时性的。他与原单位或新单位所签的雇佣合同都应该接受其原工作履行地国家的法律管辖,如果该国法律中的强制规则对受雇人提供了保护,那双方当事人即使选择了适用法律,也不得剥夺此项保护。(2)如果他与从属于原雇主同一公司集团的其他雇主订立新的合同,情况也是如此。

议案第 6 条第 2 款第 2 项,对涉及海员、飞行员等特殊受雇人的雇佣合同的法律适用规则进行了明确规范。如果该受雇人并不在任何一个国家惯常性地从事其工作,或者,他惯常性地在某一地域

---

① Green Paper on the Conversion of the Rome Convention of 1980 on the Law Applicable to Contractual Obligations into a Community Instrument and its Modernization, COM (2002) 654 final (Jan. 14, 2003), p37 (visited on April 28, 2008).

从事其工作但该地域仅从属于非国家的主权实体，雇佣合同则适用雇主的营业所所在地国家的法律。

议案第6条第3款仍然延续了公约的规定，对适用法律设计了排除情形，柔化了法律的刚性规定。

在将《罗马条例Ⅰ议案》第6条转化为共同体立法的过程中，欧盟委员会对个人雇佣合同的法律适用规则的修订持保守态度，也并未将列入其重大修改的范围，只要求在与公约保持大体一致的前提下，进行细节上的修订。① 因而，在广泛征求欧盟各界意见后，欧盟委员会以《罗马条例Ⅰ议案》第6条为基础，并对其进行语言措辞和细节处理后，形成了最终的个人雇佣合同的法律适用规则。

《罗马条例Ⅰ》第8条对个人雇佣合同的法律适用进行了规范，并在详述部分第35条、第36条和第37条就有关规则进行了解释和说明。

二、关于个人雇佣合同的界定

《罗马条例Ⅰ》第8条仅适用于个人雇佣合同，其主要目的是为了保护雇佣合同中的弱方当事人，该条所确定的法律适用规则仅适用于个体受雇人与雇主之间签订的雇佣合同，而不包括集体协议（collective agreement）。有关集体协议的法律适用规则，应根据条例第3条和第4条的一般规则来予以确定。

然而，《罗马条例Ⅰ》的条文本身并没有对个人雇佣合同进行明确地界定，也没有就如何区分个人雇佣合同与集体协议作出指引。

在实践中，对于如何来判断合同是否属于个人雇佣合同，欧盟

---

① Peter Mankowski, *Employment Contracts under Article 8 of the Rome I Regulation*, Ferrari（F.）& Leible（S.）, *Rome I Regulation: The Law Applicable to Contractual Obligations in Europe*, Sellier European Law Publishers, 2009, p. 171.

各国主要采用以下三种方法。①

第一种方法是由欧盟各成员国根据其法律中的一般原则进行自治性解释（autonomous construction）。该方法有助于提升各成员国冲突法规则与管辖权规则的协调性，但各国对雇佣合同的界定不一，即便是"英国、法国和德国有关雇佣合同的界定均不完善，尚存在灰色区域"，② 有时也可能会出现个人雇佣合同准据法所属国不承认其为雇佣合同的情形③，因此，该方法也难免会遭遇司法实践难题。

第二种方法是根据法院地法（lex fori）界定。该方法虽便于法院审理案件，但仍会出现类似上述第一种方法所面临的困境。例如，一家英国公司与一个比利时人签订了一份协议，比利时人为英国公司在荷兰从事工作，合同约定适用英国法。根据荷兰和比利时的法律，该协议属于雇佣合同，但英国法却没有类似规定。如果该案在英国的法院审理，英国的法院会适用本国法，受雇人因而不可能获得荷兰法中那些不得通过协议加以减损的强制规则对其提供的保护。相反，如果该案在荷兰或比利时的法院审理，受雇人的合法权益则可获得救济。因此，适用法院地法对雇佣合同进行解释是不足以令人信服的。

第三种方法是依据准据法（lex causae）界定个人雇佣合同。该方法有利于避免界定雇佣合同的法律与设置强制规则的法律之间不一致的情形④，但该方法因违背了《罗马条例Ⅰ》第8条的一般原则也遭到了质疑，根据该条的规定，个人雇佣合同应适用当事人根据第3条规定所选择的法律。

在上述三种方法中，第三种方法较受欧盟各界的青睐。有学者

---

① Richard Plender & Michael Wilderspin, *The European Private International Law of Obligations*, 3rd ed., London: Sweet & Maxwell, 2009, pp. 304 – 309.

② G. Cavalier and R. Upex, *The Concept of Employment Contract in European Union Private Law*, 55 (3) International and Comparative Law Quarterly, 2006, p400.

③ 例如，尼日利亚法律即认为此类合同为代理合同。

④ C. G. J. Morse, *Contracts of Employment and the EEC Contractual Obligations Convention*, in P. North (ed.), Contract Conflicts (North Holland, 1982), p. 148.

认为，虽然该方法具有一定的逻辑问题，但相对于其他可替代的方法而言具有比较优势，因而应优先选择该方法。① 在司法实践中界定个人雇佣合同的概念时，欧盟各成员国法院还会参照欧盟的判例。在 2006 年的 WPP Holding Italy v. Benatii② 一案中，菲尔德法官（Field J.）参照欧洲法院在 1987 年 Lawrie Blum v. Land Baden - Wurttemberg③ 一案中的判决④，发展了确定雇佣合同的客观性标准，该标准包括三个方面的内容：

（1）当事人一方为获取一定的薪酬而提供了一段时间的服务；

（2）对方当事人对服务的提供者具有控制和指示作用；

（3）当事人一方所提供的服务属于对方当事人的组织机构的业务范围。

在司法实践中，关于个人雇佣合同的界定，欧洲法院倾向于对"雇佣"的概念进行广义的解释，而对"雇佣合同"则从狭义上进行解释，上述标准对欧盟各国的司法实践具有一定的指导性作用。

三、个人雇佣合同的法律适用规则

（一）当事人意思自治及其限制

作为合同法帝王规则的"意思自治"，也是支配个人雇佣合同法律适用的首要原则。根据《罗马条例Ⅰ》第 8 条第 1 款的规定，个人雇佣合同应适用当事人自主选择的法律。当事人意思自治原则适用的前提条件是缔约双方的地位平等。在个人雇佣合同中，受雇人通常是合同的弱方，往往只有雇主才享有意思自治的权利，因而在

---

① Dicey and Morris, *The Conflict of Laws*, 14th edn. Sweet & Maxwell, 2006, Vol. II, p. 1665.

② [2006] EWHC 1641 (Comm) in the High Court.

③ *Lawrie Blum v. Land Baden - Wurttemberg* (C - 66/85) [1986] E. C. R. 2121.

④ 该案确定了雇佣关系的基本特征为："一个当事人未获取一定的薪酬而为另一方当事人或按照其指示提供了一段时间的服务"。

法律适用问题上应该考虑到弱方当事人被雇主操纵的可能。另外，调整雇佣合同关系的法律，不仅有私法规范，而且也有公法规范，如果适用意思自治原则，当事人协议选择的法律可能会违背有关国家的公法规范。[1] 因此，对于个人雇佣合同当事人的意思自治问题，需要作出限制。[2] 目前许多国家都是有条件的接受当事人意思自治原则，最主要的条件便是不能因自主选择而剥夺受雇人依本应适用的强制法规定可以得到的保护或利益。例如，1986 年联邦德国新的国际私法第 30 条就规定，在雇佣合同中，当事人选择法律时不得取消本应适用于雇佣合同的法律中保护雇员的强制性规定。[3]

为更好地保护受雇人的合法权益，《罗马条例Ⅰ》第 8 条第 1 款也沿袭了各国立法的普遍做法，对当事人的意思自治进行了限制。根据该款的规定，合同当事人"法律选择的结果，不得剥夺未作法律选择时依本条第 2 款、第 3 款和第 4 款规定应适用的法律中那些不得通过协议加以减损的强制规则给予受雇人提供的保护"。

（二）适用受雇人惯常进行工作所在国法律

根据《罗马条例Ⅰ》第 8 条第 2 款的规定，当事人未选择适用于个人雇佣合同的法律时，则该合同应适用受雇人履行合同的过程中惯常地从事其工作的国家的法律，若无此种国家，则适用受雇人为履行合同惯常地从事其工作的出发地国家的法律。如果受雇人暂时受雇于另一国家，则不应认为其惯常从事工作的国家发生了改变。

在个人雇佣合同中，如果当事人未选择适用于合同的法律时，首先会适用受雇人惯常进行工作所在国法律。在实践中适用本款规定的时候，可能会碰到两个主要的问题：（1）如何确定受雇人惯常地从事其工作的国家？如果受雇人同时在多个国家工作或者先后在几个国家工作时，该问题可能较难解决。（2）在确定受雇人惯常地

① 刘仁山主编：《国际私法》，中国法制出版社 2007 年版，第 250 页。
② 韩德培主编：《国际私法》，高等教育出版社、北京大学出版社 2000 年版，第 202 页。
③ 李双元主编：《国际私法学》，北京大学出版社 2000 年版，第 406 页。

时，何为其相关的时间？

如果受雇人正在或一直在一个国家工作，根据条例第 8 条第 2 款的规定，则该国为其惯常进行工作所在国，此类情况较易判定。例如，在 2003 年的 Base Metal Trading Ltd. v. Shamurin[①] 一案中，受雇人 Shamurin 是公司的一名业务主管，他主要负责协调从俄罗斯到英国之间的所有国家的金属销售工作。因为工作需要，他有时候需要出差去会见各个外国客户，除此之外，他都在位于俄罗斯的办公室工作。因此，俄罗斯即为其惯常进行工作所在国，根据条例第 8 条第 2 款的规定，该个人雇佣合同应适用俄罗斯的法律。

当受雇人同时在多个国家工作，例如，在多个国家同时进行营销活动[②]，或在不同国家进行体育比赛[③]，或在途经多个国家的飞机上工作[④]，受雇人惯常进行工作所在国的确定则变得较为复杂。关于此类情形，依据《罗马公约》第 6 条第 2 款、《布鲁塞尔公约》和《布鲁塞尔条例 I》的多年判例，欧洲法院基本形成了一系列确定受雇人惯常进行工作所在国的标准，具体如下：

（1）如果受雇人同时在多个国家工作，但仅在其中的某一国家居住或办公，且每次赴外工作后均返回该国，则该国为其惯常进行工作所在国[⑤]；

（2）如果受雇人同时在多个国家工作，但不在任一国家居住或办公，或赴外工作后未返回某一特定国家，则其工作时间最长的国家为其惯常进行工作所在国[⑥]；

（3）如果出现上述第（2）类情形，且无法确定受雇人在哪个

---

① *Base Metal Trading Ltd. v. Shamurin* [2003] EWHC 2149（Comm）.

② *Mulox IBC Ltd v. Geels*（C－125/92）[1993] E. C. R. I－4075.

③ *Ville de Chaleroi et Desbians*, judgement of April 25, 2007 in the Cour de Cassation, France.

④ *Lawson v. Serco Ltd* [2006] UKHL 3.

⑤ *Rutten v. Cross Medical Ltd*（C－383/95）[1997] E. C. R. I－57.

⑥ *Mulox IBC Ltd v. Geels*（C－125/92）[1993] E. C. R. I－4075 and *Rutten v. Cross Medical Ltd*（C－383/95）[1997] E. C. R. I－57.

国家工作时间最长或在多个国家工作时间大体相当的情况下，则受雇人向雇主履行义务的地方为其惯常进行工作所在国①；

（4）如果受雇人暂时受雇于另一国家，则不应认为其惯常从事工作的国家发生了改变。《罗马条例 I》在详述部分第 36 条确定了"暂时性雇佣"的指导原则："就个人雇佣合同而言，如受雇人完成其在国外的任务后被期望继续在原来的国家工作，则其在另一国从事的工作应被视为暂时性的。与原雇主或与原雇主同属于同一集团公司的另一雇主订立新的雇佣合同，不得排除受雇人被视为在另一国暂时性地从事工作的可能性。"

如果无法确定受雇人惯常地从事其工作的国家，则个人雇佣合同适用受雇人为履行合同惯常地从事其工作的出发地国家的法律。

（三）适用雇主的营业所所在国法

有的学者从雇主的利益出发，认为受雇人既然受雇于雇主，则雇佣合同就应适用雇主所在国的法律。一般雇佣大量外籍工人的国家立法大多如此。② 例如，1979 年《匈牙利国际私法》第 52 条明确规定，根据劳动合同，如需在几个国家从事工作，劳动关系应适用雇主的属人法；如果匈牙利雇主的受雇人被派往国外或长期在国内工作，其劳动关系应适用匈牙利法（即雇主法）。

根据《罗马条例 I》第 8 条第 3 款的规定，如根据第 2 款不能确定应适用的法律，则合同应适用受雇人所受雇的营业所所在地国家的法律。有学者认为，适用雇主的营业所所在国法往往具有一定的偶然性③。例如在 1971 年的 Sayers v. Internatioanal Drilling Co. NV④一案中，荷兰公司雇佣的、在尼日利亚领水内油井工作的一位英格兰人，在英格兰就其同事的过失造成的损害向其雇主求偿。合同中

---

① *Weber v. Universal Ogden Services Ltd* （C‐37/00）[2002] E. C. R. I‐2013.

② 赵相林主编：《国际私法》，中国政法大学出版社 2005 年版，第 287 页。

③ Richard Plender & Michael Wilderspin, *The European Private International Law of Obligations*, 3rd ed., London: Sweet & Maxwell, 2009, p. 319.

④ *Sayers v. Internatioanal Drilling Co. NV* [1971] 1 W. L. R. 1176 （C. A. ）.

的一个免责条款将赔偿限制在雇主所规定的一个数额内，该条款根据荷兰法是有效的，但根据英格兰法是无效的。审理案件的多数法官认为，该雇佣合同应受荷兰法支配，而与债权发生地尼日利亚无关。①

（四）附加条款：适用最密切联系原则

为最好地保护受雇人的合法权益，《罗马条例Ⅰ》第8条第4款设计了一个附加条款（the rider）或特别例外条款，根据该款的规定，如从整体情况看，合同明显与本条第2款或第3款所指国家以外的另一个国家有更密切联系，则适用该另一国的法律。

基于对英国、法国、德国和荷兰等国大量判例的分析，欧洲的学者总结出了在个人雇佣合同中适用最密切联系原则的一般原则，具体如下：

（1）首先，如果除受雇人从事工作地外的所有因素均同某一国家相关联，则该国的法律可能会得以适用②；但是，如果受雇人在某一国家（A国）工作了足够长的时间（a sufficiently long period of time）③，即便所有其他因素均与另一国家（B国）相关联，也可排除适用该例外条款（即适用B国法），而应适用A国法。

（2）其次，同受雇人或雇主的惯常从事工作或经营的国家相比，当事人的国籍所属国并不足以成为与合同更密切联系的因素。④

（3）最后，根据条例第8条第1款的规定确定当事人是否做出默示的选择，以及根据第4款的规定确定个人雇佣合同是否与另一

---

① ［英］J. H. C. 莫里斯主编，李双元等译：《戴西和莫里斯论冲突法》，中国大百科全书出版社1998年版，第1272页。

② *Charles Key et Bull*，Cour de Cassation May 16，2007；*Socciete Defense conseil er Chuiton*，Cour de Cassation March 14，2006.

③ 在2001年10月9日法国最高上诉法院审理的 *Oliva Campos et Company Banco de la Nation Argentina* 一案中，受雇人在法国工作了15年；在2007年8月15日荷兰阿纳姆地区法院审理的 *CV45323* 一案中，受雇人在荷兰工作了11年。

④ *Shekar v. Satyam Computer Services Ltd* ［2005］I. C. R. 737；*Mme Prime et Company EMAP France*，Cour de Cassation，May 7，2002；*AZR* 627/02，Bundesarbeitsgericht December 11，2003.

个国家有更密切联系，两者的判定因素是不一样的。例如，荷兰阿纳姆地区法院在 2007 年 8 月 15 日审理的 CV45323 一案中，雇主和受雇人均拥有德国国籍，受雇人仅在德国工作，其薪酬也是以德国货币支付的，争议的雇佣合同显然与德国有最密切联系。但是，法院的判决认为，受雇人惯常工作于荷兰已逾 11 年，该因素致使合同并不足以与德国具有更密切联系。

值得指出的是，为了更好地保护受雇人的利益，如果无法满足条例第 8 条规定的各项条件，可以适用条例第 9 条第 2 款的规定，即适用法院地的优先性强制规则。①

四、规则评析

在《罗马公约》转化为《罗马条例I》的过程中，欧盟并未将个人雇佣合同视为"主战场"（the main battlefield）进行全面修订，而是将其作为一个枝节问题（side issue），仅从措辞等细节上进行了完善。《罗马条例I》第 8 条在立法目的、立法结构甚至许多细节上大都属于对《罗马公约》第 6 条的延续，体现了欧盟立法的一致性。②

《罗马条例I》第 8 条对《罗马公约》第 6 条的修订和完善主要体现在如下方面：

首先也是最重要的修订是，条例第 8 条第 2 款通过在条文中增加"from which"从句的表达方式，引入了一套"基本规则"（base rule）用以规范涉及飞行人员的雇佣合同，从而扩大了"受雇人惯常进行工作所在国"的适用范围，保护了更多的受雇人的利益。欧盟委员会认为，考虑到欧洲法院有关《布鲁塞尔条例I》第 18 条的判

---

① *Branczyk v. Gramegna and Grand - Duchy of Luxembourg*, Pasicrisie Luxembourgeoise, 1999, 58.

② Peter Mankowski, *Employment Contracts under Article 8 of the Rome I Regulation*, Ferrari (F.) & Leible (S.), *Rome I Regulation: The Law Applicable to Contractual Obligations in Europe*, Sellier European Law Publishers, 2009, p. 215.

例，对于"受雇人惯常进行工作所在国"的范围，应从广义上进行解释，① 由此也真正体现了欧盟对弱者进行保护立法理念。

其次，《罗马条例Ⅰ》确定了判定"暂时性雇佣"的指导原则，从而维持了个人雇佣合同在法律适用方面的可预见性和稳定性，避免了雇主在协调不同国家之间雇员的调配时，故意减损雇员本应得到的法律保护。

最后，《罗马条例Ⅰ》从整体上完善了确定个人雇佣合同的准据法的一整套规则体系，该规则体系的基本逻辑结构为：一般规则——特殊规则——减损条款（例外规则），该套规则不仅有利于当事人维护自身权益，也便于指导欧盟各国的司法实践。

然而，关于个人雇佣合同的法律适用规则，《罗马条例Ⅰ》的立法仍旧存在有待改进之处：

（1）"暂时性雇佣"概念的周延性不足

《罗马条例Ⅰ》在详述部分第36条初步明确了"暂时性雇佣"的概念，在大多数情况下，可以认为该定义是没问题的。然而，以下几种情况中，"暂时性雇佣"概念存在不尽周严之处：①如果受雇人在A国工作，但在其开始工作前，为救济国外的分公司，雇主临时决定把他送去B国工作，在这种情况下，该受雇人尚未在国内开始工作，"resume working"便无从谈起了；②受雇人外派务工阶段，雇佣合同可能会因故而终止，例如，受雇人达到法定退休年龄。③受雇人被派遣到国外工作，雇主允诺其完成工作后可以回到国内或者第三国。在这种情况下，受雇人没有"被期望"回到"内国"。在上述三种情况下，个人雇佣合同仍可适用雇主的营业所所在国法，但遗憾的是，《罗马条例Ⅰ》在对"暂时性雇佣"进行界定时有所忽略。

（2）第8条第3款中的"engaged"的内涵还有待厘清

在欧盟的司法实践中，对第8条第3款中"engaged"的理解存在着

---

① Hansen, *Applicable Employment Law after Rome I—The Draft Rome I Regulation and Its Importance for Employment Contracts*, （2008）19 Eur. Bus. L. Rev. 767.

严重的分歧。一种观点认为，"engaged"可能涉及合同的缔结，① 或者在尚未签署合同的情况下，至少涉及到了受雇人的聘用②；另一种观点认为，"engaged"可能涉及组织的整合（organisational integration）、内部结构（internal structuring）和内部指令（internal directives）。③因为共同体层面的立法尚未确定何种解释具有权威性，必然会影响到该款的使用，同时也就增加了法院判决的不确定性风险。

（3）缺乏"海员雇佣合同"的特殊规则

条例第8条第2款中"基本规则"仅涉及到了飞行人员雇佣合同，而未考虑到海员工作场所的移动性特点。德国的马普所在对《罗马条例Ⅰ议案》评论意见中指出，鉴于海员工作场所的特殊性，有必要将其单独列出制定其法律适用规则。马普所建议，对"海员的雇用合同"采用国际海运中比较流行的连结点—"船旗国"确定其法律适用，并增加关于海员雇佣合同应适用船旗国法的规定。④

另外，《罗马条例Ⅰ》也没有对"雇佣合同""营业地"等概念进行明确、权威地解释。

然而，瑕不掩瑜。总体而言，《罗马条例Ⅰ》奠定了欧盟个人雇佣合同法律适用的总体框架，是欧洲各国解决个人雇佣合同法律适用的基本依据。它在欧共体层面更增强了个人雇佣合同法律适用规则的确定性、可预见性和由此决定的透明性，对受雇人提供了更高程度的保护。随着经济和新技术的不断发展，个人雇佣合同的法律适用规则仍然需要不断的修订和完善，才能够更好地与欧盟的弱者保护政策相契合。

---

① 支持该观点的判例有：*LAG Niedersachsen* 20 November 1998；*AR Blattei ES* 920 Nr. 6. p. 4；*Hessisches LAG* 16 November 1999；*NZA – RR* 2000, 401, 403.

② Francisco J. Garcimartín Alférez, *The Rome I Regulation：Much ado about nothing?* The European Legal Forum （E） 2 – 2008, p. 76.

③ 支持该观点的判例有：*AR Blattei ES* 920 Nr. 6. p. 6, 8 – 11 （Nov. 1999）；*AR Blattei ES* 920 Nr. 7. p. 13, 19 – 22 （March 2001）.

④ Max Planck Institute for Foreign Private and Private International Law, *Comments on the European Commission's Proposal for a Regulation of the European Parliament and the Council on the law applicable to contractual obligations （Rome I）*, p. 262.

第五章 《罗马条例 I 》与《罗马条例 II 》 及《布鲁塞尔条例I》的协调与整合

　　法律领域也存在协整①现象，它既可以通过不同法律文件的基本原则、结构和解决方案的相似处来表现，也可以通过法律规范解释的同步性来表达，还可以通过法律思想和法理学观点的移转来表示。②

　　《罗马条例 I 》、《罗马条例 II 》和《布鲁塞尔条例 I 》被誉为欧盟统一国际私法立法的"三部曲"，它们分别规范了有关合同之债、非合同之债和管辖权的法律适用规则，并分别于 2009 年 12 月 27 日、2009 年 1 月 11 日和 2002 年 3 月 1 日起在欧盟正式生效和适用。这三部法律存在着诸多相似之处，并共同组成了欧盟有关民商事义务法律适用规则的一个统一整体，其协整作用是显而易见的。它们的颁布和施行，有利于提高诉讼结果的可预见性、法律适用的确定性和判决的自由流动，实现欧洲司法区域内法律的统一性。

　　笔者认为，《罗马条例 I 》与《罗马条例 II 》、《布鲁塞尔条例 I 》的协整性主要体现在三个方面：基本原则的协调与整合、结构和解决方案的协调与整合以及解释的协调与整合。

――――――――――

　　① 协整或协同作用（synergy），原本为一种物理化学现象，又称增效作用，是指两种或两种以上的组分相加或调配在一起，所产生的作用大于各种组分单独应用时作用的总和。简单地说，就是"1＋1＞2"的效应。协整论认为，不同作用力、因素和要素的并存或互动能产生的一种更好效果或作用。

　　② Eva Lein, *The New Rome I / Rome II / Brussel I Synegry*, *Yearbook of Private International Law*, Volume 10, 2008, pp. 177 – 178.

第一节 基本原则的协调与整合

《罗马条例Ⅰ》同《罗马条例Ⅱ》、《布鲁塞尔条例Ⅰ》一样，其构建的支柱性的原则主要包括：当事人意思自治原则、最密切联系原则和保护弱方当事人原则。这些原则是相互补充、相互促进的，但也可能存在着相互对立的一面，因而需要相互协调。为有效协调上述三项基本原则，这三项条例采用了类似的规定来予以协调和整合。

一、当事人意思自治原则

当事人意思自治原则被誉为"文明国家所普遍承认或认可的一项基本法律原则"①，现已成为合同之债领域的一项重要原则，也是国内法、超国家法或国际条约的实体法规则和国际私法规则中的一项优先适用的原则②。该原则是当事人经济自由的结果，它允许当事人根据自己的意愿来设定其权利义务关系，同时也能较好地考虑具体情况的特殊性。

在国际私法中，当事人意思自治原则是指当事人可以通过协商一致的意思表示选择支配其法律关系的准据法的一种法律选择原则。③ 从各国的实践和有关国际条约的规定来看，大多数国家一方面在赋予当事人意思自治以首要的法律选择原则的地位的同时，又对当事人的意思自治进行了不同程度的限制，《罗马条例Ⅰ》、《罗马条例Ⅱ》、《布鲁塞尔条例Ⅰ》也在其具体的条款中体现了上述原则。

---

① Article 38 (c) of the Statute of th International Court of Justice.

② RüHL G. , *Party Autonomy in the Private International Law of Contracts: Transatlantid Convergence and Economic Efficiency*, Gottschalk E. , Conflict of Laws in a Globalized Worlc, Cambridge, 2007.

③ 韩德培主编：《国际私法》，高等教育出版社、北京大学出版社2000年版，第196页。

根据《罗马条例Ⅰ》详述部分第 11 条的规定，当事人选择准据法的自由应成为合同之债冲突法规则体系的基石之一。事实上，如果《罗马条例Ⅰ》的最终文本采用了欧盟委员会的最初建议，则当事人意思自治原则将更加彰显其作用。按照欧盟委员会的解释，《罗马条例Ⅰ议案》第 3 条第 2 款的目的是：通过消除国家的立法垄断（the state legislative monopoly），允许当事人根据该款的规定选择国内法之外的法律，从而延续对法律选择的传统限制。① 根据该款的规定，当事人也可以自行选择被国际性地承认或被共同体承认的合同实体法规则和原则为准据法。

《罗马条例Ⅱ》第 14 条虽然也对当事人意思自治原则作出了相应的规定，但与《罗马条例Ⅰ》相比较，其重要性有所下降。首先，它不属于"一般规则"的范畴，因而存在着形式上的"降格"（demotion）；其次，在确定因侵权或不法行为而产生的非合同之债的准据法时，当事人意思自治原则的作用则更小了。② 但是，在《罗马条例Ⅱ》中，当事人意思自治原则仍存在着其重要性，根据该条例第 14 条第 1 款的规定，当事人可以通过协议在损害事件发生之前或之后选择适用于合同之债的法律。

此外，《罗马条例Ⅰ》与《罗马条例Ⅱ》对当事人选择法律的自由进行了类似的限制，并针对相关因素是否位于一个或多个成员国的情形设定了两种并行模式（parallel norm）。首先，根据《罗马条例Ⅰ》第 3 条第 3 款和《罗马条例Ⅱ》第 14 条第 2 款的规定，如果在法律选择时与当时情况有关的所有其他因素均位于所选择的法律所属国以外的一个其他国家，则当事人的选择不得影响该其他国家的强制规则的适用。其次，根据《罗马条例Ⅰ》第 3 条第 4 款和

---

① Lando O. , *Some Issues Relating to the Law Applicable to Contractual Obligation*, King's Coll. L. J. , 1996 – 1997, p. 45; Vischer F. , *The Relevance of the UNIDROIT Principle for Judges and Arbitration in Disputes Arising out of International Contracts*, EJLR 1998/1999, p. 203.

② Eva Lein, *The New Rome I / Rome II / Brussels I Synegry*, Yearbook of Private International Law, Volume 10, 2008, p. 181.

《罗马条例Ⅱ》第 14 条第 3 款的规定，如在法律选择时与当时情况有关的所有其他因素均位于一个或多个成员国，则当事人选择适用第三国的法律时，即便其所处情形纯属共同体内事务，但为了确保欧盟的最低标准（a minimal European standard）得以实施，应优先适用共同体的强制规则。① 最后，虽然两个条例均引入了"优先性强制规则"的概念，但相关规定仍存在着些许差异。根据《罗马条例Ⅰ》第 9 条第 3 款的规定，法官可以选择适用第三国的优先性强制规则。而根据《罗马条例Ⅱ》第 16 条的规定则排除第三国的优先性强制规则的适用，而仅限于适用法院地的优先性强制规则。

当事人意思自治原则也是《布鲁塞尔条例Ⅰ》的基础性原则。根据该条例第 23 条的规定，当事人可以通过协议约定将其争议交由某一成员国的某一法院或某些法院审理，而仅在保护弱方当事人权益时才例外适用该条例第 13 条、第 17 条或第 21 条的规定。此外，在推定当事人协议选择法院地法方面，《布鲁塞尔条例Ⅰ》与《罗马条例Ⅰ》也存在着协整效应。其协整效应正如欧盟委员会在《罗马条例Ⅰ议案》第 3 条第 1 款中所言，"如果当事人通过协议将因合同产生的或可能产生的争议交由某一成员国的一个或多个法院或法庭审理和判决，则应推定当事人选择了该成员国的法律"。但遗憾的是，该优选方案（the solution of *qui elegit iudicem elegit ius*）② 最终遭到了拒绝，《罗马条例Ⅰ》仅在其详述部分第 12 条中提及：当事人之间的有关将合同争议交由某成员国的一个或多个法院或法庭专属管辖的协议，应作为确定是否清楚地表明法律选择的考虑因素之一。

---

① Bonomi A. , *Conversion of the Rome Convention into an EC Instrument*, Yearbook of Private International Law, 2003, p. 53.

② Juenger F. K. , *The Inter - American Convention on the Law Applicable to International Contract: Some Highlights and Comparison*, Am. J. L. , 1994, p. 38.

二、最密切联系原则

关于最密切联系原则，《罗马条例Ⅰ》、《罗马条例Ⅱ》、《布鲁塞尔条例Ⅰ》也存在着类似之处。这三部条例均为该原则划定了的基本范畴：一方面，惯常居所或住所扮演着重要的角色，它既是确定客观准据法的基本杠杆，又是提起诉讼的地域上的连接点；另一方面，如果存在其他更密切的连接点，条例也规定了例外条款。应该强调的是，上述两个方面在相互作用的同时，也存在着对立的方面：如果存在更密切的连结点，则惯常居所不能作为连结点。因此，密切联系原则的显著性特征主要体现在第二个方面。

（一）惯常居所和住所的作用

在当事人未作出选择的情况下，《罗马条例Ⅰ》第4条基于代表合同特征性履行的一方当事人的惯常居所地国法来确定合同准据法。依据该标准，当事人的惯常居所地法显然较之合同履行地法具有优先适用的效力。而根据《布鲁塞尔公约》和《布鲁塞尔条例Ⅰ》第5条第1款的规定，有关合同的案件，应由合同履行地法院行使特别管辖权。由此可见，这两个条例相关规定存在着显而易见的分歧。

惯常居所在《罗马条例Ⅱ》第4条第2款中的作用也相当明显。因侵权/不法行为而产生的非合同之债，适用损害发生地国法；但如果损害发生时，受害人与被请求承担责任人在同一国均有惯常居所时，则应适用该共同惯常居所地国法而不是损害发生地国法。双方当事人理应熟悉其惯常居所地国的法律，有鉴于此，减损损害发生地法的适用是具有一定合理性的。

与之类似，《布鲁塞尔条例Ⅰ》第2条也规定了确定管辖权的一般规则，即管辖权规则应基于被告的住所来予以确定。根据该条的规定，除该条例另有规定外，凡在一个成员国有住所的人，不论其国籍为何，均应在该成员国被诉。《布鲁塞尔条例Ⅰ》第60条第1款进而确立了认定住所的三个标准：公司、其他法人以及自然人或法人团体的住所为其法定所在地、管理中心地或主营业地。在英国和爱尔兰，法定所在地系指注册事务所；无注册事务所时，则在其组成地；若无组成地，则在其成立所依据法律的所属成员国；为确定一个信托关系所在地是否在受理案件法院成员国，受理案件的法院应适用其本国的国际私法规则。

为协调和统一对惯常居所的认识，欧盟进行了不懈地努力。《罗马条例 I 》虽然没有详细解释"惯常居所地"的概念，但其确定标准是唯一的。① 该条例第 19 条详细规定了"惯常居所地"的确定方法和基本原则。根据该条款的规定，在确定惯常居所地时，以合同订立时为准；公司或其他企业以及法人或非法人团体的惯常居所地为其管理中心地；在从事商业活动中实施法律行为的自然人的惯常居所地为其主营业地；如合同是在分支机构、代理机构或其他机构的经营过程中订立的，或者根据合同规定，由该分支机构、代理机构或其他机构负责履行合同，则该分支机构、代理机构或其他机构所在地应被视为其惯常居所地。

（二）兼具刚性和柔性的例外条款

在《罗马条例 I 》与《罗马条例 II 》中，如果当事人未作出选择，则可根据其例外条款来确定其准据法，从而适用另一个与案件有更密切联系的国家的法律。但从其规定来看，最密切联系原则与法律确定性原则的冲突是显而易见的。

根据《罗马公约》第 4 条第 5 款的规定，如从整体情况看，合同明显与另一个国家有更密切联系，则对其第 2 款依据特征性履行确定合同准据法的规定不予考虑。事实上，关于当事人未作选择时的准据法的确定问题，该款规定是值得商榷的，因其为规避确定准据法的基

---

① 《罗马条例 I 》详述部分第 39 条指出：为了法律的确定性，应明确界定"惯常居所"的概念，特别是公司和其他法人或非法人团体的"惯常居所"的概念。《第 44/2001 号（欧共体）条例》第 60 条第 1 款设立了三个标准，但与该条例不同的是，（本条例的）冲突法规则应限于唯一的标准，否则，当事人将无法预见其所处情形应适用的法律。

本原则开了方便之门。该条款的灵活性赋予法官在适用法院地法时较大的自由裁量权，从而导致了法律确定性的丧失。但是否应为了追求法律的确定性而删除该款规定呢？在公约转化为条例的过程中，欧盟理事会就此进行了广泛的讨论，但为了避免采用一种"放之四海皆准"的规则（one - rule - fits - all - approach），最终在《罗马条例I》第4条第3款中还是坚持了与公约几乎相同的原则，选择适用了"例外条款"，并规定如下：如从整体情况看，合同明显与第1款或第2款所指国家以外的另一个国家有更密切联系，则适用该另一国的法律。虽然该款规定从措辞上来说更为严谨了，但与公约的相关规定一样，关于更密切联系的构成因素的确定问题，法官仍享有自由裁量权。①

《罗马条例II》也存在类似的规定最密切联系原则的例外条款，并且具有一定的系统性。首先，该条例的详述部分第18条明确指出，该条例第4条第3款为第1款和第2款的例外条款。然后，该条例在第4条第3款中作出了一般性规定：如从整体情况看，侵权/不法行为明显与第1款或第2款所指国家以外的另一个国家有更密切联系，则适用该另一国的法律；与另一国家的更密切联系，可能是建立在先前存在于当事人之间且与侵权/不法行为密切相关的某种关系之上的，如合同关系。最后，该条例在诸多具体的冲突法规则中详细解释了其例外条款，如第5条第2款（产品责任）、第10条第4款（不当得利）、第11条第4款（无因管理）和第12条第2款（缔约过失）。

此外，《布鲁塞尔条例I》也遵循了同样的方法，并规定在特定的例外情况下可以由被告住所地之外的法院来行使管辖权，从而体现了该规则的灵活性特征。其实，这种灵活性系立法者有意为之，正如该条例详述部分第18条所言：除了被告住所外，基于法院与诉讼间的密切联系或者为了维护公平与正义的需要，还应存在可供选择的管辖依据。

---

① Eva Lein, *The New Rome I / Rome II / Brussels I Synergy*, Yearbook of Private International Law, Volume 10, 2008, pp. 185 – 186.

三、弱方当事人保护原则

对于缔约方地位不平等的情形，《罗马条例I》、《罗马条例II》和《布鲁塞尔条例I》均体现了充分保护弱方当事人的原则。为确保适用对弱方当事人更为有利的冲突法规则，条例在对当事人的意思自治进行了限制的同时，也尝试提出了一些折中的解决方案。

《罗马条例I》第6条第2款关于消费者合同的规定即为较好的例证。其实，欧盟委员会最初的草案拟订的是一款较为简单、更富有可预见性的冲突规范，即消费者合同在任何情况下均适用消费者惯常居所地国法。但完全剥夺当事人在消费者合同中的意思自治同样也是不尽合理和饱受非议的，正是基于这样的考虑，欧盟的立法者最终采纳了《罗马公约》的折中方案。该方案在法律选择模式方面仍然坚持了"优法"方法，根据该方法，当事人可以自由地选择适用的法律，但双方当事人选择的法律不应具有减少消费者所属国的法律中不能通过协议加以减损的强制规则给予消费者提供的保护的后果。因此，如果消费者所属国的法律中的强制规则能为消费者提供更高程度的保护，法律选择条款将会被强制规则所替代。《罗马条例I》第8条也采用类似的方式对受雇人给予特别保护。该条例对弱方当事人的保护理念在第4条第1款第e项中也有所体现。根据该款规定，特许经营合同，应适用特许经营人的惯常居所地国法；

对于弱方当事人的利益，《布鲁塞尔条例I》提供了与《罗马条例I》相类似的平行保护。如第15条至第17条（消费者合同的管辖权）、第18条至第21条（个人雇佣合同的管辖权）和第8条至第14条（保险事项的管辖权）也分别体现了对消费者、受雇人和保单持有人等弱方当事人利益的保护。在管辖权冲突领域，当事人的意思自治受到了更多的限制。根据《布鲁塞尔条例I》第13条、第17条和第21条的规定可以看出，只有在极少数严格例外（strict exception）的情形下才能减损上述标准的适用，如果减损会妨碍对弱方当事人的保护，则不得减损。①

较之《罗马条例I》和《布鲁塞尔条例I》，《罗马条例II》虽也体现了弱方当事人保护原则，但似乎不尽明显。首先，通过对该条例第14条第1款a项与b项规定的比较可以看出，法律选择方式的确定也取决于当事人是否为商人，而对于从事商业活动的当事人则可以提供较少的保护。这种判断标准也正好暗合了该条例详述部分第31条的理念："应为法律选择设置一定的条件，以保护弱方当事人的利益"。其次，该条例第5条第1款a项规定：因产品损害责任而产生的非合同之债，当损害发生时，受害人在损害结果发生地拥有惯常居所，若产品的销售地也是该国，则适用受害人惯常居所地国法；该条例第6条第1款规定：因不正当竞争而产生的非合同之债，应适用影响消费者的境内竞争或其利益的国家的法律。上述两款规定也体现了弱方当事人保护原则。最后，从广义上看，保护弱方当事人的理念不仅蕴涵于其确定准据法的一般规则的例外条款中，而且即便在该条例第4条的一般规定中也有所体现。根据该条的规定，侵权/不法行为适用损害发生地国法，而不是侵权行为地法，其初衷也是为了保护受害人的利益，并因而更好地平衡受害人与加害人之间的利益关系。

第二节 立法结构与解决方案的协调与整合

一、立法结构的协调与整合

（一）条例的普遍适用性

这三部条例的主要立法理念是，不论在何国法院提起诉讼，均能适用同一国家的法律和管辖权规则，通过该共同规则来提高诉讼结果

---

① Eva Lein, *The New Rome I / Rome II / Brussels I Synegry*, Yearbook of Private International Law, Volume 10, 2008, p. 187.

的可预见性和法律适用的确定性，并因而加强对欧盟内当事人的法律保护。因此，《罗马条例Ⅰ》的第 2 条和《罗马条例Ⅱ》第 3 条均规定，凡条例指定适用的法律，无论其是否为某一成员国法，均应予以适用。

《布鲁塞尔条例Ⅰ》的情况则不同，它仅适用于被告在某一成员国有住所的情形，因而不具备与《罗马条例Ⅰ》和《罗马条例Ⅱ》类似程度的普遍适用性。然而在某些特定的条件下，该条例的适用范围也事实上扩大到了被告在成员国之外有住所的情形。例如，根据该条例第 22 条的规定，无论当事人的住所位于何处，法院均可以行使专属管辖权。而该条例第 23 条的规定，成员国法院对出庭应诉的被告均具有管辖权。在 2005 年的 Owusu v. Jackson 案①的判决中，就有关不方便法院原则问题，欧洲法院指出，如果某一国家不是《布鲁塞尔公约》的缔约国，且该国法院审理案件也被认为是更为合适的，但即便如此，该公约的某一缔约国法院也不能因此而拒绝该公约第 2 条赋予其行使的管辖权。由此可见，欧洲法院的判决再次印证了《布鲁塞尔条例Ⅰ》的普遍适用性特征。②

（二）条例适用范围的平行性和互补性

关于条例的适用范围，欧盟的立法者明确表明：《罗马条例Ⅰ》、《罗马条例Ⅱ》和《布鲁塞尔条例Ⅰ》在其实体适用范围及规定方面应保持高度的一致性。③ 因而，这三部条例均适用于民商事债务，并形成了一个统一的整体。此外，在排除事项方面，这三部条例也是一样的，均包括税务、关税、行政事项、因家庭关系而发生的债务、因汇票、支票、本票和而其他流通票据而产生的债务等事项。

《罗马条例Ⅰ》主要适用于涉及法律冲突情形的民商事合同之债，而《罗马条例Ⅱ》则适用于涉及法律冲突情形的民商事非合同

---

① Owusu v. Jackson, ［2005］E. C. R. I – 1383.

② Nuyts A. & Watte N. , *International Civil Litigation in Europe and Relations with Third States*, Bruxelles, 2005, p. 83.

③ 具体可以参加《罗马条例Ⅰ》详述部分第 7 条和《罗马条例Ⅱ》详述部分第 7 条的规定。

之债，在适用范围上，虽然这两个条例具有一定的互补性，但其区别仍然比较模糊。首先，对于非合同之债的概念，各成员国均有不同的理解，根据欧盟立法者的解释，其应为一个自治性概念，主要涵盖两大领域：因侵权/不法行为而产生的非合同之债和因侵权/不法行为之外的事项而产生的非合同之债。由于这两个冲突法条例均未对上述概念进行明确界定，法院在实践中难免会遭遇困境。因此，为了对"合同之债"与"非合同之债"的概念进行甄别，可以参照《罗马条例Ⅱ》第 2 条第 1 款的规定，该款规定对"非合同关系"进行了"准界定"（quasi‐definition），其范围主要包括因损害事件、不当得利、无因管理和缔约过失等行为而引发的损害。此外，区别这两个概念时也应与《布鲁塞尔条例Ⅰ》第 5 条第 1 款和第 3 款的规定保持一致。① 但依据上述两款的法理来划定合同之债与非合同之债的界限仍存在较大难度。

其次，关于"合同之债"，欧洲法院在数个案例的判决中均指出，该概念应通过自治的方式进行解释，而不应参照国内法的规定。② 对"合同之债"的界定也应与《布鲁塞尔条例Ⅰ》第 5 条第 1 款基本一致。"合同之债"可基本界定为："当事人一方自愿向另一方承担的债务，或因旨在建立法律关系和产生法律效力的当事人意思表示一致的协议而引起的债务"③ 而关于因订立合同前的行为而产生的债务，《罗马条例Ⅰ》详述部分第 10 条明确指出，其应适用《罗马条例Ⅱ》第 12 条的规定，《罗马条例Ⅰ》在第 1 条第 2 款 i 项也对此项内容进行了排除。

---

① 《布鲁塞尔条例Ⅰ》第 5 条第 1 款规定，有关合同的案件，在债务履行地法院被诉；第 3 款则规定，有关侵权行为或准侵权行为，在损害行为发生地或可能发生地法院被诉。

② Perters v. South Netherlands Contractors' Assocation, Case 34/82, [1984] CMLR605; SPRL Arcado v. SA Haviland, Case 61/87, European Court Reports [1984], p. 1539.

③ "obligation freely assumed by one party toward another, or obligations arising from a consensual arrangement intend to create legal relations and to be legally enforceable." Peter Stone, EU Private International Law: Harmonization of Laws, Cheltenham: Edward Elgar, 2006, p. 265.

（三）一般规则——特殊规则——例外条款

在《罗马条例Ⅰ》、《罗马条例Ⅱ》和《布鲁塞尔条例Ⅰ》的法律文本中，欧盟的立法者也精心设计了一种平行的法律结构，这三部条例都基本上遵循以下逻辑结构来构造其冲突法规则体系：首先是确定其冲突法规则的一般规则，随后规范了其适用于合同与非合同关系的特殊规则，最后基于最密切联系原则设计了其例外条款。这种立法结构的平行安排具有一定的新颖性，它增强了三大条例的可理解性和透明度，同时也有利于指导欧盟各国的司法实践。

（四）概念界定的平行性及其限制

在欧盟区域内，就相同或相似问题可能存在各种不同的立法，而在这些立法中，对相同概念存在不同界定的情形也并非鲜见。因此，欧盟立法因其缺乏充分的一贯性而招致了诸多非议。但是，在新近的国际私法立法中，各国均注意了各项立法的一贯性或平行性，如果无法做到严格一致，通常也会有意识地保留其差异。例如，关于惯常居所的定义，《罗马条例Ⅰ》第 19 条与《罗马条例Ⅱ》第 23 条的规定是一致的，但与《布鲁塞尔条例Ⅰ》第 60 条的界定却有着明显的分歧。根据《罗马条例Ⅰ》和《罗马条例Ⅱ》的规定，只有管理中心地才是法人团体的惯常居所地；而《布鲁塞尔条例Ⅰ》则提出了认定住所的三个标准：公司、其他法人以及自然人或法人团体的住所为其法定所在地、管理中心地或主营业地。因此，为了协调和统一惯常居所的概念，《罗马条例Ⅰ》详述部分第 39 条明确指出：为了法律的确定性，应明确界定"惯常居所"的概念，特别是公司和其他法人或非法人团体的"惯常居所"的概念。《布鲁塞尔条例Ⅰ》第 60 条第 1 款设立了三个标准，但冲突法规则应限于唯一的标准，否则，当事人将无法预见其所处情形应适用的法律。

与之类似，《罗马条例Ⅰ》详述部分第 7 条和第 24 条明确表示，其相关文本应与《布鲁塞尔条例Ⅰ》和《罗马条例Ⅱ》保持一致。《罗马条例Ⅱ》详述部分第 7 条也有类似的规定。然而，《罗马条例

Ⅰ》与《布鲁塞尔条例Ⅰ》仍存在着一些明显分歧。例如，关于消费者合同的冲突法规则和管辖权规则，《罗马条例Ⅰ》第6条第1款a项和b项的规定与《布鲁塞尔条例Ⅰ》第15条第1款c项的规定存在差异。出于立法的一致性考虑，《罗马条例Ⅰ议案》所提出的方案实际上是与《布鲁塞尔条例Ⅰ》一样，仅涉及居住在欧盟成员国的消费者。而《罗马条例Ⅰ》则选择了更为灵活开放的冲突法规范，即消费者与商家订立的合同，应适用消费者惯常居所地国法，其条件是：商家在消费者惯常居所地国从事商业或职业活动；或者商家通过某种手段，将此种活动指向了该国或包括该国在内多个国家，并且该合同属于该活动的范围。对于惯常住所在欧盟之外的消费者，虽然他们不会适用该条款中受益，但可以适用《罗马条例Ⅰ》第3条和第4条的规定，为了保护这部分消费者的利益，《罗马条例Ⅰ》的最终文本减少了与《布鲁塞尔条例Ⅰ》的一致性和平行性。

二、解决方案的协调与整合

关于解决方案的协调与整合的例证，我们在前面探讨基本原则的协调与整合时已经提及。值得注意的是，《罗马条例Ⅱ》第4条第3款①、第10条第1款②、第11条第1款③和第12条第1款④均规定，如果所争议的非合同关系与一种可预想的或已存在的合同关系有关联，则应适用合同准据法，这无疑是《罗马条例Ⅰ》与《罗马

---

① 《罗马条例Ⅱ》第4条第3款第2句规定：与另一国的更密切联系，可能是建立在先前存在于当事人直接且与侵权/不法行为密切相关的某种关系之上，如合同关系。

② 《罗马条例Ⅱ》第10条第1款规定：如因不当得利而产生的非合同之债，包括合同双方之间错误接受的给付，与存在于当事人之间因合同或侵权/不法行为而产生，且与不当得利密切相关的某种关系有关，则应适用支配该法律关系的法律。

③ 《罗马条例Ⅱ》第11条第1款规定：如因某一与他人事务有关而未经正式授权行为而产生的非合同之债，与存在于当事人之间因合同或侵权/不法行为而产生，且与该非合同之债密切相关的某种关系有关，则应适用支配该法律关系的法律。

④ 《罗马条例Ⅱ》第12条第1款规定：无论合同最终是否订立，因合同订立之前的缔约行为而产生的非合同之债，适用支配该合同或者如果合同成立将予以适用的法律。

条例 II》在解决方案的协调与整合方面最为明显的例证。以缔约过失为例，《罗马条例 I》将"因订立合同前的行为而产生的债务"排除在适用范围之外，此类问题应适用《罗马条例 II》的规定；但将违反先合同义务的责任识别为侵权责任引发了关于这两个条例适用范围的讨论。有学者反对将先合同责任归属于侵权之债，因为其也具有合同性质，1794 年的《普鲁士法典》第 282 条第 1 款第 5 项的规定即为很好的例证。为解决该争议，有人提议通过功能分析方法来解释"先合同关系"的概念，允许根据缔约过失的不同功能而进行不同的识别。《罗马条例 II》第 12 条已部分采纳了该功能分析方法，但不是在识别层面，而是在解决方案层面：因订立合同前的协商行为而产生的先合同债务，根据《罗马条例 II》第 12 条第 1 款的规定，应适用其合同准据法；其他情形则适用《罗马条例 I》第 4 条第 1 款的一般规则。《罗马条例 I》与《罗马条例 II》对适用于合同关系法律规则的协整也一定程度上增强了法律适用的可预见性。因此，一位法国供应商希望适用本国法作为合同准据法，但即便其与意大利客户的谈判破裂，他也可以期待适用法国有关先合同义务的法律。此外，在不当得利和无因管理中，就有关合同准据法的问题，《罗马条例 I》与《罗马条例 II》也存在类似的协调与整合。

第三节　法律解释的协调与整合

为了更好地统一适用和解释《罗马公约》，欧盟 12 国于 1988 年 12 月 19 日同时缔结了两份议定书：《第一布鲁塞尔议定书》和《第二布鲁塞尔议定书》。这两个议定书旨在将公约的解释权提交欧洲法院，但却没有规定各成员国有义务将其受理案件以及有关公约的解释请求欧洲法院作出初步裁决。令人遗憾的是，这两份议定书最终因生效时间太晚，[①] 而在适用《罗马公约》的年代显得无所作为。

---

① 这两个议定书于 2004 年 8 月 1 日达到所需的签署国数量后生效。

《罗马条例Ⅰ》、《罗马条例Ⅱ》和《布鲁塞尔条例Ⅰ》现均已正式生效，欧洲法院对这三部条例具有无可争议的解释权。

一、法律解释协调与整合的必要性分析

在《罗马条例Ⅰ》、《罗马条例Ⅱ》和《布鲁塞尔条例Ⅰ》的各自序言中，欧盟立法者希望同步解释这三部条例的意图是非常明显的。首先，对这三部条例的解释应通过自治的方式进行，不应参照国内法；其次，相关解释还应具有一致性。此外，《罗马条例Ⅰ》和《罗马条例Ⅱ》均在其详述部分第7条中明确指出，这三部条例应在实体适用范围及规定方面保持一致。

《罗马条例Ⅰ》详述部分第17条似乎在一定程度上设定了一种平行的解释：就未作选择时适用的法律而言，对"提供服务"和"货物销售"概念的解释应与《布鲁塞尔条例Ⅰ》第5条规定的货物销售和提供服务的范围相同；① 尽管特许经营合同和分销合同都属于服务合同，但应受特殊规则调整。由此可见，在欧盟立法者看来，特许经营合同和分销合同应属于《布鲁塞尔条例Ⅰ》第5条第1款规定服务合同。该观点似乎无足轻重，但如果在涉外合同中既包括销售合同也包括服务合同的因素，则适用该款规定将会引发诸多法律解释上的困境。例如，在法国法院中就提出了有关独家特许权合同（an exclusive concession contract）的识别问题。法国的一个初审法院根据将此类合同识别为既具有销售因素也包括服务因素的合同，因而适用了《布鲁塞尔条例Ⅰ》第5条第1款的规定。但法国的上诉法院却得出了完全相反的结论：该合同既不能识别为服务合同也不能识别为销售合同。② 另外，如果将此类合同识别为服务合同，也

---

① 《布鲁塞尔条例Ⅰ》第5条第1款规定：货物销售合同的债务履行地应为合同规定的交付货物或应该已经完成货物交付地的成员国；提供服务合同的债务履行地应为合同规定的提供服务或应该已经提供服务地的成员国。

② Cass. Civ. , 23. 1. 2007, p. 511.

会与 CISG 第 3 条第 2 款的规定相冲突。根据 CISG 的相关规定，在特定情形下，该类合同应被视为销售合同。

也有的学者提出，可以通过反向协整（inverse synergy）的方式来进行解释，例如，可以利用《罗马公约》作为范本（model）来解释《布鲁塞尔公约》。例如，在 1988 年的 Arcado v. Haviland 案中①，双方当事人通过协议签订了一份商业代理合同，就有关不履行该合同义务的后果是否属于《布鲁塞尔公约》第 5 条第 1 款规定的"合同事项"的问题，欧洲法院援引了《罗马公约》第 10 条的规定来进行裁定。同样地，在 1982 年的 Ivenel v. Schwab 案中②，为了解释《布鲁塞尔公约》第 5 条第 1 款，欧洲法院援引了《罗马公约》第 6 条的规定：雇佣合同应适用受雇人完成其工作的国家的法律。

从上述分析我们可以看出，《罗马条例Ⅰ》、《罗马条例Ⅱ》和《布鲁塞尔条例Ⅰ》的规定既有耦合也有分野。为统一司法实践，欧洲法院根据自治的方式进行一致性解释将是其今后面临的主要任务。

二、法律解释协调与整合的可行性分析

正如前所述，就有关冲突法和管辖权事项，欧盟的这三大条例亦然建立了一些平行的制度，但不可否认的是，其协整效应也受到了一定程度的限制。这三部条例的基础性差异拒绝了其绝对协整的可能性。首先，《布鲁塞尔条例Ⅰ》旨在为被告提供尽可能大的保护，适用被告住所地法原则即为其反映；而《罗马条例Ⅰ》和《罗马条例Ⅱ》则更强调适用最适应所处情形的法律。其次，《布鲁塞尔条例Ⅰ》允许选择多个法院，而《罗马条例Ⅰ》和《罗马条例Ⅱ》原则上要求不论在何国法院提起诉讼，各成员国的冲突规范均能指向同一国家的法律。再次，先前提及的几个例子也能清楚地说明这

---

① ECJ, C-9/87, 8.3.1988, Arcado v. Haviland, ECR [1988] 1539.
② ECJ, C-133/81, 29.5.1982, Ivenel v. Schwab, ECR [1982] 1891.

一点。例如,关于惯常居所,《罗马条例Ⅰ》第 19 条第 1 款和《罗马条例Ⅱ》第 23 条第 1 款的界定则与《布鲁塞尔条例Ⅰ》第 60 条第 1 款不同。此外,《罗马条例Ⅰ》关于"合同之债"的概念与《布鲁塞尔条例Ⅰ》中的"合同事项"也有差异。在《布鲁塞尔条例Ⅰ》中,"合同事项"延伸到了过去的某一时刻,并且涉及一方当事人对合同的成立进行质疑的情形,以避免合意选择的法院仅仅因为声称合同没有成立而被拒绝。[①] 而在《罗马条例Ⅰ》中,"合同之债"仅与合同的订立有关联,《罗马条例Ⅱ》第 12 条也再次对此进行了确认。因此,为了避免自动采用(automatic adoption)这些条例中有关冲突法和管辖权的概念,欧洲法院以及各成员国法院还是应保持审慎的态度。为了实现法律适用过程中的可预见性目标,欧洲法院也试图确定一个共同的"合同"概念。欧洲法院创设"合同事项"的概念旨在将"一种自由设定的承诺"(a freely assumed undertaking)作为对"合同"进行解答的基础,但与此同时,如果该合同是一种与占垄断地位的当事人达成的协议,也许会产生解释上的困境。另外,《布鲁塞尔条例Ⅰ》第 5 条第 1 款的规定仍具有一定的模糊性,如果自动适用该款的规定将会掩盖《罗马条例Ⅰ》的适用范围,从而对《罗马条例Ⅰ》的解释产生负面影响。对于非合同事项,也存在类似的情况,欧洲法院关于《布鲁塞尔条例Ⅰ》或《布鲁塞尔公约》第 5 条第 3 款作出的几项裁决也不能自动地移转至《罗马条例Ⅱ》中。如侵权行为发生地与损害结果发生地不同,但适用这两地的法律欧洲法院均会作出一致的裁决时,根据《布鲁塞尔条例Ⅰ》的规定,原告仍能在上述任一法院提起诉讼;但在《罗马条例Ⅱ》中,当事人不享有这种选择权。[②]

此外,在某些兼具合同与非合同情形的案件中,当事人可以对潜在诉讼当事人在各成员国的缔约能力提出质疑,这样有助于确定

---

① EJC, 4 March 1982, C – 38/81, Effer Spa v. Kantner, ECR [1982] 825.

② Eva Lein, *The New Rome I / Rome II / Brussels I Synegry*, Yearbook of Private International Law, Volume 10, 2008, p. 196.

是适用《罗马条例 I 》还是《罗马条例 II 》或者两者平行适用的问题。例如，一个当事人与一家外国公司签订了一份雇佣合同，如果该受雇人破坏或盗窃了公司的财物，则就会引发合同责任侵权/不法行为责任的累积（cumulation）问题。① 《罗马条例 II 》第 4 条第 3 款也指出这种累积是可能存在的，并明确规定："如从整体情况看，侵权/不法行为明显与另一个国家有更密切联系，则适用该另一国的法律。与另一国家的更密切联系，可能是建立在先前存在于当事人之间且与侵权/不法行为密切相关的某种关系之上的，如合同关系。"《罗马条例 II 》第 14 条第 1 款 b 项也与之类似，它主要适用于当事人之间已经存在的商事关系中发生的损害情形。根据该款的规定，如当事人均在从事商业活动，也可以通过损害事件发生前自由达成的协议的方式来选择适用于非合同之债的法律。

　　总而言之，《罗马条例I》、《罗马条例II》和《布鲁塞尔条例I》在基本原则和相互平衡的方式上是整体平行性，但也存在一些细微差异。此外，在立法结构与解决方案方面的相似性和互补性也充分体现了它们之间的协整性。一方面，《罗马条例I》与《罗马条例II》是互相补充、平行解释的，这在一定程度上增强了法律适用和判决结果的确定性和可预见性；另一方面，《布鲁塞尔条例I》也为合同之债和非合同之债的法律适用问题提供了不同的解决方案。因此，欧盟立法者所期待的一致性解释能在一定程度上实现，并继而产生一定的协整效应，但它们的协整效应从原则上讲并不是绝对的。在司法实践中，欧洲法院关于《布鲁塞尔条例I》或《布鲁塞尔公约》的解释也并自动移转于《罗马条例 I 》与《罗马条例 II 》，因而应谨慎处理。②

---

　　① Eva Lein, *The New Rome I / Rome II / Brussels I Synegry*, Yearbook of Private International Law, Volume 10, 2008, p. 197.

　　② Max Planck Institute for Foreign Private and Private International Law, Comment on European Commission's Green Paper on the Conversion of the Rome Convention of 1980 on the Law Applicable to Contractual Obligations into a Community Instrument and its Modernization, http：//ec. europa. eu/justice/news/consulting_ public/rome i/doc/max_ planck_ institute_ foreign_ private_ international_ law_ en. pdf, p. 88（visited on December 23, 2007）.

第六章　《罗马条例Ⅰ》与我国涉外合同法律适用制度的比较

关于涉外合同的法律适用问题，我国采用了分散立法的模式，相关规范散见于各单行法中。近年来，我国陆续颁布了多部法律来规范涉外合同的法律适用问题，主要立法有：1986 年《民法通则》（第 145 条）、1999 年《合同法》（第 126 条）、1992 年《海商法》（第 268 条、第 269 条、第 271 条和第 276 条）和 1995 年《民用航空法》（第 184 条、第 188 条、第 190 条）；2010 年 10 月 23 日，十一届全国人大常委会第十七次会议表决通过了《中华人民共和国涉外民事关系法律适用法》（以下简称《法律适用法》），并于 2011 年 4 月 1 日起正式施行。《法律适用法》堪称我国"涉外立法史上的里程碑"①，该部法律以单行法规的形式出台，弥补了我国有关涉外民事关系法律适用的法律规定的"五不"缺陷②，较为系统构建了涉外合同法律适用的立法体系。

在司法实践方面，我国最高人民法院也出台了三部司法解释。1987 年最高人民法院公布了《关于适用〈涉外经济合同法〉若干问题的解答》（以下简称"87 解答"），该司法解释虽然随着涉外经济法的废止而废止，但是我国有学者认为，从我国处理涉外合同争议

---

① 黄进：《中国涉外民事关系法律适用法的制定与完善》，载《政法论坛》2011 年第 5 期。

② 即"不系统、不全面、不具体、不明确、不科学"。黄进：《弥补涉外民事关系法律适用法的五大缺陷》，载《中国社会科学报》，2009 年 7 月 1 日。

的实践来看，《合同法》第 126 条的实施，将仍有赖于"87 解答"，① 有必要在解释合同法时继承之。② 为了在司法实践中统一裁判思路，2007 年最高人民法院《关于审理涉外民事或商事合同纠纷案件法律适用若干问题的规定》（以下简称"07 规定"）。2012 年 12 月 28 日，最高人民法院公布了《关于适用〈中华人民共和国涉外民事关系法律适用法〉若干问题的解释（一）》（以下简称"《法律适用法》司法解释（一）"），暂先对《法律适用法》总则部分以及分则部分属于一般性问题的内容做出了解释，该司法解释自 2013 年 1 月 7 日起施行，这也标志着我国有关涉外合同法律适用的立法进入了一个崭新的历史阶段。

《罗马条例Ⅰ》采用统一立法的模式规范了欧盟的合同法律适用制度，它是欧盟有关合同冲突法的最新成就，也在一定程度上反映了合同冲突法立法与司法实践的未来发展趋势。我国的涉外合同法律适用制度不仅与《罗马条例Ⅰ》存在着许多耦合之处，同时还具有鲜明的中国特色。本章试图通过两者的比较研究，来总结我国相关立法的得失，这对于进一步完善我国的涉外合同法律适用制度具有一定的重要意义。

第一节　关于意思自治原则的比较

当事人选择准据法的自由被视为欧盟合同之债冲突法规则体系的基石之一。《罗马条例Ⅰ》将意思自治原则作为确定合同准据法的首要原则，条例第 3 条和详述部分第 11 条均对此进行了明确规定。与《罗马条例Ⅰ》及大多数国家一样，我国也将意思自治原则作为确定合同准据法的首要原则。《法律适用法》第 3 条确立了意思自治

---

① 刘仁山主编：《国际私法》，中国法制出版社 2010 年版，第 213 页。
② 赵相林主编：《中国国际私法立法问题研究》，中国政法大学出版社 2002 年版，第 264 页。

原则在涉外民事关系法律适用法中的总则性地位。①《法律适用法》第 41 条第 1 款规定："当事人可以协议选择合同适用的法律。"《合同法》第 126 条第 1 款、《民法通则》第 145 条第 1 款、《海商法》第 269 条第 1 款、《民用航空法》第 188 条第 1 款均作了类似规定。

从实践上看，大多数国家一方面在赋予这一原则以首要的法律选择的地位时，又在相关条件下和相应方面对该原则的适用规定了不同程度的限制。《罗马条例Ⅰ》和我国合同冲突法均对意思自治原则的适用作出了一定的限制。

一、当事人选择法律的方式

当事人选择法律的方式，通常有明示和默示两种。明示选择透明度较强，更能准确地把当事人的意思表示出来，也便于确定当事人选择的法律，因而我国与大多数国家的立法一样，也要求采用明示选择法律的方式。"07 规定"第 3 条规定："当事人选择或者变更选择合同争议应适用的法律，应当以明示的方式进行。"《法律适用法》第 3 条规定："当事人依照法律规定可以明示选择涉外民事关系适用的法律。"从上述条款来看，我国是仅承认明示选择不承认默示选择的。

然而，司法实践中存在一种特殊情况，即当事人并没有以书面或者口头等明确的方式对适用法律做出选择，但在诉讼过程中，各方当事人均援引相同国家的法律且均未对法律适用问题提出异议，在这种情况下，我国法院一般会认定当事人已经就涉外民事关系应当适用的法律做出了选择，即适用该法做出裁判。"《法律适用法》司法解释（一）"第 8 条第 2 款对此作出了明确规定。②

---

① 《法律适用法》第 3 条规定："当事人依照法律规定可以明示选择涉外民事关系适用的法律。"

② 《最高院解读涉外民事关系法律适用法司法解释（一）》，http://www.66law.cn/news/54274.aspx。

值得指出的是，《法律适用法》第 3 条属于"宣示性"条款，其强调"只有我国法律明确规定允许"当事人选择适用法律的，当事人才可以对系争涉外民事关系应当适用的法律做出选择。否则，当事人的选法行为无效，人民法院则不应予以支持。"《法律适用法》司法解释（一）"第 6 条即对此做出明确阐释。

《罗马条例Ⅰ》在第 3 条第 1 款确定了明示、默示两种选法方式。条例不仅赋予明示条款以法律效力，而且在未明示选择时，也要求法院努力去推定当事人的真实意图，并规定法律选择必须通过合同条款或具体情况或加以"明确地"或"清楚地"表明。在《罗马公约》的解释报告中，朱利安诺教授和拉加德教授列举了可以推定当事人默示选择的一些情形。例如，合同采取了特定法律体系规定的形式要件；合同包含了法院选择条款与仲裁条款；合同中提到某国法典的具体条款；此外，格式合同由谁提供也可以显示当事人适用法律的打算，等等。公约报告还指出，推定当事人的默示选择必须符合两个条件：其一，推定的选择必须证实具有合理的确定性；其二，必须探寻当事人的真实意图。

二、当事人选择法律的范围

关于当事人所选择法律的范围问题，同大多数国家一样，《罗马条例Ⅰ》和我国合同冲突法均主张当事人只能选择适用有关国家或者地区的实体法，而不允许选择适用其冲突法。涉外合同主要涉及民商事法律关系，如果久拖不决，势必会延缓涉外合同纠纷处理的进程，并因而为法院增加不必要的负担。此外，选择适用冲突法，也可能会导致反致、转致、法律规避和公共秩序保留等诸多法律问题，从而使得涉外合同的法律适用变得扑朔迷离，影响了法律适用的稳定性和可预见性。"07 规定"第 1 条即开宗明义："涉外民事或商事合同应适用的法律，是指有关国家或地区的实体法，不包括冲突法和程序法。"《法律适用法》第 9 条也明确指出："涉外民事关系适用的外国法律，不包括该国的法律适用法。"

关于当事人能否选择"非国家法律"作为合同准据法，《罗马条例 I》是持否定态度的。《罗马条例 I》只允许当事人选择一国的法律。因而，商人法、欧洲合同法原则或者国际私法统一协会关于国际商事合同的原则等不能被选择成为合同准据法。① 该规定招致了欧盟一些学者的批评，他们认为这是与国际商事实践的发展不相符的，违背了当事人的意思自治原则，而且与许多国家的仲裁法规定并不一致。② 此外，《罗马条例 I》并不排除当事人采用援引的方式将"非国家规则"结合到合同条款中。③

值得特别指出的是，"《法律适用法》司法解释（一）"进一步扩大了当事人协议选择法律的范围，根据"《法律适用法》司法解释（一）"第 7 条的规定，当事人可以协议选择与系争的涉外民事关系没有实际联系的法律作为合同准据法。④ 因此，当事人也可以选择"中立"的第三国法律、国际条约或国际惯例作为合同准据法。

对于涉外民事关系的法律适用涉及适用第三国法律的情况，"《法律适用法》司法解释（一）"第 8 条第 2 款规定："各方当事人援引相同国家的法律且未提出法律适用异议的，人民法院可以认定当事人已经就涉外民事关系适用的法律做出了选择。"

对于涉外民事关系的法律适用涉及适用国际条约的情况，"《法律适用法》司法解释（一）"第 4 条规定："人民法院应当根据《民

---

① 在《罗马条例 I 议案》中，原先是允许当事人选择"非国家法律"的，比如欧洲合同法原则或者国际私法统一协会国际商事合同的原则，但是排出了不够明确的商人法。但是在最后的立法程序中没有获得足够的支持而最终被删除。

② Lando（O.）& Nielsen（P.），The Rome I Regulation，45 Common Mkt. L. Rev. 45（2008），p. 1699.

③ 参见条例详述部分第 13 条。

④ "《法律适用法》司法解释（一）"第 7 条规定："一方当事人以双方协议选择的法律与系争的涉外民事关系没有实际联系为由主张选择无效的，人民法院不予支持。"

法通则》第 142 条第 2 款以及《票据法》第 95 条①第 1 款、《海商法》第 268 条②第 1 款、《民用航空法》第 184 条③第 1 款等法律规定予以适用，但知识产权领域的国际条约已经转化或者需要转化为国内法律的除外。"《法律适用法》司法解释（一）"第 9 条规定："当事人在合同中援引尚未对中华人民共和国生效的国际条约的，人民法院可以根据该国际条约的内容确定当事人之间的权利义务，但违反中华人民共和国社会公共利益或中华人民共和国法律、行政法规强制性规定的除外。"

对于涉外民事关系的法律适用涉及适用国际惯例的情况，"《法律适用法》司法解释（一）"第 5 条规定："人民法院应当根据《民法通则》第 142 条第 3 款以及《票据法》第 95 条第 2 款、《海商法》第 268 条第 2 款、《民用航空法》第 184 条第 2 款等法律规定予以适用。"

由此可见，在确定当事人选择法律的范围问题上，我国的相关立法比《罗马条例Ⅰ》更为广泛，这也从一定程度上体现了我国立法者开放、包容的立法思想。

三、当事人选择法律的时间

对于当事人选择法律的时间，各国立法一般不加以严格限制，当事人既可以在合同订立时进行选择，也可以在合同订立后进行选

---

① 《票据法》第 95 条规定："中华人民共和国缔结或者参加的国际条约同本法有不同规定的，适用国际条约的规定。但是，中华人民共和国声明保留的条款除外。本法和中华人民共和国缔结或者参加的国际条约没有规定的，可以适用国际惯例。"

② 《海商法》第 268 条规定："中华人民共和国缔结或者参加的国际条约同本法有不同规定的，适用国际条约的规定；但是，中华人民共和国声明保留的条款除外。中华人民共和国法律和中华人民共和国缔结或者参加的国际条约没有规定的，可以适用国际惯例。"

③ 《民用航空法》第 184 条规定："中华人民共和国缔结或者参加的国际条约同本法有不同规定的，适用国际条约的规定；但是，中华人民共和国声明保留的条款除外。中华人民共和国法律和中华人民共和国缔结或者参加的国际条约没有规定的，可以适用国际惯例。"

择，部分立法也允许变更原来所选择的法律。

《罗马条例 I》的"统一规则"中未对当事人选择或变更法律的时间作出任何限制，而是允许当事人可在任何时候以协议变更其合同所适用的法律，这即意味着当事人可以在任何时候作出法律选择。

"87 解答"和"07 规定"均遵循了这一做法，不仅承认事先选择，也承认事后选择，"07 规定"还规定当事人可以变更先前选择的法律。"87 解答"规定，当事人在"订立合同时或者发生争议后直至人民法院开庭审理以前"均可进行选择。在涉外案件中，就合同的法律适用问题，当事人之间如果存在争议，他们也可能会在庭审的辩论阶段经过激烈的对抗后达成共识，从而会一致同意适用某一国家或者地区的法律。考虑到在司法实践中也存在着当事人在一审开庭过程中才进行选择的情形，"07 规定"第 4 条第 1 款则将当事人选择和变更法律的时间进一步放宽为"一审法庭辩论终结前"。[1]"《法律适用法》司法解释（一）"第 8 条也对此进行了确认。[2]

四、当事人选择法律的限制

当然，意思自治原则也不是绝对的，它"只是在国家设定的高低不同的栅栏中流动"，[3]"对于当事人选择合同之债准据法的自由意思加以越来越严格的限制，是当今各国国际私法立法和司法实践

---

[1]　"07 规定"第 4 条规定：当事人在一审法庭辩论终结前通过协商一致，选择或者变更选择合同争议应适用的法律的，人民法院应予准许。

[2]　"《法律适用法》司法解释（一）"第 8 条规定："当事人在一审法庭辩论终结前协议选择或者变更选择适用的法律的，人民法院应予准许。"

[3]　苏永钦著：《走入新世纪的私法自治》，中国政法大学出版社 2002 年版，第 15 页。

的最新发展趋势"。①

我国《合同法》、"07 规定"和《法律适用法》系统而明确地对意思自治原则进行了三个方面的限制：（1）单边冲突规范的限制，如《合同法》第 126 条第 2 款②和"07 规定"第 8 条③的规定。（2）特殊合同法律适用规范的限制。如《法律适用法》第 42 条④和第 43 条⑤的规定。（3）强制规则的限制。《法律适用法》第 4 条规定："中华人民共和国法律对涉外民事关系有强制性规定的，直接适用该强制性规定。""《法律适用法》司法解释（一）"第 10 条⑥对上述条款进行了解释。（4）公共秩序保留的限制。"07 规定"第 7 条规定：适用外国法律违反中华人民共和国社会公共利益的，该外国法

---

① 丁伟：《限制"意思自治原则"的法律制度新探》，载《政治与法律》1996 年第 1 期。

② 《合同法》第 126 条第 2 款规定："在中华人民共和国境内履行的中外合资经营企业合同、中外合作经营企业合同、中外合作勘探开发自然资源合同，适用中华人民共和国法律。"

③ "07 规定"第 8 条规定："在中华人民共和国领域内履行的下列合同，适用中华人民共和国法律：（一）中外合资经营企业合同；（二）中外合作经营企业合同；（三）中外合作勘探、开发自然资源合同；（四）中外合资经营企业、中外合作经营企业、外商独资企业股份转让合同；（五）外国自然人、法人或者其他组织承包经营在中华人民共和国领域内设立的中外合资经营企业、中外合作经营企业的合同；（六）外国自然人、法人或者其他组织购买中华人民共和国领域内的非外商投资企业股东的股权的合同；（七）外国自然人、法人或者其他组织认购中华人民共和国领域内的非外商投资有限责任公司或者股份有限公司增资的合同；（八）外国自然人、法人或者其他组织购买中华人民共和国领域内的非外商投资企业资产的合同；（九）中华人民共和国法律、行政法规规定应适用中华人民共和国法律的其他合同。"

④ 《法律适用法》第 42 条规定："消费者合同，适用消费者经常居所地法律；消费者选择适用商品、服务提供地法律或者经营者在消费者经常居所地没有从事相关经营活动的，适用商品、服务提供地法律。"

⑤ 《法律适用法》第 43 条规定："劳动合同，适用劳动者工作地法律；难以确定劳动者工作地的，适用用人单位主营业地法律。劳务派遣，可以适用劳务派出地法律。"

⑥ "《法律适用法》司法解释（一）"第 10 条规定："有下列情形之一，涉及中华人民共和国社会公共利益、当事人不能通过约定排除适用、无需通过冲突规范指引而直接适用于涉外民事关系的法律、行政法规的规定，人民法院应当认定为涉外民事关系法律适用法第四条规定的强制性规定：（一）涉及劳动者权益保护的；（二）涉及食品或公共卫生安全的；（三）涉及环境安全的；（四）涉及外汇管制等金融安全的；（五）涉及反垄断、反倾销的；（六）应当认定为强制性规定的其他情形。"

律不予适用，而应当适用中华人民共和国法律。《法律适用法》第 5 条则更加明确地规定："外国法律的适用将损害中华人民共和国社会公共利益的，适用中华人民共和国法律。"

由此可见，我国立法对意思自治原则采用了"四部曲"式的限制性规定，较为系统和明确，这样既有利于及时审结案件，也有利于尊重法院地国家的法律。

在对当事人选择法律的限制方面，《罗马条例Ⅰ》与我国的合同冲突法存在着异曲同工之处。例如，条例第 5 条至第 8 条规范了特殊合同的法律适用规则，排除了当事人的选法自由，以保护弱方当事人的利益；条例第 3 条第 4 款和第 9 条通过强制规则限制了当事人的选法自由；条例第 21 条则规定当事人选择的法律不得违背法院地国的公共秩序。条例中没有采用单边冲突规范对当事人的选法自由进行限制。

第二节　关于最密切联系原则及特征性履行的比较

在合同冲突法领域，最密切联系原则作为当事人意思自治的补充规则，已为各国的立法和实践普遍接受。《罗马条例Ⅰ》和我国有关合同冲突法的立法与实践均采用了最密切联系原则。作为最密切联系原则的一种解释方法，特征性履行方法旨在为合同准据法的确立提供一个清晰确定的机制，它第一次出现在《罗马公约》中，并在《罗马条例Ⅰ》中得以沿用。这是一个具有"欧洲特色"的方法，在我国有关合同冲突法的立法与实践中也发挥着重要作用。关于最密切联系原则和特征性履行方法，我国的立法与实践与《罗马条例Ⅰ》也存在着诸多差异。

一、最密切联系原则的地位

关于最密切联系原则的地位问题，我国学者有 4 种不同的观点。

有的学者认为最密切联系原则是一项基本原则；有的学者认为其只是确定合同准据法的方法，而不是一项原则；有的学者认为该原则是确定准据法的指导原则；还有些学者认为它只是合同领域中当事人意思自治的一项补充规则，适用于当事人没有选择法律的情形，该观点得到了多数学者的支持。我国的《民法通则》第145条、《合同法》第126条、《海商法》第269条、《民用航空法》第188条、"07规定"第5条和《法律适用法》第41条等都规定，如果合同当事人没有选择合同适用的法律时，适用与合同有最密切联系的法律。《法律适用法》第2条第2款对最密切联系规则采取如下规定方式："本法和其他法律对涉外民事关系法律适用没有规定的，适用与该涉外民事关系有最密切联系的法律。"该规定赋予最密切联系规则以兜底救济的地位，也因此将其排除在涉外民事关系法律适用的基本原则之外。

在《罗马条例 I》中，最密切联系原则也仅扮演着一般例外条款和兜底条款的双重角色。《罗马条例 I》第4条第3款和第4款分别对此进行了确认，因为本书第三章已经就此问题进行了详细阐述，这里不再赘述。

二、特征性履行的地位及其与最密切联系原则的关系

从有关合同冲突法的各国立法和国际公约的规定来看，最密切联系原则的适用方法主要有三种：英美法系的灵活方法、大陆法系特征性履行方法以及综合方法。[①]《罗马条例 I》秉承了欧洲大陆的传统，赋予特征性履行理论更为重要的角色，将其上升为确定合同准据法的一般规则。根据《罗马条例 I》第4条第1款的规定，对于该条例第5条至第8条所指的四种特殊合同，优先考虑其法律适用

---

① 刘仁山：《"最密切联系原则"与"特征性履行原则"的立法研究》，载《法商研究》1995年第5期。

规则；对不属于上述四种特殊合同所指的货物销售合同、服务合同、不动产物权合同或不动产租赁合同、特许经营合同、分销合同等 8 种合同，分别根据具体的特征性履行规定了合同的法律适用规则。例如，对于货物销售合同、服务合同、分销合同，分别适用卖方、服务提供者、分销人的惯常居所地国法；涉及不动产物权或不动产租赁的合同，则适用不动产所在地法。该条例第 4 条第 2 款还规定，不属于该条第 1 款所列合同类型或兼具两种或两种以上合同要素的其他合同，适用提供特征性履行的一方当事人的惯常居所地国法。

因此，在《罗马条例Ⅰ》中，"特征性履行"理论已成为当事人未选择法律时确定合同准据法的一般规则，不再是最密切联系原则的补充。如果当事人未选择适用于合同的法律，则首先应依据特征性履行理论而不是最密切联系原则来确定合同准据法。

在我国有关涉外合同法律适用的立法中，特征性履行与最密切联系原则均为确定合同的准据法的主要方法。《法律适用法》第 41 条的规定："当事人没有选择的，适用履行义务最能体现该合同特征的一方当事人经常居所地法律或者其他与该合同有最密切联系的法律。"从该条的规定来看，特征性履行与最密切联系原则的位置是并列的，是两者择其一的关系。但从我国的司法解释来看，两者的关系又并非如此。"07规定"第 5 条第 1 款规定："当事人未选择合同争议应适用的法律的，适用与合同有最密切联系的国家或者地区的法律。""07 规定"第 5 条第 2 款规定："人民法院根据最密切联系原则确定合同争议应适用的法律时，应根据合同的特殊性质，以及某一方当事人履行的义务最能体现合同的本质特性等因素，确定与合同有最密切联系的国家或者地区的法律作为合同的准据法。"由此可见，根据"07 规定"第 5 条第 1 款和第 2 款的规定，特征性履行方法仅为推定最密切联系适用方法之一。

综上所述，在《罗马条例Ⅰ》中，特征性履行已经上升为一个独立的规则，不再是最密切联系原则的具体化或者补缺手段，确定当事人选择合同准据法的基本顺序是："意思自治原则——特征性履行规则——最密切联系原则"，这也体现了欧洲传统的以实现判决的确定性和可预见性的为目标的价值取向。我国有关涉外合同法律适用的立法虽然明确了特征性履行在确定合同准据法方面的重要作用，但对于它与最密切联系原则的关系的规定尚不明确。

三、最密切联系地的确定

"特征性履行方法"是大陆法系国家在立法中依据合同的特殊性质确定合同准据法的一种方法，《罗马条例I》进而将特征性履行方法扶正为一般规则。特征性履行方通常是卖方或服务提供方，该条例详述部分第 19 条明确规定，合同的特征性履行应根据其重力中心地来确定。条例第 4 条第 2 款将特征性履行场所化于特征性履行方的惯常居所地，其基本的确定标准是：如果特征性履行为商业行为，合同应适用特征性履行方的营业地法，其他情形则适用特征性履行方的惯常居所地国法。该条还通过列举的方式，分别对 8 种合同类型的特征履行的法律适用做出了指引性规定。此外，条例第 19 条还进一步明确了惯常居所地的确定规则：公司或其他企业以及法人或非法人团体的惯常居所地为其管理中心地，在从事商业活动中实施法律行为的自然人的惯常居所地为其主营业地；如合同是在分支机构、代理机构或其他机构的经营过程中订立的，或者根据合同规定，由该分支机构、代理机构或其他机构负责履行合同，则该分支机构、代理机构或其他机构所在地应被视为其惯常居所地；另外，在确定惯常居所地时，以合同订立时为准。

对于如何确定最密切联系地，我国的相关立法既没有类似于《美国第二次冲突法重述》的列举规定，也没有对于应考虑的政策因素和重要利益作出明确规定，而仅在《法律适用法》第 41 条中将特征性履行场所化于特征性履行方的经常居所地。在司法实践中，我国法院一般只考虑了事实性连接点，很少进行利益分析和政策分析。[①] 根据"07 规定"第 5 条第 2 款的规定，应根据合同的特殊性质以及特征性履行方的住所地等因素来确定合同的最密切联系地，

---

① 肖永平：《最密切联系原则：〈美国第二次冲突法重述〉与中国法之比较》，载《中国国际私法与比较法年刊》（2006），北京大学出版社 2007 年版，第 131~133 页。

并分别对 17 种合同类型的特征履行的法律适用做出了指引性规定。① 至于经常居所地的确定标准，根据《法律适用法》第 14 条的规定，法人的经常居所地为其主营业地；根据"《法律适用法》司法解释（一）"第 15 条的规定，"自然人在涉外民事关系产生或者变更、终止时已经连续居住一年以上且作为其生活中心的地方，人民法院可以认定为涉外民事关系法律适用法规定的自然人的经常居所地，但就医、劳务派遣、公务等情形除外。"这些规定为法院提供了判断最密切联系地的评判标准，克服了法院运用该原则时的主观任意，有利于事项法律适用的稳定性和可预见性。

由此可见，关于最密切联系地的确定，《罗马条例 I》与我国有关涉外合同法律适用的立法都采用了特征性履行来作为其推定方法，在这方面基本上是一致的。《罗马条例 I》则合同的特征性履行应根据其重力中心地来确定，并将特征性履行场所化于特征性履行方的惯常居所地；而我国则规定应根据合同的特殊性质以及特征性履行方的经常居所地等因素来确定合同的最密切联系地，并将特征性履行场所化于特征性履行方的经常居所地。

第三节　关于强制规则的比较

强制规则是合同冲突法领域的一项重要规则。近年来，越来越

---

① "07 规定"第 5 条规定："（一）买卖合同，适用合同订立时卖方住所地法；如果合同是在买方住所地谈判并订立的，或者合同明确规定卖方须在买方住所地履行交货义务的，适用买方住所地法。（二）来料加工、来件装配以及其他各种加工承揽合同，适用加工承揽人住所地法。（三）成套设备供应合同，适用设备安装地法。（四）不动产买卖、租赁或者抵押合同，适用不动产所在地法。（五）动产租赁合同，适用出租人住所地法。（六）动产质押合同，适用质权人住所地法。（七）借款合同，适用贷款人住所地法。（八）保险合同，适用保险人住所地法。（九）融资租赁合同，适用承租人住所地法。（十）建设工程合同，适用建设工程所在地法。（十一）仓储、保管合同，适用仓储、保管人住所地法。（十二）保证合同，适用保证人住所地法。（十三）委托合同，适用受托人住所地法。（十四）债券的发行、销售和转让合同，分别适用债券发行地法、债券销售地法和债券转让地法。（十五）拍卖合同，适用拍卖举行地法。（十六）行纪合同，适用行纪人住所地法。（十七）居间合同，适用居间人住所地法。"

多的国家规定某些涉外民商事法律关系必须适用某些特别法、强行法、禁止性规范，从而排斥外国法的适用，这是国家加强对社会经济生活干预在国际私法法律适用领域中的一个突出表现。强制规则作为独立的定义导入合同冲突法领域，源于 1980 年《罗马公约》，《罗马条例Ⅰ》进而完善了该规则体系。我国在《法律适用法》首次以立法的方式在总则中对此类强制性规范进行了立法规范，无疑具有里程碑式的意义，是涉外民事关系法律适用法的一大亮点。但相比欧盟在涉外合同冲突法领域内关于强制规则的立法体系，《法律适用法》第 4 条[①]的设计较为简陋，我国现行立法仍存在需要改进之处。

一、强制规则的分类

在大陆法系中，从国内法层面来看，强制规则是相对于任意规则而言的一个概念。这是按照法律规则指示的当事人的自主程度所作的分类。[②] 在 1980 年《罗马公约》中，强制规则主要包括两类：国内强制规则和国际强制规则。《罗马条例Ⅰ》既承认国内法意义上的强制规则（或一般性强制规则），也承认国际性强制规则（或优先性强制规则），并将国际强制规则分为两类：法院地的强制规则和第三国的强制规则。同时，该条例并未将"强制规则"作为一般性概念直接规范于其具体条款中，而是替之以"不能通过协议而减损的规则"；条例第 9 条明确地界定了"优先性强制规则"及其适用规则；条例的规定也从一定程度上明确了"优先性强制规则"与"不能通过协议而减损的规则"的区别。

我国在相关的立法中，没有对强制规则进行清晰地划分。根据我国最高人民法院关于《合同法》的司法解释（二）第 14 条的解释："合同法第 52 条第（5）项规定的强制性规定，是指'效力性

---

① 《法律适用法》第 4 条规定："中华人民共和国法律对涉外民事关系有强制性规定的，直接适用该强制性规定。"

② 金彭年：《法律规避中的强制性和禁止性规范研究》，载《福建政法管理干部学院学报》2007 年第 4 期。

强制性'规定。"最高人民法院的该司法解释对强制性规定作了类型化的划分,将合同法中的强制性规定划分为取缔性或管理性强制性规范与效力性的强制性规定。① 但该区分是令人费解的,丁伟教授也坦言"似懂非懂"。

我国有学者认为,我国的强制规则大致包括两类:实体法意义上的强制规则和冲突法意义上的强制规则。在我国整个实体法法律体系中,强制性规范可以根据其所在的部门法律的不同,以及与民法的相互关系而被分为以下三类:(1)前置型的强制性规范,主要包括宪法中的所有规范以及确定私法自治的公法管制底线的纯粹的行政法规范;(2)外设型的强制性规范,主要是指立法者出于公共秩序、公共利益或者政策的目的,在民事特别法(相对于民法典而言)中以及作为民事特别法的行政法(非纯粹行政法)设置的强制性规范;(3)内设型的强制性规范,主要是指为自治的私法行为设定的最低法律要求以及铺设通往公法的管道。② 而与国际私法相联系的强制规范,主要包括外设型强制性规范中那些存在于特别民事法律中的强制性规范,以及内设型强制性规范当中为私法自治行为设定最低法律要求的强制性规范。冲突法上的强制规则基本可以分为两类:一类是维护国家基本政策和社会公共利益的强制规则,即优先性强制规则或国际强制规则;一类是保护某种当事方利益的强制规则,即保护性强制规则。③ 如果将当事人自主确定准据法这样的规范认定为冲突法意义上的任意性规范,那么限制当事人这种意思自治的冲突规范则应视为冲突法意义上的强制性规范。④

由此可见,《罗马条例 I》对强制规则进行了较为清晰的划分

① 丁伟:《〈涉外民事关系法律适用法〉一般规定评述——兼论〈法律适用法〉后时期中国国际私法发展方向》,载《2011 年中国国际私法学会年会论文集》,第 45 页。
② 钟瑞栋:《民法中的强制性规范——兼论公法与私法"接轨"的立法途径与规范配置技术》,载《法律科学(西北政法大学学报)》2009 年第二期,第 69~81 页。
③ 李凤琴:《国际合同法律适用发展趋势研究》,华东政法大学博士学位论文,2011年,第 97 页。
④ 李雨轩:《〈欧盟合同之债法律适用规则〉的强制性规范研究》,暨南大学硕士学位论文,2011 年。

了。我国在立法上没有进行明确地划分，相关的司法解释也让人捉摸不透。为便于司法实践，我国还应广泛吸收学者建议的基础上对此在立法和司法解释中予以明确。

二、强制规则的界定

对于强制规则界定，各国存在诸多定义和分类体系，并未就此形成统一的认识。①

根据《罗马条例 I》第 3 条第 3 款的规定，国内强制规则或者一般性强制规则是指在内国法律关系中，那些不能被当事人通过协议更改或违反的法律规则。根据《罗马条例 I》第 9 条第 1 款的规定，优先性强制规则或国际规则是指，一国认为在维护其诸如政治、社会或经济组织等公共利益方面至关重要而必须遵守的规则，以至于对属于其适用范围的所有情况，不论根据本条例适用于合同的是何种法律，它们都必须予以适用。由此可见，确定国际强制规则必须同时具备两项条件。第一，从国内法角度来看，该规则"不能通过协议而减损的规则"；第二，从冲突法角度来看，不论根据冲突规范所确定的合同准据法为何，该法律规则都必须予以适用。因此，仅有部分国内强制规则可以被认定为国际强制规则。当然，这种限制也是合理的，即使以牺牲国内强制规则为代价，也必须适用依据冲突规范所确定的准据法，此乃冲突法的价值所在。② 其实对于什么是"国际性强制规则"在欧盟内部一直是一个争论不休的话题，《罗马条例 I》至少明确了"国际性强制规则"存在的领域，强调其存在于一国保护公共利益和国家重要政策的领域中。

我国的立法没有直接对强制规则进行明确界定。为了弥补条款

---

① Hannah L. Buxbaum, Mandatory Rules in Civil Litigation: Status of the Doctrine Post – Globalization, The American Review of International Arbitration, Vol. 18, 2007, p. 21.

② Bernard Audit, *How Do Mandatory Rules of Law Function in International Civil Litigation*. The American Review of International Arbitration, Vol. 18, 2007, p. 38.

设计上的不足，解决有关强制规则立法的可操作性问题，并考虑到某些领域的法律对涉外民事关系的重大影响和对于保护本国经济秩序或对某类利益的特殊意义，如反垄断法、外汇管制法、外贸管制法、价格法、社会保障法、消费者权益保护法等。"《法律适用法》司法解释（一）"根据法律与民生的相关程度，采用不完全列举排序的方式，对强制规则进行了一般性界定。根据该司法解释第 10 条的规定，"有下列情形之一，涉及中华人民共和国社会公共利益、当事人不能通过约定排除适用、无需通过冲突规范指引而直接适用于涉外民事关系的法律、行政法规的规定，人民法院应当认定为涉外民事关系法律适用法第四条规定的强制性规定：（1）涉及劳动者权益保护的；（2）涉及食品或公共卫生安全的；（3）涉及环境安全的；（4）涉及外汇管制等金融安全的；（5）涉及反垄断、反倾销的；（6）应当认定为强制性规定的其他情形。"依据最高人民法院民四庭庭长刘贵祥教授的解释，"强制性法律，一般是指本国法律中明确规定某类法律关系应直接适用某法律规定，不允许当事人选择，当事人不能通过约定排除适用，法院在审理案件过程中也不必通过本国冲突规则的指引而予以直接适用的法律。强制性法律一定包含了本国社会公共利益的考量。"①

　　由上可知，关于强制规则的界定，我国的相关立法与《罗马条例Ⅰ》的规定各有千秋，可以相互借鉴。《罗马条例Ⅰ》虽然对国内强制规则和优先性强制规则的定义进行了较为清晰地界定，并明确了其适用条件，但未能就其制定其详细的细则；我国虽然没有就强制规则进行区分，但也出台了司法解释，并制定了详细认定标准，可操作性较强，也体现了其先进性。

---

① 刘贵祥：《涉外民事关系法律适用法在审判实践中的几个问题》，载《人民司法》，2011 年第 10 期；张先明：《正确审理涉外民事案件 切实维护社会公共利益——最高人民法院民四庭负责人答记者问》，http://www.chinacourt.org/article/detail/2013/01/id/810388.shtml。

三、优先性强制规则在合同冲突法中的适用

在合同冲突法领域，国际强制规则在一国法院诉讼中的适用与在国际商事仲裁中的适用不同，法院对于强制规则的适用并不中立。一国法院较为偏好适用法院地国的强制规则，但是在某些情况下也会考虑第三国强制规则的适用。

根据《罗马条例 I》第 9 条第 2 款的规定，本条例的任何规定均不得限制法院地法中优先性强制规则的适用。欧盟委员会援引欧洲法院在 1999 年的 Arblade 一案①中所概括的概念对法院地的强制性规则进行了统一的界定。欧洲法院在该案中指出，法院地的强制性规则是指对保护成员国的政治、社会和经济秩序至关重要的，要求所有人在欧盟各成员国的国土内均必须遵守的规则。② 法院地法的优先性强制规则的适用，有两个特点：（1）法院地法中优先性强制规则的适用不受限制；（2）法院地法的优先性强制规则与外国优先性强制规则发生冲突时，法院的优先性强制规则优先。

根据《罗马条例 I》第 9 条第 3 款的规定，应在其境内或已在其境内履行合同之债的国家，其优先性强制规则也可被赋予效力，但该强制性规定不得使合同的履行归于非法，也就是，可以在一定条件下适用欧盟成员国之外的第三国的强制规则。在实践中，法院一般可以考虑选择适用下述三类国家的强制规则：（1）合同履行地国家的强制规则；（2）消费者惯常居所地、雇员工作地或雇主营业所所在地国家的保护性强制规则；（3）与案件具有最密切联系地国家的强制规则。

《法律适用法》第 4 条规定，"中华人民共和国法律对涉外民事关系有强制性规定的，直接适用该强制性规定。"该规定其实可以溯

---

① Criminal Proceedings against Jean – Claude Arblade（C – 369/96）［1999］E. C. R. I – 8453.

② Joined cases C – 369/96 Jean – Claude Arblade and Arblade & Fils SARL & C – 376/96 Bernard Leloup, Serge Leloup and Sofrage SARL, ［1999］ECR I – 8453. para. 30.

源于最高人民法院相关司法解释。"07 规定"第 6 条规定："当事人规避中华人民共和国法律、行政法规的强制性规定的行为，不发生适用外国法律的效力，该合同争议应当适用中华人民共和国法律。"最高人民法院 1988 年关于《民法通则》的司法解释第 194 条也存在类似的规定："当事人规避我国强制性或者禁止性法律规范的行为，不发生适用外国法律的效力。"

在司法实践中，我国在"《法律适用法》司法解释（一）"规范了强制规则的适用条件，具体包括：（1）涉及中华人民共和国社会公共利益；（2）当事人不能通过约定排除适用；（3）无需通过冲突规范指引而直接适用；（4）属于涉外民事关系的法律、行政法规；（5）涉及劳动者权益保护、食品或公共卫生安全、环境安全、外汇管制等金融安全、反垄断和反倾销等情形。

总之，在实践中，强制规则的适用是个较为棘手的问题。法院适用外国强制规则往往是基于保护本国利益的需要，因此，要想真正实现平等适用外国强制规则这一目的，还需要各国的司法合作。

第四节　关于特殊合同法律适用制度的比较

保护弱方当事人的合法权益是欧盟合同法的一项基本原则。为了保护弱势方当事人的利益，《罗马条例Ⅰ》针对运输合同、消费者合同、保险合同与个人雇佣合同建立了特殊的冲突规则，对当事人意思自治的限制，充分体现了"有利于消费者"、"有利于受雇人"等原则。《法律适用法》第 42 条和第 43 条首次规范了我国有关消费者合同和劳动合同的法律适用规则，无疑具有里程碑式的意义。本文仅基于我国现有的制度同《罗马条例Ⅰ》进行比较。

一、消费者合同的法律适用制度

（一）消费者合同的界定

什么样的合同可视为消费者合同，是消费者保护法律中最为复杂、争议最大的问题之一。

《罗马条例Ⅰ》第6条第1款对消费者合同的界定为：自然人非出于商业或职业目的（"消费者"）而与从事商业或职业活动的另一方（"商家"）订立的合同。在司法实践中，欧盟及其成员国法院逐步明确了消费者合同的认定条件，主要包括：（1）消费者合同是由消费者与商家之间签订的合同；（2）"消费者"只能是自然人，不包括法人或其他组织；（3）"消费者"订立合同的目的必须是满足个人自身的需要，而不是从事商业或职业活动；若为双重目的合同，则依据"可忽略不计商业日的标准"来判断"消费者"身份；（4）作为消费者合同的商家，既可以为自然人，也可以是法人或其他组织，但商家签订合同时必须是出于其商业或职业目的。此外，《罗马条例Ⅰ》第6条还规范了其适用的实质范围和排除适用的范围，本文已在第四章进行了详细论述，这里不再赘述。

我国《法律适用法》第42条虽然将消费者合同列为有名合同，但没有明确界定其概念。按照我国《消费者权益保护法》第2条的规定，消费者是指为生活消费需要购买、使用商品或接受服务的社会成员。① 而对于何谓消费者合同，我国法律则没有明确界定。

（二）法律选择模式

在消费者合同的法律选择模式方面，《罗马条例Ⅰ》采用的是"优法"方法，体现为"四部曲"。第一步是硬性规则：消费者合同，应适用消费者惯常居所地国法。第二步：如果消费者惯常居所地国没有关于消费者保护的强制规则，而当事人选择的法律中有此规定时，应适用当事人所选择的法律；第三步：消费者惯常居所地国存在关于消费者保护的强制规则，但依当事人选择的法律规定更有利于对消费者的保护，也应适用当事人所选择的法律；第四步：

---

① 《中华人民共和国消费者权益保护法》第2条规定："消费者为生活消费需要购买、使用商品或者接受服务，其权益受本法保护；本法未作规定的，受其他有关法律、法规保护。"

如果当事人选择的法律不存在保护消费者的规定，或者其提供的保护水平低于消费者惯常居所地国提供的保护，也就是说客观准据法中的强制规则对消费者更为有利时，则应适用消费者惯常居所地国法。

该模式全面严谨，层层紧扣，可操作性强，也有利于平衡消费者和商家的利益，可以说几乎是完美的。但有的学者认为，该模式几乎没有留给法官任何空间，结果在消费者合同的法律选择中选择其他国家法律的很少。[①] 人们怀疑这不是人们真正想要的结果，经营者不能选择他们想要的法律，消费者却得到了双重的保护。[②]

我国《法律适用法》第42条体现的立法模式可称为"三部曲"模式。[③] 第一步也是硬性规则：消费者合同，应适用消费者经常居所地法。第二步赋予了消费者单方的法律选择权，且限定在"商品或服务提供地法"。第三步：如果经营者在消费者惯常居所地没有任何相关活动的，适用"商品提供地法"。该规定简明扼要，是我国在国际环境下对消费者保护的一个突破性进步，彰显了我国消费者合同法律适用的特色，突出了对消费者的保护。[④]

（三）当事人未选择法律时的法律适用规则

《罗马条例I》在当事人未选择法律时做了独特的规定，是运用特征性履行规则和最密切联系原则的双重功能链条（兜底和例外条款）来确定消费者合同的准据法。首先是根据特征性履行规则直接适用消费者惯常居所地法，条件有二：（1）商家在消费者惯常居所

[①] 许军珂：《论消费者保护的法律选择模式——欧美模式与中国模式之比较、启示与思考》，载《法学家》2011年第5期。

[②] Dennis Solomon, *The Private International Law of Contracts in Europe: Advances and Retreats*, 82 Tul. L. Rev. (2008), p. 1709.

[③] 《法律适用法》第42条规定："消费者合同，适用消费者经常居所地法律；消费者选择适用商品、服务提供地法律或者经营者在消费者经常居所地没有从事相关经营活动的，适用商品、服务提供地法律。"

[④] 齐湘泉：《〈涉外民事关系法律适用法〉原理与精要》，法律出版社2011年版，第320页。

地国从事商业；或（2）职业活动或者通过某种手段，将此种活动指向了该国或包括该国在内多个国家。然后是运用最密切联系原则的双重功能链条，根据条例第 3 条和第 4 条的规定来确定合同准据法。在消费者合同中，最密切联系原则的确定，需要法官结合案件的实际情况逐一认定，具体可以考虑的因素主要包括：当事人交易过程中的行为地、当事人主营业地或住所地、商品或服务的供应地、合同缔结地或履行地等。

《罗马条例Ⅰ》的这种规定充分体现了实质正义的要求，又不乏对消费者利益的特殊保护，具有非常重要的现实意义和理论意义。

从《法律适用法》第 42 条来看，消费者没有选择适用法时，我国的立法与《罗马条例Ⅰ》是基本一致的。首先也是直接适用消费者经常居所地法律，但要求满足两个必要条件：（1）消费者在该国有经常居所地；（2）经营者在该国从事相关的经营活动。这样规定就增加了消费者经常居所地与该消费者合同最密切联系因素，客观上有利于确保消费者经常居住地法律能够最好的保护消费者利益。然后适用例外规则：在消费者未选择适用法且不能满足上述两个条件的情况下，尽管消费者在该国有经常居住地，消费者合同也转而适用商品、服务提供地法律。这样规定在某种程度上适用照顾了经营者的利益，摆脱了偏袒消费者的嫌疑，有利于平衡消费者与经营者的利益。

二、劳动合同的法律适用制度

（一）当事人意思自治及其限制

与消费者合同相类似，劳动合同中的双方当事人也明显存在着地位的差异。在涉外劳动合同中，雇主方面更是有可能通过选择适用一国法而排除或减轻自身的责任和义务。因此目前各国冲突法规则也往往对劳动合同的法律适用作出特别的规定，以期对劳动者这一弱势方的权利进行保护。

根据《罗马条例Ⅰ》第8条第1款的规定，个人雇佣合同首先应适用当事人自主选择的法律。然而，调整雇佣合同关系的法律，不仅有私法规范，而且也有公法规范，如果适用意思自治原则，当事人协议选择的法律可能会违背有关国家的公法规范。为更好地保护受雇人的合法权益，《罗马条例Ⅰ》也沿袭了各国立法的普遍做法，对当事人的意思自治进行了限制，要求当事人的选择不得违背应适用的法律中的强制规则。

与《罗马条例Ⅰ》第8条第1款不同的是，我国《法律适用法》第43条①则完全排除了当事人的意思自治，没有允许在劳动合同中当事人可以协议选择适用于劳动合同的准据法。②

（二）当事人未选择法律时的法律适用规则

《罗马条例Ⅰ》在当事人未选择法律时做了独特的规定，其规则体系的基本逻辑结构为：一般规则——特殊规则——减损条款（例外规则）。如果当事人未选择适用于个人雇佣合同的法律时，则应按照如下顺序确定合同准据法：受雇人惯常地从事其工作所在国法（一般规则）——受雇人惯常地从事其工作的出发地国法（特殊规则一）——雇主营业所所在地国法（特殊规则二）——更密切联系地国法（例外条款）。在司法实践中，《罗马条例Ⅰ》还就受雇人同时在多个国家工作、"暂时性雇佣"和惯常工作的相关时间等复杂情形下准据法的确定问题进行了明确。该套规则不仅有利于当事人维护自身权益，也便于指导欧盟各国的司法实践。

我国《法律适用法》第43条实际上将涉外划分为两类，并分别明确了其法律适用规则。对于劳动派遣之外的劳动合同，该规定了两个层面的法律选择制度：（1）适用工作地法律；（2）不能确定工作地，则适用用人单位主营地法律。而对于劳务派遣这一新兴用工

---

① 《法律适用法》第43条规定："劳动合同，适用劳动者工作地法律；难以确定劳动者工作地的，适用用人单位主营业地法律。劳务派遣，可以适用劳务派出地法律。"

② 涂广建：《解读我国〈涉外民事关系法律适用法〉》，《时代法学》2011年4月，第2期。

形式,《法律适用法》43 条特别规定"可以适用劳务派出地法律"。这意味着在劳务派遣中,劳动者与派遣机构签署的劳动合同除了适用一般的劳动合同冲突规范外,法院在审判过程中,还可以结合案件事实,酌情适用派遣单位所在国的法律。

由此可见,就有关涉外劳动合同的法律适用问题,《罗马条例Ⅰ》设计了层次分明的规则体系,可操作性强,也体现了保护弱方当事人的理念;相比而言,我国的相关规则略显粗糙,确定性有余而灵活性不足,不利于处理诸多复杂的情形。

第七章 《罗马条例Ⅰ》对我国的启示

《罗马条例Ⅰ》在继承《罗马公约》和欧盟"现有私法"的基础之上，其结构和内容都有突破性的发展，代表了现代欧盟统一国际私法的发展趋势，体现了当今社会政治、经济和生活发展的时代要求，促进了欧盟各成员国间多元价值观、多样性私法的融合，无疑对我国具有重要的借鉴意义。《涉外民事关系法律适用法》已经为中国合同冲突法的现代化注入了一针强心剂，但也存在诸多需要改进的地方。笔者认为，我国应顺应当代合同冲突法的总体趋势，客观审视我国有关涉外合同法律适用制度的立法不足，同时结合我国的实际对现有的立法体系进行务实的完善是值得考虑的思路。

第一节 《罗马条例Ⅰ》对我国的借鉴意义

《罗马条例Ⅰ》是欧盟关于合同法律适用的最新统一立法，也被誉为国际私法统一史上一座重要的里程碑，它对于各国国际私法的立法与实践具有重要的借鉴价值。因此，在深入研究和客观评价《罗马条例Ⅰ》的基础上，借鉴与吸收其优秀的立法成果，对于我国完善涉外合同领域的法律适用制度无疑具有重要启示作用。《罗马条例Ⅰ》可资借鉴的地方主要体现在以下方面：

一、法律适用的确定性与灵活性的平衡

"概念法学"和"自由法学"的论战培育了法律的确定性与灵活性之间的内在矛盾。美国当代著名的国际私法学者西蒙尼德斯教授曾言:"法律确定性与灵活性间的张力关系正如法律本身一样的古老"。① 法国著名比较法学家勒内·达维教授也指出:"所有国家的法律制度都将永远存系着两种正义间的矛盾:法律一方面应具有确定性和可预见性;另一方面,为适应不同情况的需要,法律又应具有灵活性。"② 法律确定性是所有法律制度追求的基本目标之一,它也构成了法庭判决合理性的一种最重要基础。③ 但是,为适应发展变化的社会生活环境,法律也应具备必要的灵活性,并赋予法官一定的自由裁量权。"法律发展的整个历史是交替赋予法律更多确定性或更多灵活性的历史。"④ 各国的冲突法也存在类似的矛盾。晚近国际私法立法尤其是欧美冲突法在 20 世纪的历史演变,体现了各国立法与实践在法律确定性和灵活性之间寻求平衡的尝试与努力。

从《罗马条例I》的立法内容来看,它在高度关注法律确定性和灵活性的平衡关系的同时,法律适用确定性的比重也似乎表现得较明显。

首先,为维护法律选择的确定性,条例以特征性履行理论来作为确定合同准据法的一般规则,广泛适用当事人的惯常居所作为确定合同准据法的连接点,并且对各国冲突规则分歧较小的八种典型合同规定了硬性规则,等等。其次,条例通过增加连接点的数量、

---

① Symen C. Symeonides, *Private International Law at the End of the* 20*th Century*, Kluwer Law International, 2000.

② 张榆青:《冲突法中法律选择的确定性与灵活性——欧美冲突法演进的两条不同路径》,载《理论导刊》2008 年第 11 期。

③ 张玉卿、葛毅主编:《中国合同法比较法案例分析》(第一册),中国商务出版社 2003 年版,第 3 页。

④ Joseph H. Beale, A Treatise on the Conflict of Laws, New York Baker, Voorhis & Co., 1935.

设立补充性连接点、对同一案件采"分割"方法规定不同的连接点等来"软化"冲突规范，以增强法律适用的灵活性。再次，条例采用以当事人的主观意志来确定准据法的主观性冲突规范作为对以客观事实、行为、场所等作连接因素的客观性冲突规范的补充，使两者得以结合，以求得法律适用的明确性和灵活性的平衡。最后，条例有利原则的应用、例外条款的广泛接受以及强制规则的适用也在一定程度上平衡了明确性与灵活性的关系。

综上所述，在全球化时代的今天，国际私法立法已不再拘泥于传统理论上的争执，而更着眼于法律选择上的明确性和灵活性的结合，以及公正合理地解决国际民商事争端。借鉴欧盟立法，中国国际私法立法一方面应将法律选择的确定性置于更为重要的地位，同时也应平衡法律适用的确定性与灵活性的关系，增加法律适用的灵活性，以适应合同之债法律适用的需要，实现个案公正，这样才能完善我国的国际私法。正如全国人大法工委王胜明主任所言，我国的立法"要处理好确定性和灵活性的关系，即一个还是多个连接点。过分强调确定性，容易造成法律适用的僵化；过分强调灵活性，又会让当事人和法官感到无所适从。在这个问题上，要兼顾确定性和灵活性，适当向确定性倾斜。"①

二、实质正义的价值追求

在有关合同的相关立法中，欧盟所追求的目标是自由、安全、正义、经济福利、人权保护、团结和社会责任的目标②。考察晚近的国际私法发展，不难发现冲突规范在强调确定性、稳定性和可预见性的主流下，还涌动着一股要求打破冲突规范僵硬性局限，倡导法

---

① 摘自全国人大法工委王胜明主任 2010 年 9 月 25 日在中国国际私法学会 2010 年年会上的就"适用法"制定中的若干问题的发言纪要。

② *Principles*, *Definitions and Model Rules of European Private Law*: *Draft Common Frame of Reference*（*DCFR*）*Interim Outline Edition*, European Law Publishers, 2008, p. 13.

律适用体系实质正义的潮流，并且这种趋势日益增强，势不可挡，现在已经迅速渗透到各国私法立法中。① 这种实质公平是一种追求最大多数社会成员的福祉的公平观，强调针对不同的情况和不同的人给予不同的法律调整。② 而对弱势群体的保护正是追求实质公平的一种体现。自 20 世纪初期以来，国际私法的价值取向由追求"形式正义"逐步转向对"实质公平"的追求，保护的天平就开始越来越多的倾向于弱者合法权益的保护和切实落实，对弱者的人文关怀，保护弱者的思想在国际私法中的重要地位也就日益显现出来。在国际私法中强调对弱者的保护，彰显了国际私法的人文关怀，反映了国际私法自身的发展轨迹从机械性到灵活性的渐进过程，同时，也有效地缓解了法律的安全性和灵活性之间的紧张对峙。③

为了保护弱势方当事人的利益，《罗马条例I》针对消费者合同与雇佣合同建立了特殊的冲突规则，对当事人意思自治的限制，体现了"有利于消费者"、"有利于受雇人"的原则。此外，在当事人未选择法律时，《罗马条例I》则适用特征性履行说、最密切联系原则以及以"更密切联系"规则为例外条款的逻辑规则链条来确定消费者合同应当适用的准据法。这种规定充分体现了实质正义的要求，又不乏对消费者利益的特殊保护，具有非常重要的理论意义和现实价值。

三、"保护弱方当事人利益"原则的基础性地位

《罗马条例 I 》明确了"保护弱方当事人利益"原则的基础性地位，并从制度层面体现了对弱者利益的人文关怀。

首先，条例在序言中确定了"保护弱方当事人利益"的原则。

---

① 徐冬根：《论国际私法的形式正义与实质正义》，载《华东政法学院学报》2006年第 1 期。

② 屈广清等著：《国际私法之弱者保护》，商务印书馆 2011 年版，第 21 页。

③ 刘晓红、胡荻：《论我国〈涉外民事关系法律适用法〉的若干实践困境》，载《2011 年中国国际私法学会年会论文集》，第 72 页。

条例的详述部分第 23 条指出:"对于与弱方当事人签订的合同,弱方当事人应受到较一般规则更为有利的冲突法规则的保护。"

其次,条例体现的"有利原则"也是国际私法对弱者保护的人文关怀的重要表现,条例的具体条款中也明确了"有利于消费者"、"有利于受雇人"等立法规定。有学者认为,如果说"有利原则"反映了国际私法从近代到现在的发展轨迹,它是一个从机械性到灵活性的渐进过程①,那么,最密切联系原则实质上是该原则的细化。"有利原则"的倡导和在国际私法中的逐步推广运用,为国际民商事案件中的弱者保护提供了制度性保障和便利的途径。②

再次,直接适用强制规则使弱者利益的保护更加直接和有力。如条例第 6 条第 2 款规定,双方当事人作出法律选择的结果,不得剥夺未选择法律时消费者惯常居所地国的强制规则给予消费者提供的保护。

最后,公共秩序保留可以被视为条例在保护弱方当事人利益方面的保护闸。公共秩序保留是国际私法中排除外国法适用的一种制度,其实质是保护内国的国家及当事人的利益,当然也包括弱者的利益。有学者认为,从立法层面来说,可以将某些特殊类型的民商事法律关系的当事人(如消费者、受雇人等)作为弱者,如果适用外国法会危及弱方当事人的利益时,司法者也可以援引公共秩序保留条款排除外国法的适用;在具体的司法实践中,法院在充分考量国家政策、国内外形势以及所涉民商事法律关系的具体情况的基础上,运用其自由裁量权来决定是否有必要采取公共秩序保留制度来维护弱者的正当权益。③ 也就是说,国家可以将特定的民商事关系中的弱者利益纳入其公共秩序的范畴,并利用公共秩序保留制度来保护弱方当事人的利益,维护社会公正,体现国际私法的人文关怀。

---

① Peter Hay, Flexibility versus Predictability and Uniformity in Chioce of Law, Collected Courses of the Hague Academy of International Law, 1991 – I, p. 293.

② 徐冬根著:《国际私法趋势论》,北京大学出版社 2005 年版,第 152 页。

③ 田园:《保护弱者原则对国际私法基本制度的影响),载《中国国际私法与比较法年刊》第 4 卷,法律出版社 2001 年版,第 89 页。

综上所述，在特定的涉外民商事关系中，双方当事人往往会因其所处的地位不同而出现权利义务不对等的情况，并从而导致弱方当事人的合法权益受到损害。《罗马条例Ⅰ》将"保护弱方当事人利益"作为重要的价值取向和基本原则①，体现了现代国际私法的立法趋势。我国可以参照《罗马条例Ⅰ》的规定，通过一定的立法技术，将这一价值取向与基本原则贯穿其中，从而不断完善有关合同之债的法律适用规则。

四、立法程序的民主性和公开性

立法程序是立法机关创制法律所遵循的正当的制度化过程，是限制立法者恣意、任性和偏执以及实现程序正义的制度设置，也是协调利益冲突、配置社会资源和规则社会秩序的合法路径和正当法律程序。② 实践证明，立法程序的民主性和公开性是孕育良法的基础，也是一种制度文明的重要标识。

首先，就是否将《罗马公约》转化为共同体立法、转化为何种形式的立法等问题，欧盟委员会公开发布了《绿皮书》，以调查问卷的方式征求各国政府和社会各界的意见。然后，欧盟委员会在广泛吸收各成员国政府、商业界、法律实务界、学术界以及消费者组织等组织机构或个人书面反馈意见的基础上，召开了相关议题的听证会，并通过了《海牙计划》，完成了立法前的所有准备工作。此外，欧盟各成员国专家举行会晤，共同探讨由欧盟委员会起草《罗马条例Ⅰ》的初步议案，并据此发布了《罗马条例Ⅰ议案》，以供公众讨论。2006 年至 2008 年，欧盟理事会分别在芬兰、德国、葡萄牙和斯洛文尼亚召开的峰会上征求了各成员国国政府和学术届的意见。最后，在各成员国的政府代表就《罗马条例Ⅰ议案》的修改意见形成

---

① 徐冬根、薛凡著：《中国国际私法完善研究》，上海社会科学院出版社 1998 年版，第 145 页。

② 刘武俊：《立法程序的民主性与公开性》，载《人民法院报》，2001 年 5 月 29 日。

共识的基础上，欧洲议会和欧盟理事会一读通过了立法决议，并经法律语言学家修订后才以官方公报的形式向外公布。

此外，《罗马条例Ⅰ》的立法始终贯穿着民主性和公开性，可以堪称欧盟统一立法民主化的典范。《罗马条例Ⅰ》是在向社会公布并广泛征求各方人士意见基础上形成的，其立法程序体现了对民主性与公开性的高度关切，最大限度地排除了恣意、任性和偏执，使法律的立、改、废实现良性运作，进而实现了立法的科学性；同时，通过提案、质询、讨论、审议和表决等公开形式，欧盟也让其公民享有充分的知情权，参与立法过程，从而维护了立法的公正性。条例中的复审条款也能辐射欧盟的这一立法理念。立法程序的民主化是当今立法的世界性潮流，中国国际私法当然也应顺应这种民主立法之路，通过多种有效途径，广泛吸收与法律有利益关系的人参与立法过程，法律的内容最好能够体现多方经过博弈后的利益平衡。①

第二节　中国有关涉外合同法律适用制度的立法不足

一、关于意思自治原则的立法不足

（一）默示选择问题

对于当事人选择法律的方式，中国长期以来，无论是理论界，抑或是实务界，均不承认默示方式，即只能通过明示选择法律，不允许通过默示方式推定当事人的意思。为此，《法律适用法》第 3 条规定：当事人依照法律规定可以明示选择涉外民事关系适用的法律。虽然本条确定了意思自治原则在整个涉外民事关系法律适用中的地位，起到宣誓作用。但是"依照法律规定可以明示选择"，这种规定是否说明法律没有规定的，就不可以选择。但作为私法能否适用

①　于飞：《欧盟非合同义务法律适用统一化》，载《法律科学》2009 年第 1 期，第 151 页。

"法无禁止即可行"的原则，即是否给"默示"选择留下了空间，这仍需要法律解释来完善。

此外，我国在实践中不承认默示选择的理由主要有两点：（1）如果由法院或仲裁机构根据各种因素推定当事人默示同意适用的法律，往往并不能真正体现合同当事人的意图，容易导致法院地法适用范围的扩大；（2）依合同当事人默示的选择竭力确定合同准据法，不利于保证法律适用结果的确定性和可预见性。① 前述反对理由中第一点固然有其合理性，但在一定程度上却未认识到默示选择与"推定默示意图"的本质区别。因为默示选择之实质为合同当事人选择某国法律的一种暗示，它在法院或仲裁机构确定当事人选择法律的意图之前就已客观存在；而据后者，法院或仲裁机构在作推定时，并不以合同当事人是否既存默示选择法律的意向为必要前提。因而，从本质上讲，承认默示选择方式意味着对"意思自治"本意的遵守，而承认推定选择，则往往会与"意思自治"的本意相违背。其次，承认这一选择法律的方式，诚然会导致法律适用结果的不确定性和不可预见性，但在国际私法领域所有的法律适用原则中，此缺陷并不为默示选择法律方式所独有。况且目前各国在这方面都有一定的限制，即要求必须在十分明显或确定的条件下才得认定合同当事人的默示表示，这无疑可以尽量保证法律适用结果的公正性与合理性。②

（二）当事人选择法律的时间问题

"07规定"第4条第1款将当事人选择和变更法律的时间进一步放宽为"一审法庭辩论终结前"。"《法律适用法》司法解释（一）"第8条第1款对此也作了进一步的确认。③ 这样规定有利于

---

① 刘仁山：《涉外合同法律适用条款实施建议》，载《法学杂志》，2000年第1期，第27页。

② 刘仁山：《"意思自治"原则在国际商事合同法律适用中的适用限制》，载《武汉大学学报》（社会科学版）1996年第4期，第64~65页。

③ "《法律适用法》司法解释（一）"第8条第1款规定："当事人在一审法庭辩论终结前协议选择或者变更选择适用的法律的，人民法院应予准许。"

涉外民商事案件的审判，也在一定程度上增加了当事人在诉讼程序中的法律选择自由。但问题是：（1）关于选择时间，司法解释规定一审辩论终结前均可进行选择，二审时是否还可以选择法律，值得进一步探讨。①（2）如果合同订立之后，双方当事人出于自身利益的考虑选择了合同准据法，从而使合同无效或损害了善意第三人的利益，该选择是否有效呢？（4）如果从一个合同的整个生命过程考虑，这样规定也缺乏一定的全局性考量。首先，如果当事人之间没有产生合同争议，或者虽有争议但未进入诉讼程序，当事人选择法律的自由也需要进行法律上的确认。其次，如果一审法庭辩论终结，或者在法院一审后，该合同仍然有效时，当事人是否有权变更合同的准据法呢？对于上述问题，我国的立法与司法解释均未予以明确。

（三）当事人变更合同准据法的问题

从"07 规定"第 4 条第 1 款和"《法律适用法》司法解释（一）"第 8 条的规定来看，我国允许当事人变更合同准据法，并在时间节点上要求在"一审法庭辩论终结前"，但该规定较为简单，不够严密，仍存在如下俟待解决的问题：（1）如何确定准据法变更效力的法律？（2）变更的准据法是否具有溯及力？（3）对于当事人变更准据法的的权利，是否应该进行必要的限制？如何进行限制？对于上述问题，我国的立法与司法解释也未予以明确。

二、关于最密切联系原则和特征性履行的立法不足

（一）最密切联系原则与特征性履行的关系还有待厘清

《法律适用法》第 41 条用"或者"二字来连接最密切联系原则和特征性履行原则，而且对特征性履行原则没有细化规定。从其措辞来看，特征性履行与最密切联系原则的位置是并列的，是两者择

---

① 郭玉军、车英：《研讨实施适用法律问题 推进国际私法立法工作——中国国际私法学会 2011 年昆明年会综述》，载《武汉大学学报（哲学社会科学版）》2012 年第 3 期。

其一的关系。但从我国的司法解释来看，两者的关系又并非如此。根据"07规定"第5条第1款和第2款的规定，特征性履行方法仅为推定最密切联系适用方法之一。这样的规定不免让人疑惑：两者的关系到底为何？如果以《法律适用法》的规定为标准的话，难道是将两者并列适用，不分孰先孰后？若没有立法或相关的司法解释进行细化，则在司法实践中难以操作。

（二）最密切联系地的考量因素不尽明确

最密切联系地的确定是适用最密切联系原则的一个核心问题。英美法系国家通常采用"合同要素分析法"和"利益分析法"来判定，大陆法系国家则采用"特征性履行方法"来推定最密切联系地。"合同要素分析法"是指法官通过对合同的各种事实性连结因素进行"量"与"质"的综合考察和分析，从而确定准据法。《美国第二次冲突法重述》第188条专门列出了在合同问题中要考量的事实性连结因素，主要包括以下方面：（1）合同缔结地；（2）合同谈判地；（3）合同履行地；（4）合同标的物所在地；（5）当事人的住所、居所、国籍、合同成立地及营业地。《美国第二次冲突法重述》第6条还列出了进行法律选择时需要考量的重要政策和某些利益，主要包括7个方面的因素：（1）州际与国际体制的需要；（2）法院地的相关政策；（3）其他利害关系州的相关政策以及在决定特定问题时这些州的有关利益；（4）对正当期望的保护；（5）特定领域法律所依据的基本政策；（6）结果的确定性、可预见性和一致性；（7）将予适用的法律易于确定和适用。

然而，对于如何确定最密切联系地，我国的立法规定却甚少，既没有类似于《美国第二次冲突法重述》的列举规定，也没有对于应考虑的政策因素和重要利益作出明确规定。在司法实践中，我国法院一般只考虑了事实性连结点，很少进行利益分析和政策分析。①

---

① 肖永平：《最密切联系原则：〈美国第二次冲突法重述〉与中国法之比较》，载《中国国际私法与比较法年刊》（2006），北京大学出版社2007年版，第131~133页。

这无疑增加了法官在司法实践中的自由裁量权,极易导致判决结果的不确定性和不可预见性,因此,我国应该通过新的立法或者司法解释对确定最密切联系地的考量因素予以明确。

(三)在列举确定最密切联系地的合同时遗漏了部分重要的合同类型

"07 规定"第 5 条列举了 17 种合同,并分别规定了各自应适用的法律,虽然列举的数量较为可观,但仍然遗漏了部分重要的合同类型,这些合同是在实践中较为常见、在理论上也应引起重视的合同。较之《合同法》及"87 解答"的相关规定,"07 规定"未涉及赠与合同,技术合同,知识产权转让合同,运输合同等,而这些类型的合同在我国的涉外民商事关系中较为常见,"07 规定"对这些合同的"遗漏"多少有些令人费解和遗憾。关于这些重要的合同的最密切联系地,中国国际私法学会拟订的《中国国际私法示范法》(以下简称《示范法》)第 101 条中均进行了详细的规范。根据该条的规定,"运输合同,适用承运人营业所所在地法;技术转让合同,适用受让人营业所所在地法;科学技术开发、咨询和服务合同,适用委托人营业所所在地法;商标使用权转让合同,适用转让人营业所所在地法;著作权转让合同,适用著作权所有人住所地法或者惯常居所地法;赠与合同,适用赠与人住所地法或者惯常居所地法"①以上规定均可以为我国今后的立法和司法解释提供重要的借鉴。

三、关于强制规则的立法不足

(一)强制规则的分类不尽明确

从现行的各国立法规定来看,强制规则主要包括两类:国内强制规则和国际强制规则。一般认为,一个国家国内法中不能为合同

---

① 中国国际私法学会:《中华人民共和国国际私法示范法》,法律出版社 2000 版,第 23～24 页。

当事人通过协议而减损的法律规则，其中的一部分可以构成国际强制规则或优先性强制规则，能够优先于冲突规范适用；其余部分则为国内强制性规则或一般性强制规则。一般性强制规则和优先性强制规则的区分虽无客观、明确的标准，但却存在着客观上的差异，这一点已为各国立法和司法实践所确认。① 但是，对于上述两类强制规则，我国立法在不同的背景下均使用"强制性规定"这一术语来进行界定，而没有进行明确的区分，让人费解，也容易导致实践困境。

此外，《法律适用法》仅规范了"涉外民事关系中"的强制规则的法律适用问题，范围过于狭窄，概念的周延性不强，在司法实践中可能会导致国内法中的诸多强制规则无法得到实际适用。

2. 对第三国优先性强制规则的适用未作规定

从《法律适用法》第 4 条的规定来看，我国仅规定了法院地的优先性强制性规则，对第三国优先性强制规则的适用则未作规定。这样会导致诸多弊端：其一，如果根据当事人选择的合同准据法，合同是合法有效的，而根据合同履行地的优先性强制规则，合同为非法的，那么不承认履行地的优先性强制规则是不符合国际礼让原则的；其二，如果在一个国家缺乏法律规避制度，如果当事人通过法律选择而从事违反履行地法合同的行为，则没有客观的制约手段，从而容易引发挑选法院的现象；其三，如果合同履行地的优先性强制规则与我国的相关立法在价值取向上一致时，我国法院缺乏维护这一价值的法律工具。

我国有学者认为，《法律适用法》第 4 条的规定表明"中国法官运用冲突规范确定准据法时就没有法律依据直接适用外国的强制性规则，除非中国的冲突规范予以了指引，即外国的强制性规则在中

---

① 谢宝朝：《合同冲突法的当代发展及我国的立法完善》，华东政法大学博士学位论文，2012 年，第 185 页。

国没有直接适用的效力"。① 因此，我国最高人民法院在今后的司法解释中，应当对第三国优先性强制规则的适用予以明确。

四、关于特殊合同法律适用制度的立法不足

（一）消费者合同法律适用制度的立法不足

1. 消费者合同界定不清

对法律概念进行界定是为了明确法律所保护的社会关系范畴。而我国目前还没有对"消费者合同"进行界定，《消费者权益保护法》不过是对"消费者"的概念做了规定，因此难以确定涉外消费者合同法律适用规则所要保护的范围。

2. 对当事人意思自治的限制过于僵化

《法律适用法》只把法律选择权交给消费者，这是出于对消费者的特殊保护，但是消费者享有单方法律选择权就能达到保护消费者权益的目的吗？显然这一点难以确定，因为消息不对等使得消费者出于弱势地位，而让消费者辨别其经常居所地法律和商品、服务提供地法律哪一个更有利于自己的难度也要大于处在强者地位的经营者，这就要考虑如何用法律辅助消费者行使这个单方法律选择权，否则消费者的利益仍然难以得到应有的保护。另外，《法律适用法》中消费者单方法律选择权范围仅限于商品、服务提供地的法律，其冲突正义的意味过重，很难说可以从实质上保证消费者得到最好的法律保护。②

3. 未能充分体现"有利于消费者"的理念

在未选择法律的情况下只能有条件的适用消费者经常居住地法律或者商品、服务提供地法律。国外立法中大多数都规定未选择

---

① 黄进、姜茹娇主编：《〈中华人民共和国涉外民事关系法律适用法〉释义与分析》，法律出版社 2011 年版，第 22 页。

② 田晓云、李雯：《试论我国涉外消费者合同法律适用规则》，载《2011 年中国国际私法学会年会论文集》，第 203 页。

法律时直接适用消费者惯常居所地法，而我国这种有条件的选择性冲突规范也是独具特色的。诚然，如果考虑到消费者对自己国家的法律熟悉程度较高，适用消费者居所地法律可能对消费者比较有利。但是从实质性的保护来讲，各国的经济条件决定了对消费者保护标准有差异。法律总是不能穷尽社会生活中发生的所有问题，尽管消费者经常居住地与商品、服务提供地与消费者合同息息相关，但并不一定是最有利于消费者权益保护的国家。因此，需要用更为灵活的法律选择方法来确定最有利于消费者保护的适用法。

（二）劳动合同法律适用制度的不足

1. 剥夺了当事人的选法自由

《法律适用法》在劳动合同领域将意思自治弃之于门外，没有允许在劳动合同中当事人可以协议选择适用于劳动合同的准据法。这种排除当事人意思自治的规定，剥夺了劳动者通过选择法律而获得适用对其更有利的法律的机会，虽然这种有利的选择多是发生在技术、管理等一些高端劳动者身上。实际上，无论选择哪国的法律作为准据法，都会对劳动者提供保护，只是程度有所不同而已。此种立法理念就好比因噎废食，就因为顾虑劳动者会被操纵，或是受专业水平所限无法选择利于保护其利益的法律，就在劳动合同的领域内将意思自治悉数丢弃，这并不是可取的选择。

2. 未能充分保护劳动者的合法权益

我国的《劳动法》固然是倾向于劳动者权利保护的，但这并不等于相对于其他任何国家而言，在我国法律的规定下劳动者在任何方面都能够享有最大程度的保护。菲利斯·摩根斯坦说，没有一国的劳动法具有绝对的优越性，只能说一些国家的劳动法在某些方面比其他国家的更有利于保护工人。例如，对欧洲国家有关的案例法研究显示，依美国法被雇佣的人们可能更乐于享受其服务，而当面临解雇问题时欧洲制度更适宜。① 因此，我们有理由提出质疑：硬性地要求适用我国的法律就一定或者就比较有可能在事实上实现对劳动者利益的优化吗？答案应该是非常清楚的。

第三节 完善我国涉外合同法律适用制度的相关建议

一、关于意思自治原则的完善

（一）有限度地承认合同当事人默示选择法律的方式

在司法实践中，我国的已经注意到了大多数国家不同程度地承认默示选择的客观现实②。因此，我国有学者提出应有限度地承认合同当事人默示选择法律的方式，笔者也赞成该观点。

首先，默示选择从实质上来说是当事人对选择合同准据法的一种暗示。这种暗示一般可通过当事人的一些主观方面的行为表现出来，如当事人对某国格式合同的选择、将某国有关法律的规定"并入"合同条款、当事人在合同诉讼过程中的态度以及合同所使用的文字等它其实在法院或仲裁机构确定当事人的选择法律意图之前客观存在。如果无视当事人的这类默示选择法律的意图，也是对"意思自治"本意的违背。

其次，承认当事人默示选择法律的方式，虽然有可能会导致法律适用结果的不可预见和不确定性，但在整个国际私法领域中，这一缺陷并非为默示选择法律方式所独有。1995 年海牙《国际有体动产买卖法律适用公约》、1986 年《国际货物买卖合同法律适用公约》和《罗马条例Ⅰ》均规定合同当事人可以默示选择法律。上述三公

① 范姣艳：《国际劳动合同的法律适用问题研究》，武汉大学出版社 2008 年版，第 119 页。

② 高宏贵著：《国际私法（冲突法篇）基本问题研究》，高等教育出版社 2010 年版，第 311 页。

约对当事人默示选择法律的结果要求分别为："据合同条款必然得出的结论"、"从当事人间的协议及案件的事实中合理而必然地可以推定的"和"必须通过合同条款或具体情况或加以表明"。这说明，最准确、最完整地反映出当事人选择法律真实意愿，亦然成为了立法趋势。因此，我们所要解决的不是要不要承认默示选择法律方式的问题，而是应该在承认合同当事人默示选择法律方式的基础上，如何尽量避免或减少法律适用结果的不确定性和不可预见性。

应该明确的是，这里所提的"有限度地承认"是说，在确定合同当事人默示选择法律的意图时，主要应根据与合同当事人主观意志有关的因素来进行，而不是以当事人的住所、国籍、合同标的所在地等为依据。这样就能协调好"意思自治原则"与"最密切联系原则"在适用中的关系。①

（二）进一步放宽当事人选择法律的时间限制

关于当事人选择合同准据法的时间问题，《罗马条例Ⅰ》的"统一规则"中未对当事人选择或变更法律的时间作出任何限制，而是允许当事人可在任何时候以协议变更其合同所适用的法律，这即意味着当事人可以在任何时候作出法律选择。

除欧盟外，世界上大多数国家立法与司法实践也允许当事人在合同订立时或订立后选择合同准据法。例如，《瑞士联邦国际私法》第 116 条第 3 款规定："当事人随时都可以选择法律或对其作出修正。"《土耳其共和国关于国际私法与国际民事诉讼程序法的第 5718号法令》第 24 条第 3 款规定："当事人可随时作出或变更法律选择。在合同订立后进行的法律选择，只要不影响第三人的权利，亦属有效。"1994 年《墨西哥公约》也没有对当事人选择法律的时间做出任何限制。另外，2012 年海牙国际私法会议通过的《国际合同法律选择原则》（Hague Principles on the Choice of Law in International

---

① 刘仁山：《涉外合同法律适用条款实施建议》，载《法学杂志》2000 年第 1 期，第 27 页。

Contracts) 也采取的是充分尊重当事人意愿的做法，即允许当事人在任何时间选择或变更所要适用的法律。①

此外，我国诸多学者认为不宜限制合同当事人选择法律的时间。首先，当事人在合同订立后协议选择法律的行为或变更原选择法律的行为，与原订立合同的行为相比，属从行为。但从其本身来看，属独立的契约行为，而且其目的在于为合同当事人的权利义务的确定寻求法律依据。因此，承认当事人在合同订立后的所有时间内选择或变更法律的有效性，符合我国法律已经确立的"意思自治"原则的本意。其次，前述"意思自治"原则已成为国际商事合同领域各国普遍采用的一项原则，从各国对当事人选择法律的时间规定看，通常作法是不作限制。②

因此，我国可以借鉴 1985 年《海牙公约》和《罗马条例Ⅰ》的做法，总括性地规定当事人可以在任何时候选择合同的准据法或者不设定专门的限制。在诉讼程序中，当事人选择准据法的最后时间点可以在我国《民事诉讼法》的修订中加以规定和明确。

（三）完善当事人变更法律选择的若干规定

1. 规范变更的准据法的溯及力问题

至于变更后的法律选择是否具有溯及力问题，有些国家立法明确作出了规定，如《罗马尼亚关于调整国际私法关系的第 105 号法律》第 76 条第 2 款规定："合同缔结后改变法律选择的，具有溯及力，只要不影响合同的形式有效性，不影响第三人既得权利。"《俄罗斯联邦民法典第六编》第 1210 条第 3 款规定："当事人在合同缔结后所作的法律选择具有溯及力，并自合同缔结时起有效，但不得损害第三人的权利。"另外，《瑞士联邦国际私法》第 116 条第 3 款规定，"如果在缔结合同时已选定所适用的法律的，该法律从合同成

---

① 刘仁山：《国际合同法律适用中"意思自治原则"的晚近发展——2012 年〈国际合同法律选择海牙原则〉介评》，载《环球法律评论》2013 年第 6 期，第 150 页。

② 刘仁山：《"意思自治"原则在国际商事合同法律适用中的适用限制》，载《武汉大学学报》（社会科学版）1996 年第 4 期，第 65～66 页。

立之日支配该合同。"而一些国家立法，如德国、意大利、比利时等和国际公约，如《罗马公约》、《罗马条例Ⅰ》、《墨西哥公约》以及1985年《海牙公约》等并没有规定法律选择变更是否具有溯及力的问题。这就导致合同法律选择的变更的效力是否只能向后发生，还是能够追溯到合同订立之时并不明确。《罗马公约》的草案报告对此问题的解释也较为含糊，但是其倾向于采用法律选择的变更具有溯及力的做法，因为它并没有明确排除此种可能性。拉加德教授本人也明确表示，只要符合当事人的意图，变更法律选择的效力可以具有溯及力。

因此，笔者认为，为避免对变更后的法律选择是否具有溯及力问题产生不同理解，在立法上应当加以明确规定为妥。

2. 确定准据法变更效力的法律

关于如何确定准据法变更效力的法律问题，主要有两种不同的观点。其中，最为简单的方法是适用法院地法，各国法院在司法实践中大都采用了该方法。适用法院地法固然简便易行，但也助长了挑选法院现象的产生，并由此增加了适用中的不可预见性，从而遭致了反对意见。此外，沃尔夫等学者也主张当事人变更准据法的协议应由最初的合同准据法支配。但问题是，当事人往往不能确定其是否或在多大程度上变更了最初选择的法律。《罗马条例Ⅰ》采用的"自助规则"，即"法律选择的效力由当事人选择的法律来确定"。这样就较好地弥补了这一缺陷，也能充分地体现当事人的意思自治，不失为一种较好的选择，值得我国立法借鉴。

3. 对当事人变更准据法的权利进行适当限制

允许当事人在合同订立后选择法律或变更原选择的法律，也并不是完全放任的。结合国际上较通行的做法，我国应对此规定两方面的限制：第一，不应对第三人的权利造成影响；第二，不得有损合同在形式上的效力。这样，一方面可防止当事人通过变更准据法造成对第三者不公平的结果，从而有助于对善意第三人利益的维护；另一方面，也可避免当事人缔约行为的随意性。

二、关于最密切联系原则和特征性履行的完善

最密切联系原则具有灵活性的优点，但同时，作为一种主观连接因素，在赢得了"灵活性"的同时，如何最大程度上实现与"可预见性"的平衡就成为此项原则的症结之所在。[①] 如果不对法官的自由裁量权加以约束，就容易导致权力的滥用，法律适用的确定性、一致性和可预见性也随之减损。[②] 考察各国国际私法中对于最密切联系原则的规定，无论是大陆法系还是英美法系国家，都在立法中对最密切联系的适用作出了一定的限制和规范。

（一）厘清最密切联系原则与特征性履行之间的关系，突出选法的层次性

《法律适用法》虽然以特征性履行方法作为最密切联系原则的推定手段，但法律条文来看，二者的地位似乎是平等的，并且《法律适用法》第41条的规定也过于简单，这增加了在司法实践中的进行选择判断的难度。因此，我国立法可以借鉴《罗马条例Ⅰ》第4条的规定，进一步厘清最密切联系原则与特征性履行之间的关系，并突出选法的层次性。

笔者认为可以对相关条款进行如下改进：（1）第1款设计为"硬性规则"，在"07规定"第5条列举的17种合同的基础上，参照我国《示范法》第101条的规定，罗列出重要的合同类型的法律适用规则。（2）第2款为最密切联系原则的特征性履行推定，对于上述列举的合同之外的其他合同或者混合型的合同，适用履行义务最能体现该合同特征的一方当事人经常居所地法律。（3）第3款是"例外条款"，可以规定为："如从整体情况看，合同明显与第1款或

---

① 刘晓红、胡荻：《论我国〈涉外民事关系法律适用法〉的若干实践困境》，载《2011年中国国际私法学会年会论文集》，第85页。

② 李凤琴：《国际合同法律适用发展趋势研究》，华东政法大学博士学位论文，2011年，第137页。

第 2 款所指国家以外的另一个国家有更密切联系，则适用该另一国的法律。"（4）第 4 款为兜底条款，可以设计为："如根据第 1 款或第 2 款不能确定应适用的法律，则合同应适用与其有最密切联系的国家的法律。"

这样规定既坚持了最密切联系的基本原则，避免了固定标志的绝对化和单一化，又使最密切联系原则更为具体化，无疑增加了法律选择中的确定性和可预见性。首先，它有利于充分整合了我国相关立法的分散式规定，体现出严谨的逻辑层次；其次，它在充分尊重意思自治的基础之上，借鉴《罗马条例Ⅰ》的做法，对最密切联系进行了"前拉后拽"的改造，① 一方面向前延伸对当事人的意思自治进行了必要的限制，另一方面则向后拓展对现有选法规定进行了最密切联系的实质调整，使其更为合理；最后，以最密切联系原则作为兜底救济，可以避免因特征性履行理论的先天性缺陷而产生的法律适用过程中的"真空"现象，也可以更大程度上发挥即不仅现有立法所规定的"法无规定"之情形可依最密切联系进行兜底调整，而且现有立法没有规定的"法虽有规定、但无法确定"的情形也可依最密切联系进行兜底调整，避免了法院地法的过早介入。

（二）适用"综合分析连结因素"标准确定最密切联系地

对于确定最密切联系地的方法，笔者建议采用"综合分析连结因素"方法。

首先，尽量详细地列出与案件相关的所有事实性连接因素。有的学者提出，在合同案件中，可以考虑以下因素：（1）合同缔结地；（2）合同履行地；（3）合同谈判地；（4）当事人营业地；（5）公司成立地；（6）货物装卸地；（7）合同标的物的性质及所在地；（8）当事人住所地；（9）当事人居所地；（10）当事人的国籍；（11）用以支付货款的货币；（12）合同的合意与形式，包括与交易有关的任

---

① 刘想树：《论最密切联系的司法原则化》，载《2011 年中国国际私法学会年会论文集》，第 72 页。

何文件，合同的形式和术语；（13）合同引用的规定；（14）仲裁条款；（15）管辖权选择条款；（16）赔偿与保证条款；（17）合同附件；（18）合同采用的语言；（19）与前一交易的联系；（20）当事人是否是政府。① 然后，对上述事实性连接因素在案件中的重要性进行比较分析，同时应对与同一合同有联系的各国法律的目的以及法律所体现的政策予以分析。再次，计算和比较不同国家的连接点的数量及其相对重要性，并最终确定最密切联系地。

三、关于强制规则的完善

（一）清晰区分各类强制规则

如前所述，强制规则主要包括两类：一般性强制规则和优先性强制规则。如果滥用强制规则，将会大大折损国际私法的积极作用，甚至带来消极后果，因此，对于"强制性规定"的理解应当严格、谨慎。

如何理解《法律适用法》第4条中的强制性规定？全国人大常委会法制工作委员会副主任王胜明教授的解释应该是比较权威的。他认为，"第一，强制性规定是相对于任意性规定而言的，允许当事人自主决定、选择适用的法律都不属于强制性规定。第二，强制性规定既表现在实体规范中，也表现在程序规范包括冲突规范中，"直接适用"的强制性规定主要是实体规范中的强制性规定。第三，强制性规定既表现在刑法、行政法和经济法中，也表现在民商事法中。但是，民商事法中的强制性规定并非都属于《法律适用法》第4条中的强制性规定。该法第4条中的强制性规定主要是指我国刑法和行政法、经济法中的强制性规定，特别是海关、税收、金融、外贸管理、反垄断、劳动保护、消费者保护等领域和民商事活动具有密

---

① Luo Junming, *Choice of Law for Contracts in China: a Proposal for the Objectivation of Standards and Their Use in Conflict of Law*, 6 Ind. Int'l & Comp. L. Rev., 1996, p. 447.

切关系的强制性规定。"①

从王胜明教授的措辞来看,《法律适用法》第 4 条应该属于法院地的优先性强制规则,因此,该类强制规则可以依据"《法律适用法》司法解释(一)"第 10 条设定的标准来予以认定。

但问题是,优先性强制规则还包括第三国的优先性强制规则,如何认定此外强制规则,还需立法明确;另外,我国立法对国内强制规则的认定标准也尚未明确。因此,我国应在司法解释中规范国内强制规则的条文,这样可以与国际强制性规范做出区别。笔者建议借鉴《罗马公约》和《罗马条例 I》的立法将国内强制规则界定为"不得通过协议减损的规则",具体条文可设计为:"当事人选择外国法这一事实,无论其是否同时选择外国法庭,如在法律选择时一切与当时情况有关的因素仅同我国相关,不应影响我国不得通过协议减损的规则的适用。"

此外,考虑到我国有关强制规则条款的周延性较为欠缺,我们在今后的立法中可以适当扩大强制规则的界定范围。笔者认为,应当删除《法律适用法》第 4 条中规定的"对涉外民事关系"的强制性规定这一限制性条件,可以采用"不论本法所指定的准据法为何,都不得损害应予适用的中华人民共和国法律的强制性规定"的模式。

(二) 建立第三国优先性强制规则的适用制度

如上所述,我国尚未规范有关第三国优先性强制规则的适用制度。笔者建议,参照欧盟经验,我国立法也应承认第三国优先性强制规则的适用效力,规定:"应在其境内或已在其境内履行合同之债的国家,其优先性强制规则也可被赋予效力,但该强制性规定不得使合同的履行归于非法。"在决定是否赋予这些规定以强制性效力时,应考虑其性质、目的以及适用或不适用该规则将产生的后果。法院一般可以考虑选择适用下述三类国家的强制规则:(1) 合同履

---

① 王胜明:《涉外民事关系法律适用法若干争议问题》,载《法学研究》,2012 年第 2 期,第 190 页。

行地国家的强制规则；（2）消费者惯常居所地、雇员工作地或雇主营业所所在地国家的保护性强制规则；（3）与案件具有最密切联系地国家的强制规则。

四、关于特殊合同法律适用制度的完善

（一）消费者合同法律适用制度的完善

1. 明确界定消费者合同的范围

随着经济快速发展和国际消费活动日益活跃，消费者合同的实现形式越来越多样化，因此需要明确《法律适用法》所要保护的涉外消费者合同的范围，以弥补法律漏洞，便于司法实践中涉外消费者合同法律适用纠纷的合理解决。

笔者认为，消费者合同应具有如下特征：（1）消费者合同是由消费者与商家之间签订的合同；（2）"消费者"只能是自然人，不包括法人或其他组织；（3）消费者是"与另一方交易时不是专门从事商业的人、也不能使人认为是专门从事商业的人"；（4）作为消费者合同的商家，既可以为自然人，也可以是法人或其他组织，但商家签订合同时必须是出于其商业或职业目的。

此外，关于较为复杂的双重目的消费者合同，我们可以仿照欧盟法院的做法，采用"可忽略不计商业目的标准"来进行判断：只有当后者的商业目的"可忽略不计"，双重目的合同方可归于消费者合同；① 如果个人（私人）目的和商业目的均非常重要，则不能视为弱方当事人给予特别保护，此种情形应视为一般的商业合同；至于何种情形才属于"可忽略不计"的商业目的，应由各国法院基于合同的内容、性质和目的以及订立合同时的客观情况自行确定，当事人应提供相关证据。

此外，在对"消费者"或"消费者合同"的内涵和外延作出界

---

① Johann Gruber v. Bay Wa AG（C－464/01）［2005］E. C. R. I－00439.

定时，应当注意与《消费者权益保护法》以及《合同法》相关概念进行衔接。

2. 确立保护性法律优先适用的原则

在涉外消费者合同领域里，"保护弱方当事人利益原则" 始终是法律选择和司法实践的指明灯。保护弱方当事人利益原则正在逐渐发展成为国际私法中的基本原则。而我国《法律适用法》也将"保护弱方当事人利益原则"作为基本原则归纳到《法律适用法》的一般规定中。这充分反映了当今世界的立法趋势。但要在冲突法规则中体现对弱势一方，即消费者一方的保护，则单一的适用消费者经常居所地的法律并不一定能达到目的，有时还可能适得其反，因为消费者经常居所地的法律可能在保护消费者的规定方面是落后的。

保护性法律优先的原则是指在对涉外消费合同法律适用中，优先于当事人的意思自治，而优先适用某些特殊的原则。这些特殊的原则包括：保护弱方当事人原则、最低限度保护原则、有利于消费者原则和强制适用的法或公共秩序原则等。欧洲大陆国家采用了保护弱者的原则和最低保护的原则相结合的立法模式：消费者所受保护的最低标准为其住所地国的强制规定；如果所选择的法律提供的保护标准更高，则适用该法律。①《罗马公约》第 5 条和《罗马条例 I》第 6 条所体现的立法思想是，消费者据其惯常居所地国法律所应受到的最低限度的保护不应被剥夺。② 这种立法理念值得我国借鉴。此外，在消费者没有选择法律时，我们完全可以在立法中直接规定适用消费者惯常居所地和商品、服务提供地中最有利于消费者利益的法律，向消费者合同中的弱势一方倾斜，以凸显国际私法的正义内核。

---

① 朱莉：《中国涉外合同法律适用问题研究》，华东政法大学硕士学位论文，2012年，第 34 页。

② C. G. J. Morse, *Contracts of Employment and the EEC Contractual Obligations Convention*, in P. North （ed.）, Contract Conflicts （North Holland, 1982）, pp. 21.

（二）劳动合同法律适用制度的完善

1. 有限承认当事人的意思自治

一直以来，在涉外合同法律适用领域，当事人意思自治原则地位的重要性是不言而喻的。由于其在法律适用上的可预期性和稳定性，能有效促进合同争议的解决，已为当今世界各国普遍接受。

劳动合同是劳动者与用人单位合意的产物，究其本质应当属于私法性质的合同。虽然，国家为保护劳动者的利益而通过相关立法对劳动合同进行干预，但这并不否定劳动合同的私法性质。因此，劳动合同与其他一般合同一样，应当允许当事人享有自治选择合同准据法的权利。

在劳动合同中，劳动者与用人单位谈判地位是不平等的，为避免用人单位利用谈判优势选择只有利于自己的准据法，各国在立法中大都采用强制规则对当事人的意思自治进行了限制。通过这样的规定，一方面可以充分尊重当事人的意思自治；另一方面，当劳动者的合同履行地在中国时，可以确保我国劳动法中保护劳动者的强制规则得到遵守，从而有效保护作为弱势方的劳动者的利益。因此，有限度的意思自治，被认为是各国在劳动合同法律适用上的主要特点之一。[1]

与消费者合同相比，当事人意思自治其实更可能被利用在劳动合同领域，尤其是当劳动者是专业人员，例如为大型企业工作的首席执行官[2]。这种排除当事人意思自治的规定，剥夺了劳动者通过选择法律而获得适用对其更有利的法律的机会。[3] 此种立法理念就好比因噎废食，就因为顾虑劳动者会被操纵，或是受专业水平所限无法选择利于保护其利益的法律，就在劳动合同的领域内将意思自治悉

---

① 万鄂湘主编：《〈中华人民共和国涉外民事关系法律适用法〉条文理解与适用》，中国法制出版社 2011 年版，第 309 页。

② 齐彦伟：《论涉外劳动合同的法律适用对弱者的保护——兼评我国〈涉外民事关系法律适用法〉的相关规定》，黑龙江省政法管理干部学院学报 2011 年第 3 期。

③ 齐彦伟：《论涉外劳动合同的法律适用对弱者的保护——兼评我国〈涉外民事关系法律适用法〉的相关规定》，黑龙江省政法管理干部学院学报 2011 年第 3 期。

数丢弃，这并不是可取的选择。① 因此，优化意思自治之规定，作出合理适宜的限制，才是我们尽可能保护劳动者利益的出路。

2. 确立保护性法律优先适用的原则

为保护劳动者这一弱势方的权利，各国的冲突法规则往往会通过强制规则对当事人的意思自治进行限制。我国立法者也正是出于这一种良好的愿景，制定了《法律适用法》第 43 条。但是，如果完全不考虑我国的劳动者保护标准是否会低于劳动者工作地的劳工保护标准，而一律武断地适用工作地的法律，该规则也就产生了不可回避的硬伤。其实，我国的这种做法与国际上通行的做法是背道而驰的。国际上，各国从保护弱者利益原则出发，大多规定在当事人选择的法律和劳动者工作地法律中选择一个保护标准较高的法律来适用。② 因此，我国可以借鉴《罗马条例 I》第 8 条第 1 款之规定，以我国法律为底线，要求其不得剥夺我国法律所赋予劳动者的强制性的保护和权利，如果所选择的法律提供的保护标准更高，则适用该法律。确立保护性法律优先适用的原则，有利于切实保护劳动者的合法权益，实现冲突法的实质正义。

总的来说，《涉外民事关系法律适用法》的出台基于我国的审判实践，弥补了现行立法在这一方面的不足，为法官准确适用法律，正确审理涉外劳动合同纠纷案件提供了依据，其进步意义不言而喻。但是与国际上其他一些发达国家的立法相比，第 43 条的规定缺乏弹性，也显得单薄。对于其是否能够更好地发挥保护弱者的权益的作用，还有待于实践的进一步检验。

---

① 刘晓红、胡荻：《论我国〈涉外民事关系法律适用法〉的若干实践困境》，载《2011 年中国国际私法学会年会论文集》，第 72 页。

② 肖永平著：《法理学视野下的冲突法》，高等教育出版社 2008 年版，第 314 页。

参考文献

一、中文著作类

[1]《中国大百科全书：法学》（修订版），中国大百科全书出版社 2006 年版。

[2]［德］海因·克茨著：《欧洲合同法》（上卷），周忠海、李居迁、宫立云译，法律出版社 2001 年版。

[3]［德］马迪亚斯·赫蒂根著：《欧洲法》，张恩民译，法律出版社 2003 年版。

[4]［法］热拉尔·卡著：《消费者权益保护》，姜依群译，商务印书馆 1997 年版。

[5]［美］弗里德里希·K. 荣格著：《法律选择与涉外司法》，霍政欣，徐妮娜译，北京大学出版社 2007 年版。

[6]［英］J. H. C. 莫里斯主编：《戴西和莫里斯论冲突法》（上、中、下），李双元等译，中国大百科全书出版社 1998 年。

[7]［英］J. H. C. 莫里斯著：《法律冲突法》，李东来等译，中国对外翻译出版公司，1990 年版。

[8]［英］马丁·沃尔夫著：《国际私法》，李浩培、汤宗舜译，法律出版社 1988 年版。

[9]陈隆修著：《中国思想下的全球化选法规则》，五南图书出版公司 2012 年版。

［10］陈小云著：《英国国际私法本体研究》，知识产权出版社2008年版。

［11］傅静坤著：《契约冲突法论》，法律出版社1999年版。

［12］高宏贵著：《国际私法（冲突法篇）基本问题研究》，高等教育出版社2010年版。

［13］韩德培、韩健著：《美国国际私法（冲突法）导论》，法律出版社1994年版。

［14］韩德培主编：《国际私法》，高等教育出版社、北京大学出版社2000年版。

［15］黄进、姜茹娇主编：《〈中华人民共和国涉外民事关系法律适用法〉释义与分析》，法律出版社2011年版。

［16］黄进、刘卫翔主编：《当代国际私法问题》，武汉大学出版社1997年版。

［17］李双元、徐国建著：《国际民商新秩序的理论建构——国际私法的重新定位与功能转换》，武汉大学出版社1998年版。

［18］李双元著：《国际私法（冲突法篇）》，武汉大学出版社1987年版。

［19］刘仁山主编：《国际私法》，中国法制出版社2010年版。

［20］刘仁山主编：《国际私法》，中国人民大学出版社2009年版。

［21］刘仁山著：《加拿大国际私法研究》，法律出版社2001年版。

［22］刘卫翔著：《欧洲联盟国际私法》，法律出版社2002年版。

［23］龙著华、王荣珍著：《合同法专题研究》，中国商务出版社2004年版。

［24］马汉宝著：《法律思想与社会变迁》，清华大学出版社2008年版，第302页。

［25］屈广清等著：《国际私法之弱者保护》，商务印书馆2011

年版。

［26］邵景春著：《欧洲联盟的法律与制度》，人民法院出版社1999年版。

［27］沈涓著：《合同准据法理论的解释》，法律出版社2000年版。

［28］沈涓著：《中国区际冲突法研究》，中国政法大学出版社1999年版。

［29］苏永钦著：《走入新世纪的私法自治》，中国政法大学出版社2002年版。

［30］王军、陈洪武著：《合同冲突法》，对外经济贸易大学出版社2003年版。

［31］肖永平主编：《欧盟统一国际私法研究》，武汉大学出版社2002年版。

［32］肖永平著：《肖永平论冲突法》，武汉大学出版社2002年版。

［33］徐冬根、王国华、萧凯主编：《国际私法》，清华大学出版社2005年版。

［34］徐冬根、薛凡著：《中国国际私法完善研究》，上海社会科学院出版社1998年版。

［35］徐冬根著：《国际私法趋势论》，北京大学出版社2005年版。

［36］许军珂著：《国际私法上的意思自治》，法律出版社2006年版。

［37］曾令良著：《欧洲联盟法总论》，武汉大学出版社2007年版。

［38］张玉卿、葛毅主编：《中国合同法比较法案例分析》（第一册），中国商务出版社2003年版。

［39］赵相林主编：《国际私法》，中国政法大学出版社2005年版。

[40] 赵相林主编:《中国国际私法立法问题研究》,中国政法大学出版社 2002 年版。

[41] 中国国际私法学会:《中国国际私法与比较法年刊》,法律出版社、北大出版社(1998~2011 年)。

[42] 中国国际私法学会:《中华人民共和国国际私法示范法》,法律出版社 2000 年版。

[43] 邹国勇著:《德国国际私法的欧洲化》,法律出版社 2007年版。

二、中文论文类

[1] 陈隆修:《由欧盟经验论中国式国际私法》,载《2010 年海峡两岸国际私法学术研讨会论文集》。

[2] 陈卫佐:《欧共体国际私法的最新发展——关于合同之债准据法的〈罗马 I 规则〉评析》,载《环球法律评论》2010 年第 2 期。

[3] 丁伟:《〈涉外民事关系法律适用法〉一般规定评述——兼论〈法律适用法〉后时期中国国际私法发展方向》,载《2011 年中国国际私法学会年会论文集》。

[4] 丁伟:《限制"意思自治原则"的法律制度新探》,载《政治与法律》1996 年第 1 期。

[5] 杜志华:《欧盟消费者保护法的立法根据》,载《武汉大学学报》(社会科学版)2001 年第 6 期。

[6] 杜志华:《欧盟消费者保护政策的形成与发展》,载《欧洲》2001 年第 5 期。

[7] 范征、王凤华:《欧盟统一大市场中的消费者保护一体化研究》,载《法学》2000 年第 10 期。

[8] 郭玉军、车英:《研讨实施适用法律问题 推进国际私法立法工作——中国国际私法学会 2011 年昆明年会综述》,载《武汉大学学报(哲学社会科学版)》2012 年第 3 期。

［9］胡永庆：《论公法规范在国际私法中的地位——"直接适用法"问题的展开》，载《法律科学》1999 年第 4 期。

［10］黄进：《中国涉外民事关系法律适用法的制定与完善》，载《政法论坛》2011 年第 5 期。

［11］金彭年：《法律规避中的强制性和禁止性规范研究》，载《福建政法管理干部学院学报》2007 年第 4 期。

［12］李凤琴：《国际合同法律适用发展趋势研究》，华东政法大学博士学位论文，2011 年。

［13］李凤琴：《论合同冲突法中强制规则的适用》，载《海峡法学》2010 年第 9 期。

［14］李雨轩：《〈欧盟合同之债法律适用规则〉的强制性规范研究》，暨南大学硕士学位论文，2011 年。

［15］刘贵祥：《涉外民事关系法律适用法在审判实践中的几个问题》，载《人民司法》2011 年第 10 期。

［16］刘仁山、粟烟涛：《法律选择中的人权保障问题——基于两大法系司法实践的比较研究》，载《法商研究》2007 年第 2 期。

［17］刘仁山：《"意思自治"原则与国际商事合同的法律适用》，载黄进、刘卫翔主编：《当代国际私法问题》，武汉大学出版社1997 年版。

［18］刘仁山：《"意思自治"原则在国际商事合同法律适用中的适用限制》，载《武汉大学学报》（社会科学版）1996 年第 4 期。

［19］刘仁山：《"最密切联系原则"与"特征性履行原则"的立法研究》，载《法商研究》1995 年第 5 期。

［20］刘仁山：《涉外合同法律适用条款实施建议》，载《法学杂志》2000 年第 1 期。

［21］刘仁山：《国际合同法律适用中"意思自治原则"的晚近发展——2012 年〈国际合同法律选择海牙原则〉介评》，载《环球法律评论》2013 年第 6 期。

［22］刘仁山：《现时利益重心地是惯常唇所地法原则的价值导

向》，载《法学研究》2013 年第 3 期。

[23] 刘仁山：《"直接适用的法"在我国的适用——兼评〈《涉外民事关系法律适用法》解释（一）〉第 10 条》，载《法商研究》2013 年第 3 期。

[24] 刘武俊：《立法程序的民主性与公开性》，载《人民法院报》2001 年 5 月 29 日。

[25] 刘想树：《论最密切联系的司法原则化》，载《2011 年中国国际私法学会年会论文集》。

[26] 刘晓红、胡荻：《论我国〈涉外民事关系法律适用法〉的若干实践困境》，载《2011 年中国国际私法学会年会论文集》。

[27] 刘懿彤：《欧盟国际私法的最新发展进程》，载《法学杂志》2009 年第 2 期。

[28] 吕岩峰：《国际合同法律适用的理论分歧和历史演进》，载《长春市委党校学报》1999 年第 1 期。

[29] 潘攀：《论表面联系原则》，载《中国社会科学》2000 年第 3 期。

[30] 宋晓：《特征履行理论：举废之间》，载《中国国际私法与比较法年刊》（2008），北京大学出版社 2008 年版。

[31] 苏号朋、刘春梅：《欧盟消费者保护立法述评》，载沈四宝、王军主编：《国际商法论丛》第 9 卷，法律出版社 2008 年版。

[32] 田园：《保护弱者原则对国际私法基本制度的影响》，载《中国国际私法与比较法年刊》第 4 卷，法律出版社 2001 年版。

[33] 王军、沈雨青：《欧盟保险法的统一进程》，载《河北法学》2007 年第 8 期。

[34] 王军、王秀转：《欧盟合同法律适用制度的演进》，载《清华法学》2007 年第 1 期。

[35] 王胜明：《涉外民事关系法律适用法若干争议问题》，载《法学研究》2012 年第 2 期。

[36] 王秀转：《欧盟雇佣合同的法律适用规则》，载老行者之

家网，http：//www. law – walker. net/detail. asp？id = 4446，2014 年 6 月 30 日访问。

［37］温树英、刘佳佳：《欧盟保险合同法律适用规则的最新发展及其对我国的启示》，载《武大国际法评论》（第十三卷），武汉大学出版社 2010 年版。

［38］肖永平：《最密切联系原则：〈美国第二次冲突法重述〉与中国法之比较》，载《中国国际私法与比较法年刊》（2006），北京大学出版社 2007 年版。

［39］肖永平：《最密切联系原则在中国冲突法中的应用》，载《中国社会科学》1992 年第 3 期。

［40］谢宝朝：《合同冲突法的当代发展及我国的立法完善》，华东政法大学博士学位论文，2011 年。

［41］谢宝朝：《论〈罗马条例Ⅰ〉对欧盟合同冲突法的发展及对我国的启示》，载《西南政法大学学报》2010 年第 6 期，第 97 页。

［42］谢海：《国际消费者保护政策的国内借鉴：以欧盟为例》，载《经济体制改革》2005 年第 4 期。

［43］谢海：《欧盟消费者保护政策研究》，四川大学博士学位论文，2007 年。

［44］徐崇利：《规则与方法——欧美国际私法立法政策的比较及其对我国的启示》，载《法商研究》2001 年第 2 期。

［45］徐崇利：《合同领域最密切联系原则的适用方法探讨》，载《厦门大学法律评论》（第 3 期），厦门大学出版社 2002 年版。

［46］徐冬根：《论国际私法的形式正义与实质正义》，载《华东政法学院学报》2006 年第 1 期。

［47］许军珂：《论消费者保护的法律选择模式——欧美模式与中国模式之比较、启示与思考》，载《法学家》2011 年第 5 期。

［48］杨永红：《论欧盟区域内的强制性规范》，载《当代法学》2006 年第 7 期。

［49］于飞：《欧盟非合同义务法律适用统一化》，载《法律科

学》2009 年第 1 期。

［50］张先明：《正确审理涉外民事案件 切实维护社会公共利益——最高人民法院民四庭负责人答记者问》，载中国法院网 http：//www. chinacourt. org/article/detail/2013/01/id/810388. shtml，2014 年 6 月 30 日访问。

［51］张学哲：《德国当代私法体系变迁中的消费者法》，《比较法研究》2006 年第 6 期。

［52］张榆青：《冲突法中法律选择的确定性与灵活性——欧美冲突法演进的两条不同路径》，载《理论导刊》2008 年第 11 期。

［53］赵志全：《欧盟消费者保护研究：经济分析、法律规制与制度启示》，复旦大学博士后出站报告，2006 年 9 月。

［54］钟瑞栋：《民法中的强制性规范——兼论公法与私法"接轨"的立法途径与规范配置技术》，载《法律科学（西北政法大学学报)》2009 年第 2 期。

［55］朱军、张茂：《国际消费合同的法律适用问题探讨》，载《法制与社会发展》1998 年第 5 期。

［56］朱莉：《中国涉外合同法律适用问题研究》，华东政法大学硕士学位论文，2012 年。

三、英文著作类

［1］Bernd von Hoffmann（Ed.），*European Private International Law*，Ars Aequin Libri，1998.

［2］C. M. V. Clarkson and Jonathan Hill，*The conflict of laws*，Oxford University Press，2006.

［3］Cheshire and North，*Private International Law*，London，Butterworths，1987.

［4］Cheshire，North & Fawcett，*Private International Law*，Oxford University Press，2008.

［5］Dicey and Morris, *The Conflict of Laws*, 13th ed. , Sweet & Maxwell, 2000.

［6］Dicey, Morris and Collins, *The Conflict of Laws*, 14th ed. , London: Sweet & Maxwell, 2006.

［7］Ferrari（F. ）& Leible（S. ）, *Rome I Regulation: The Law Applicable to Contractual Obligations in Europe* , Sellier European Law Publishers, 2009.

［8］Friedrich K. Juenger, *Choice of Law and Multistate Justice*, Martinus Nijhoff, 1993.

［9］Friedrich K. Juenger, *Choice of Law and Multistate Justice*, Transnational Publisher, Inc. 2005.

［10］G. Goodrich, *Handbook on the Conflict of Laws*, West Pub. Co. , 1927.

［11］J. H. C. Morris and P. M. North, *Cases and Materials on Private International Law*, 1984.

［12］J. H. C. Morris, *The Conflict of Laws*, Stevens & Sons Limited, 1987.

［13］Jirgen Basedow, *Consumer Contracts and Insurance Contracts in a Future Rome I Regulation*, *Enforcement of International Contracts in the European Union: Convergence and Divergence between Brussels I and Rome I*, JohanMeeusen, Marta Pertegds & Gert Straetmans eds. , 2004.

［14］Jo Shaw, *Law of the Euopean Union*, 2nd edition, Macmillan Law Masters, 1996.

［15］John G. Collier, *Conflict of laws*, Cambridge University Press, 2001.

［16］Jonathan Hill, *Cross – Border Consumer Contracts*, Oxford University Press, 2008.

［17］Joseph H. Beale, *A Treatise on the Conflict of Laws*, New York Baker, Voorhis & Co. , 1935.

[18] K. Zweigert and Kötz, *An Introduction to Comparative Law*, 3rd ed. , Oxford: Oxford University Publication, 1998.

[19] Lawrence Collins, Dicey, *Morris and Collins on the Conflict of Laws* (First Supplement to the Fourteenth Edition), Sweet & Maxwell, 2007.

[20] Ministry of Justice, *Rome I - Should the UK Opt In?*, CP (R) 05/08, Jan, 2009.

[21] Nuyts A. & Watte N. , *International Civil Litigation in Europe and Relations with Third States*, Bruxelles, 2005.

[22] P. North, *Contract Conflict*, Oxford: Oxford University Publication, 1982.

[23] Paras Diwan and Peeyushi Diwan, *Private international law*, *Indian and English*, New Delhi: Deep & Deep Publications, 1993.

[24] Peter North, *Essays in Private International Law*, Clarendon Press, Oxford, 1993.

[25] Peter North, *Varying the Proper Law*, in *Essays in Private International Law*, Clarendon Press, Oxford, 1993.

[26] Peter Nygh, *Autonomy in International Contracts*, Clarendon Press, Oxford, 1999.

[27] Peter Stone, *EU Private International Law: Harmonization of Laws*, Cheltenham: Edward Elgar, 2006.

[28] *Principles*, *Definitions and Model Rules of European Private Law: Draft Common Frame of Reference (DCFR) Interim Outline Edition*, European Law Publishers, 2008.

[29] R. H. Graveson, *Conflict of laws: Private International Law*, London: Sweet & Maxwell, 1974.

[30] Richard Plender & Michael Wilderspin, *The European Contract Convention*, 2nd ed. , London: Sweet & Maxwell, 2001.

[31] Richard Plender & Michael Wilderspin, *The European Private*

International Law of Obligations, 3rd ed. , London: Sweet & Maxwell, 2009.

［32］ Scrutton, *Charterparties and Bills of Lading*, 20th ed. , 1996.

［33］ Trevor C. Hartley, *International Commercial Litigation*: *Text*, *Cases and Materials on private international law*, Cambridge University Press, 2009.

四、英文论文类

［1］ AJ. E. Jaffey, *Offer and Acceptance and Related Questions in the English Conflict of Laws*, 24 I. C. L. Q. (1975).

［2］ Andrea Bonomi, *Mandatory Rules in Private International Law*, Yearbook of Private International Law, (1999).

［3］ Andrea Bonomi, *The Rome I Regulation on the Law Applicable to Contractual Obligations*: *Some General Remarks*, 10 Ybk. Priv. Int'l L. (2008).

［4］ Bernard Audit, *How Do Mandatory Rules of Law Function in International Civil Litigation*, 18 The American Review of International Arbitration (2007).

［5］ Bonomi A. , *Conversion of the Rome Convention into an EC Instrument*, Yearbook of Private International Law, (2003).

［6］ Bonomi, *Article 7 (1) of the European Contracts Convention*: *Codifying The Practice of Applying Foreign Mandatory Rules*, 114 Hav. L. Rev. (2001).

［7］ C. G. J. Morse, *Contracts of Employment and the EEC Contractual Obligations Convention*, in P. North (ed.), Contract Conflicts, North Holland, (1982).

［8］ C. G. J. Morse, *The EEC Convention on the Law Applicable to*

Contractual Obligation, 2 Ybk. E. L. （2006）.

［9］ C Riefa, *Acticle 5 of the Rome Convention on the Law Applicable to Contractual Obligation of* 19 *June* 1980 *and Consumer E – cntracts*: *The Need for Reform*, 13 Information & Communications Technology, （2004）.

［10］ D. F. Cavers, *Cotemporary Conflicts Law in American Perspective*, 131 Recueil des Cours, （1970 – III）.

［11］ Eva Lein, *The New Rome I / Rome II / Brussels I Synegry*, 10 *Yearbook of Private International Law*, （2008）.

［12］ F. A. Mann, *The Proposed New Law of Exemption Clauses and the Conflict of Laws*, 26 I. C. L. Q. （1977）.

［13］ Franceca Ragno, *The Law Applicable to Consumer Contract under the Rome I Regulation*, Ferrari （F. ） & Leible （S. ）, *Rome I Regulation*: *The Law Applicable to Contractual Obligations in Europe*, Sellier European Law Publishers, 2009.

［14］ Francisco J. Garcimartín Alférez, *The Rome I Regulation*: *Much ado about nothing*? The European Legal Forum – Internet Portal, Issue 2 – 2008.

［15］ G. Cavalier and R. Upex, *The Concept of Employment Contract in European Union Private Law*, 55 I. C. L. Q. （2006）.

［16］ Gilles Cuniberti, French Case on Foreign Mandatory Rules ［EB/OL］, http: //conflictoflaws. net/2010/french – case – on – foreign – mandatory – rules/

［17］ Hannah L. Buxbaum, *Mandatory Rules in Civil Litigation*: *Status of the Doctrine Post – Globalization*, 18 The American Review of International Arbitration, （2007）.

［18］ Hansen, *Applicable Employment Law after Rome I—The Draft Rome I Regulation and Its Importance for Employment Contracts*, 19 Eur. Bus. L. Rev. （2008）.

［19］Helmut Heiss，*Insurance Contracts in Rome I*：*Another Recent Failunre of the European Legislature*，10 Yearbook of Private International Law，（2008）.

［20］Helmut Heiss，*Party Autonomy*，Ferrari（F.）& Leible （S.），*Rome I Regulation*：*The Law Applicable to Contractual Obligations in Europe*，Sellier European Law Publishers，2009.

［21］H. Magnus，*Set - off and the Rome I Proposal*，Y. P. I. L. （2006）.

［22］H. U. J. D' Oliveira，*Characteristic Obligation in the Draft EEC Obligation Convention*，25 Am. J. Comp. L.（1977）.

［23］James J. Healy，*Consumer Protection Choice of Law*：*European Lessons for the United States*，19 Duke J. Comp. & Int'l L. （2008 - 2009）.

［24］Jan - Jaap Kuipers，*Party Autonomy in the Brussels I Regulation and Rome I Regulation and the European Court of Justice*，10 German Law Journal（2009）.

［25］J. H. C. Morris，The Proper Law of A Tort，64 Harv. L. Rev. （1951）.

［26］J. Hill，*Choice of Law in Contract under the Rome Convention*，53 I. C. L. Q.（2004）.

［27］Jonathan Harris，*Mandatory Rules and Public Policy under the Rome I Regulation*，Ferrari（F.）& Leible（S.），*Rome I Regulation*：*The Law Applicable to Contractual Obligations in Europe*，Sellier European Law Publishers，2009.

［28］Juenger F. K.，*The Inter - American Convention on the Law Applicable to International Contract*：*Some Highlights and Comparison*，Am. J. Comp. L.（1994）.

［29］Katharina Boele - Woelki，*Dutch Private International Law at the End of the 20th Century*：*Pluralism of Methods*［EB/OL］. http：//

www. library. uu. nl/publarchief/jb/congres/01809180/15/b11. pdf.

[30] Kramer, *The New European Conflict of Law Rules on Insurance Contract in Rome I*, *A Complex Compromise*, The Lefai University Journal of Insurance Law, (2008) .

[31] Lando O. & Nielsen P. , *The Rome I Proposal*, 3 Journal of Private International Law, (2007).

[32] Lando (O.) & Nielsen (P.), *The Rome I Regulation*, 45 Common Mkt. L. Rev. (2008).

[33] Lando O. , *Some Issues Relating to the Law Applicable to Contractual Obligation*, King's Coll. L. J. (1996 – 1997).

[34] Laura Garcia Gutierrez, *Franchise Contracts and the Rome I Regulation on the Law Applicable to International Contracts*, 10 Ybk. Priv. Int'l L. 233 (2008).

[35] L. E. Gillies, *Choice – of – Law Rules for Electronic Consumer Contracts: Replacement of the Rome Convention by the Rome I Regulation*, 3 Journal of Private International Law, (2007).

[36] L. Gilles, *Jurisdiction for Consumer Contract: European Union Modified Rules for Electronic Consumer Contract*, 17 Computer Law and Society Reports 395 (2001).

[37] L. L. Mcdougal, *Private International – Law – Ius Gentium Versus Choice of Law Rules or Approaches*, 38 Am. J. Comp. L. (1990).

[38] Luo Junming, *Choice of Law for Contracts in China: a Proposal for the Objectivation of Standards and Their Use in Conflict of Law*, 6 Ind. Int' l & Comp. L. Rev. (1996).

[39] Michael Hellner, *Set – off*, Ferrari (F.) & Leible (S.), *Rome I Regulation: The Law Applicable to Contractual Obligations in Europe*, Sellier European Law Publishers, (2009).

[40] Morris, *The Proper Law of a Tort*, 64 Harv. L. R. (1951).

[41] Nobet Reich, *European Consumer Law and its Relationship to*

Private Law, 3 European Review of Private Law (1995).

［42］Peter Arnt Nielsen, *The Rome I Regulation and Contract of Carriage*, Ferrari（F.）& Leible（S.）, *Rome I Regulation: The Law Applicable to Contractual Obligations in Europe*, Sellier European Law Publishers, 2009.

［43］Peter Hay, *Flexibility versus Predictability and Uniformity in Choice of Law*, Collected Courses of the Hague Academy of International Law,（1991 - I）.

［44］Peter Hay, *Flexibility Versus Predictability and Uniformity in Choice of Law: Reflections on Current European and United States Conflicts Law*, 215 Recueil des Cours,（1989）.

［45］Peter Mankowski, *Employment Contracts under Article 8 of the Rome I Regulation*, Ferrari（F.）& Leible（S.）, *Rome I Regulation: The Law Applicable to Contractual Obligations in Europe*, Sellier European Law Publishers, 2009.

［46］O. Kahn - Freund, *General Problems of Private International Law*, 143 Recueil des Cours,（1974 - III）.

［47］Solomon, *The Private International Law of Contracts in Europe: Advances and Retreats*, 82 Tulane Law Review（2008）.

［48］Symeon C. Symeonides, *PIL at the End of the 20th Century: Progress or Regress? Kluwer Law International*,（2000）.

［49］Symen C. Symeonides, *A New Conflicts Restatement: Why Not?* The Journal of Private International Law,（2009）.

［50］Symen C. Symeonides, *Choice of Law in the American Courts in 2001: Fifteenth Annual Survey*, 50 Am. J. Comp. L.（2002）.

［51］Symen C. Symeonides, *Choice of Law in the American Courts in 2002: Sixteenth Annual Survey*, 51 Am. J. Comp. L.（2003）.

［52］Symen C. Symeonides, *Choice of Law in the American Courts in 2003: Seventeenth Annual Survey*, 52 Am. J. Comp. L.（2004）.

[53] Symen C. Symeonides, *The American choice – of – law revolution in the courts : today and tomorrow*, Recueil des Cours, Volume 298, (2002).

[54] Symen C. Symeonides, *Private International Law at the End of the 20th Century*, Kluwer Law International, (2000).

[55] Tripodi Leandro, "Case Translation of Finvetro S. R. L. v Glassmoble S. A", 14 Vindobona Journal 117 (2010).

[56] Ulrich Magnus, *Article 4 Rome I Regualtion : The Applicable Law in Absence of Choice*, 10 Ybk. Priv. Int'l L. (2008).

[57] Urs Peter Gruber, *Insurance Contract*, Ferrari (F.) & Leible (S.), *Rome I Regulation : The Law Applicable to Contractual Obligations in Europe* , Sellier European Law Publishers, 2009.

[58] Vischer F. , *The Relevance of the UNIDROIT Principle for Judges and Arbitration in Disputes Arising out of International Contracts*, EJLR, (1998/1999).

[59] W. L. M. Resse, *Depecage : A Common Phenomenon in Choice of Law*, 73 Colum. L. Rev. (1973).

[60] Zheng Tang, *The Interrelationship of European Jurisdiction and Choice of Law in Contract*, Journal of Private International Law, (2008).

[61] Z Tang, *Parties' Choice of Law in E – Consumer Contracts*, 3 Journal of Private International Law, (2007) .

附件 A

欧洲议会和欧盟理事会 2008 年 6 月 17 日关于合同之债法律适用的第 593/2008 号（欧共体）条例（《罗马条例 I》）

欧洲议会和欧盟理事会，

考虑到《建立欧洲共同体的条约》，特别是第 61 条第 c 项和第 67 条第 5 款第 2 项之规定，

考虑到欧盟委员会之建议，

考虑到欧洲经济与社会委员会之意见①，

根据《建立欧洲共同体的条约》第 251 条规定之程序②，

鉴于：

（1）共同体为自身设定了维护和发展一个自由、安全和正义的区域的目标。为逐步建立这样一个区域，共同体将采取一些与跨境民事司法合作有关的措施，以实现内部市场的正常运转。

（2）依据《建立欧洲共同体的条约》第 65 条第 b 项的规定，这些措施应包括那些促进适用于各成员国的冲突法规则与管辖权规则的可协调性的措施。

（3）1999 年 10 月 15～16 日在坦佩雷召开了欧盟理事会会议，

---

① OJ C 318，23. 12. 2006，p. 56.

② 2007 年 11 月 29 日欧洲议会意见（尚未正式在《欧盟官方公报》上公布）和 2008 年 6 月 5 日欧盟理事会的决定。

会议赞同以相互承认司法机关的判决和其他决定之原则作为民事司法合作的基石，并敦促欧盟理事会和欧盟委员会采取一系列措施来实施该原则。

（4）2000年11月30日，欧盟理事会通过了一项由欧盟委员会和欧盟理事会共同制定的关于实施相互承认民商事判决之原则的措施方案①。该方案认为与协调冲突法规则有关的措施同那些促进判决的相互承认的措施是一致的。

（5）欧盟理事会2004年11月5日通过的《海牙计划》② 要求积极地制定有关合同之债的冲突法规则（《罗马条例Ⅰ》）。

（6）为了提高诉讼结果的可预见性、法律适用的确定性和判决的自由流动，内部市场的正常运转要求不论在何国法院提起诉讼，各成员国的冲突规范均能指向同一国家的法律。

（7）本条例的实体适用范围及规定应与欧盟理事会2000年12月22日通过的《关于民商事管辖权及判决的承认与执行的第44/2001号（欧共体）条例》③（《布鲁塞尔Ⅰ》）以及欧洲议会和欧盟理事会2007年7月11日通过的《关于非合同之债法律适用的第864/2007号（欧共体）条例》④（《罗马Ⅱ》）保持一致。

（8）家庭关系应包括亲子关系、婚姻关系、姻亲关系和旁系亲属关系。本条例第1条第2款所指的与婚姻或其他家庭关系具有类似效力之关系，应依据受理案件的成员国的法律进行解释。

（9）因汇票、支票、本票及其他流通票据而发生的债务也应包括具有流通性质的提单。

（10）因订立合同前的行为而产生的债务，适用《第864/2007号（欧共体）条例》第12条的规定。因此，此类债务应被排除在本

---

① OJ C 12, 15. 1. 2001, p. 1.

② OJ C 53, 3. 3. 2005, p. 1.

③ OJ L 12, 16. 1. 2001, p. 1. 该条例最后被《第1791/2006号（欧共体）条例》）（OJ L 363, 20. 12. 2006, p. 1）修订。

④ OJ L 199, 31. 7. 2007, p. 40.

条例的适用范围之外。

（11）当事人选择准据法的自由应成为合同之债冲突法规则体系的基石之一。

（12）当事人之间的有关将合同争议交由某成员国的一个或多个法院或法庭专属管辖的协议，应作为确定是否清楚地表明法律选择的考虑因素之一。

（13）本条例并不妨碍当事人在其合同中援引一个非国家实体的法律或某国际公约。

（14）如果共同体在有关法律文件中制定了合同实体法规则，包括合同标准条款，则该法律文件可以规定当事人能选择适用这些规则。

（15）如果已作出法律选择，而与当时情况有关的所有其他因素均位于所选择的法律所属国以外的一个其他国家，则该法律选择不得影响该其他国家的那些不能通过协议减损的法律条款的适用。不论法律选择是否与法院或法庭的选择协议一并作出，该规则均应予以适用。虽然较之于 1980 年《合同之债法律适用公约》①（《罗马公约》）第 3 条第 3 款，在内容上无意进行实质性修订，但本条例从措辞上尽可能与《第 864/2007 号（欧共体）条例》第 14 条保持一致。

（16）为实现本条例的总目标，即欧洲司法区域内的法律确定性，冲突法规则应具有高度的可预见性。但法院应保留一定程度的自由裁量权，以便确定与案件有最密切联系的法律。

（17）就未作选择时适用的法律而言，对"提供服务"和"货物销售"概念的解释应与《第 44/2001 号（欧共体）条例》第 5 条规定的货物销售和提供服务的范围相同。尽管特许经营合同和分销合同都属于服务合同，但应受特殊规则调整。

（18）就未作选择时适用的法律而言，多边体系是指那些进行贸易的体系，如欧洲议会和欧盟理事会 2004 年 4 月 21 日《关于金融

工具市场的第 2004/39 号（欧共体）指令》①第 4 条所指的受监管的市场和多边贸易场所，而不论这些体系是否以中央结算对手为依托。

（19）如果未选择法律，应根据为特殊类型的合同所制定的规则来确定准据法。如果不能将合同归为某一特殊类型，或合同要素可列入多个特殊类型的范围，则合同应适用实施特征性履行的当事人的惯常居所地国家的法律。如果合同所包含的大量权利和义务可归为多个特殊类型的合同，则合同的特征性履行的确定应根据其重力中心地来确定。

（20）如合同与本条例第 4 条第 1 款、第 2 款所指国家以外的另一国家显然具有更密切联系，则例外条款应规定适用该另一国的法律。为确定该另一国，应特别考虑该合同是否与其他一个或多个合同具有非常密切的关系。

（21）未作法律选择时，如果根据将合同归为一种特殊类型的事实或实施特征性履行的当事人的惯常居所地国家的法律，均不能确定合同准据法，则合同应适用与其有最密切联系的国家的法律。为确定该国家，应特别考虑该合同是否与其他一个或多个合同具有非常密切的关系。

（22）关于货物运输合同的解释，本条例与《罗马公约》第 4 条第 3 款第三句的规定相比没有实质性变化。因此，单程租船合同以及其他以货物运输为主要目的的合同应视为货物运输合同。在本条例中，"发货人"是指与承运人签订运输合同的人；"承运人"是指从事运输货物的合同当事人，而无论其是否亲自从事运输。

（23）对于与弱方当事人签订的合同，弱方当事人应受到较一般规则更为有利的冲突法规则的保护。

（24）对于更为特殊的消费者合同，冲突法规则应尽可能地削减

---

① OJ L 145, 30.4.2004, p.1. 该指令最后被《第 2008/10 号（欧共体）指令》（OJ L 76, 19.3.2008, p.33）修订。

解决小额诉讼纠纷的成本，并考虑远程销售技术的发展。为确保与
《第 44/2001 号（欧共体）条例》一致，一方面，应援引直接活动
的概念来作为适用消费者保护规则的条件；另一方面，在《第 44/
2001 号（欧共体）条例》和本条例中，对该概念的解释应保持一
致；同时应注意的是，欧盟理事会和欧盟委员会在有关《第 44/2001
号（欧共体）条例》第 15 条的联合声明指出："企业在消费者住所
地的成员国或者在包括该成员国在内的多个成员国境内开展活动，
并不足以满足即将适用第 15 条第 1 款 c 项的条件，而且，合同还应
在其活动范围内订立。"该声明还指出，"尽管互联网网址是促成订
立远程合同的一个因素，并且事实上也通过某种方式签订了远程合
同，但仅仅基于互联网网址的可访问性，并不足以满足即将适用第
15 条第 1 款 c 项的条件。另外，网站所使用的语言或货币也并不属
于其相关因素。"

（25）如消费者合同的订立系商家在消费者惯常居所地国从事商
业或职业活动所致，则消费者应受到该国不能通过协议而减损的规
则的保护。如商家并未在消费者惯常居所地国从事商业或职业活动，
但其通过某种方式将此种活动指向了该国或包括该国在内的多个国
家，且合同的订立系该活动所致，则也应确保消费者受到同样的保
护。

（26）为本条例之目的，《第 2004/39 号（欧共体）指令》附录
I 第 A 和 B 部分所指的商家为消费者提供的诸如投资服务和活动、
辅助性服务等多种金融服务，以及有关出售共同投资企业股份的合
同，无论其是否包含在欧洲经济共同体理事会 1985 年 12 月 20 日
《关于协调有关以可转让证券形式共同投资企业的法律、法规和行政
规章的第 85/611 号指令》① 的适用范围之内，应符合本条例第 6 条
的规定；因此，如援引发行或者向公众发售可转让证券、认购和购

---

① OJ L 375, 31. 12. 1985, p. 3. 该指令最后被欧洲议会和欧盟理事会《第 2008/18
号（欧共体）指令》（OJL 76, 19. 3. 2008, p. 42）修订。

回共同投资企业股份的各种条件时，该援引应包括发行人或发售人
对消费者所负义务的各个方面，但有关金融服务的规定不在此列。

（27）对消费者合同的一般冲突法规则也应规定各种例外情形。
作为一种例外情形，一般规则不适用于不动产物权合同或不动产租
赁合同，但欧洲议会和欧盟理事会 1994 年 10 月 26 日《关于对不动
产分时使用权买卖合同中的买受人加以保护的第 94/47 号（欧共体）
指令》① 所指的不动产分时段使用权合同除外。

（28）重要的是，应确保因金融工具而产生的权利和义务不受适
用消费者合同的一般规则的支配，因为这可能会导致对发行的每种
金融工具适用不同的法律，并因此改变金融工具的性质，妨碍其交
易和发行。同样地，无论何时发行或发售这种金融工具，为确保发
行或发售条件的统一性，发行人或发售人与消费者之间业已建立的
合同关系并不必然强行适用消费者惯常居所地国法。该规则同样也
应适用于第 4 条第 1 款 h 项所指的多边体系，应确保在这种多边体
系下或者与该体系中的经营者订立的合同所适用的法律规则不受消
费者惯常居所地国法的影响。

（29）为本条例之目的，对可转让证券的发行、公开发售或公开
收购条款规定的权利与义务的指引，以及对共同投资企业股份的认
购和购回的指引，均应包括第 10 条、第 11 条、第 12 条和第 13 条所
指事项以及决定证券或份额的分配、超额认购权、撤回权和与发行
相关的类似事项的条件，从而确保与发行相关的、使发行人或发售
人对消费者负有义务的所有合同方面适用唯一的法律。

（30）为本条例之目的，金融工具和可转让证券是均指《第
2004/39 号（欧共体）指令》第 4 条所指的各种手段。

（31）根据欧洲议会和欧盟理事会 1998 年 5 月 19 日《关于用支
付和证券结算体系进行清算终结的第 98/26 号（欧共体）指令》②

---

① OJ L 280, 29.10.1994, p. 83.
② OJ L 166, 11.6.1998, p. 45.

第 2 条 a 项的规定，本条例的所有规定不应影响该体系正式安排的运作。

（32）由于运输合同和保险合同的特殊性，应制定特别规定，以确保对旅客和保单持有人进行充分保护。因此，第 6 条不适用于这些特殊合同。

（33）如保险合同承保的是大风险之外的多项风险，而至少有一项风险分别位于某一成员国和第三国境内，本条例中有关保险合同的特殊规定仅适用于位于某一成员国或多个成员国的一项或多项风险。

（34）根据欧洲议会和欧盟理事会 1996 年 12 月 16 日《关于服务规则框架内派遣劳工的第 96/7 号（欧共体）指令》①，有关个人雇佣合同的规则不应影响派遣劳工目的国的优先性强制规则的适用。

（35）不能通过协议加以减损或只能在对受雇人有利时方可减损的规定给予受雇人提供的保护，不得被剥夺。

（36）就个人雇佣合同而言，如受雇人完成其在国外的任务后被期望继续在原来的国家工作，则其在另一国从事的工作应被视为暂时性的。与原雇主或与原雇主同属于同一集团公司的另一雇主订立新的雇佣合同，不得排除受雇人被视为在另一国暂时性地从事工作的可能性。

（37）出于对公共利益的考虑，在例外情形下，允许各成员国法院可能适用基于公共政策和优先性强制规则的例外规则是合理的。"优先性强制规则"的概念应区别于"不能通过协议而减损的规则"的表述，并应作严格的解释。

（38）对于自愿转让，如果法律制度具有债法和物权法方面的区分，则应明确第 14 条第 1 款中的"关系"这个概念也适用于让与人与受让人之间转让的物权方面。但是，"关系"这个概念不应理解为让与人与受让人之间可能存在的任何关系，尤其是不应扩及与自愿

---

① OJ L 18, 21.1.1997, p.1.

转让和合同代位有关的先决问题。该概念应严格限于与所涉及的自愿转让或合同代位直接相关的方面。

（39）为了法律的确定性，应明确界定"惯常居所"的概念，特别是公司和其他法人或非法人团体的"惯常居所"的概念。《第44/2001 号（欧共体）条例》第 60 条第 1 款设立了三个标准，但与该条例不同的是，（本条例的）冲突法规则应限于唯一的标准，否则，当事人将无法预见其所处情形应适用的法律。

（40）应避免出现冲突法规则分散于各自法律文件以及这些规则间存在歧义的情形。但是，本条例不应排除共同体法就特定事项制定有关合同之债的冲突法规则的可能性。

为促进内部市场正常运转而制订的其他法律文件，即便其不能与本条例规定所指定的法律一起适用，本条例也不得减损其适用。本条例规定所指定的准据法规则的适用不应限制共同体文件，如欧洲议会和欧盟理事会 2000 年 6 月 8 日《关于内部市场的信息社会服务尤其是电子商务的特定法律方面的第 2000/31 号（欧共体）》（《电子商务指令》）①，所规定的货物和服务的自由流动。

（41）尊重各成员国所作的国际承诺，意指本条例不应影响一个或多个成员国在通过本条例时已参加或缔结的国际公约。为便于了解这些法律文件，欧盟委员会应基于各成员国提供的信息在《欧盟官方公报》上公布相关公约的清单。

（42）关于部门事务和合同之债法律适用条款中的个别例外情况，各成员国有权以自己的名义同第三国协商和订立协议，欧盟委员会将向欧洲议会和欧盟理事会就有关程序和条件提出建议。

（43）本条例的目标不能由各成员国充分实现，因而只能凭借本条例的级别和影响在共同体层面更好地得以实现。有鉴于此，共同体可根据《建立欧洲共同体的条约》第 5 条规定的辅助性原则采取措施。根据该条款的相称性原则，本条例不得超越为实现其目标所

---

① OJ L 178, 17.7.2000, p.1.

必需的限度。

（44）根据《欧洲联盟条约》和《建立欧洲共同体的条约》所附的《关于英国和爱尔兰地位的议定书》第 3 条的规定，爱尔兰已经宣布愿意批准和适用本条例。

（45）根据《欧洲联盟条约》和《建立欧洲共同体的条约》所附的《关于英国和爱尔兰地位的议定书》第 1 条和第 2 条的规定，在不影响上述议定书第 4 条适用的情况下，英国不会参与本条例的通过，因而不受本条例约束或不适用本条例。

（46）根据《欧洲联盟条约》和《建立欧洲共同体的条约》所附的《关于丹麦地位的议定书》第 1 条和第 2 条的规定，丹麦不会参与本条例的通过，因而不受本条例约束或不适用本条例。

特制定本条例：

第一章　条例的适用范围

第 1 条　实质范围

1. 本条例适用于涉及法律冲突情形的民商事合同之债。

本条例尤其不适用于税务、关税或行政事项。

2. 本条例不适用于：

（a）涉及自然人的身份或法律行为能力的问题，但不影响本条例第 13 条的规定；

（b）因家庭关系而发生的债务，或因依其准据法具有类似效果的关系而发生的债务（包括扶养义务）；

（c）因夫妻财产制，或依其准据法具有类似于婚姻、遗嘱和继承的效果的关系有关的财产制而发生的债务；

（d）因汇票、支票、本票和而其他流通票据而产生的债务，或因其流通性质而产生的债务；

（e）仲裁协议及选择法院的协议；

（f）由公司法和其他关于法人团体或非法人团体的法律所调整的问题，诸如以登记或其他方式设立公司和其他法人团体或非法人团体，其法律行为能力、内部组织、歇业清理，以及其高级职员及成员，由于其职务及组织关系对公司或法人所负债务的个人责任；

（g）代理人是否能使本人对第三人承担责任，或代理机构能否使公司或法人团体或非法人团体对第三人承担责任的问题；

（h）信托的设立以及信托财产的授予人、受托人和信托受益人之间的关系；

（i）因订立合同前的行为而产生的债务；

（j）因欧洲议会和欧盟理事会 2002 年 11 月 5 日《关于人寿保险的第 2002/83 号（欧共体）指令》① 第 2 条所指企业之外的其他组织所从事的行为而产生的保险合同，且该行为旨在为企业或企业集团、行业或集团的雇员或自雇人在其死亡、幸存、失业或丧失劳动能力、患有职业病或发生工伤事故时支付保险金。

3. 本条例不适用于证据和诉讼程序，但不影响本条例第 18 条的规定。

4. 在本条例中，"成员国"系指适用本条例的欧盟各成员国。但在第 3 条第 4 款和第 7 条中，"成员国"系指所有的欧盟成员国。

第 2 条　普遍适用

凡本条例指定适用的法律，无论其是否为某一成员国法，均应予以适用。

第二章　统一规则

第 3 条　法律选择的自由

1. 合同依当事人选择的法律。法律选择必须通过合同条款或具体情况明确地或清楚地加以表明。双方当事人可自行选择适用于合同的全部或部分的法律。

2. 当事人可在任何时候以协议变更其合同所适用的法律，无论以前适用的法律系根据本条选择的结果或是依本条例其他规定的结果。合同订立后，当事人所作出的任何关于法律适用的变更，不得

---

① OJ L 345，19. 12. 2002，p. 1. 该条例最后被《第 2008/19 号（欧共体）指令》（OJ L 76，19. 3. 2008，p. 44）修订。

损害第 11 条规定的合同形式效力，也不得对第三人的权利造成不利影响。

3. 如在法律选择时与当时情况有关的所有其他因素均位于所选择的法律所属国以外的一个其他国家，则当事人的选择不得影响该其他国家的那些不能通过协议减损的法律条款的适用。

4. 如在法律选择时与当时情况有关的所有其他因素均位于一个或多个成员国，则当事人选择适用非成员国的法律，不得影响那些不能通过协议减损的共同体法律条款的适用，即使该共同体法已在法院所在成员国得到适当的实施。

5. 当事人对于选择准据法的同意的存在及效力，应依第 10 条、第 11 条及第 13 条的规定确定。

第 4 条　未作选择时适用的法律

1. 如当事人未依第 3 条选择适用于合同的法律，在不影响第 5 条至第 8 条规定的条件下，应依如下规定确定其适用的法律：

（a）货物销售合同，应适用卖方的惯常居所地国法；

（b）服务合同，应适用服务提供者的惯常居所地国法；

（c）不动产物权合同或不动产租赁合同，应适用不动产所在地国法；

（d）尽管有第 c 项的规定，供私人暂时使用连续不超过 6 个月的不动产租赁合同，如果租赁人是自然人且与出租人在同一国家有惯常居所，则应适用出租人的惯常居所地国法；

（e）特许经营合同，应适用特许经营人的惯常居所地国法；

（f）分销合同，应适用经销商的惯常居所地国法；

（g）通过拍卖方式订立的货物销售合同，如果拍卖发生地能够确定，则应适用拍卖发生地国法；

（h）在多边体系下订立的合同，如果依照非自由裁量规则和单一的法律，该多边体系能集结或便利集结在《第 2004/39 号（欧共体）指令》第 4 条第 1 款第 17 项所指的金融市场中的众多第三人买卖利益，则应适用该单一法律。

2. 第 1 款规定尚未涉及的合同或者涉及第 1 款第 a 项至第 h 项规定两种因素以上的合同，则应适用代表合同特征性履行的一方当事人的惯常居所地国法。

3. 如从整体情况看，合同明显与第 1 款或第 2 款所指国家以外的另一个国家有更密切联系，则适用该另一国的法律。

4. 如根据第 1 款或第 2 款不能确定应适用的法律，则合同应适用与其有最密切联系的国家的法律。

第 5 条　运输合同

1. 当事人未根据第 3 条规定选择适用于货物运输合同的法律时，如果收货地、发货地或托运人的惯常居所地也在承运人的惯常居所地国境内，则适用承运人的惯常居所地国法。如不能满足上述条件，则应适用当事人认可的发货地的国家的法律。

2. 当事人未按照本款第 2 段规定选择适用于旅客运输合同的法律时，如果始发地或者目的地也在旅客的惯常居所地国境内，则适用旅客惯常居所地国法。如不能满足上述条件，则应适用承运人的惯常居所地国法。

当事人按照第 3 条规定选择适用于旅客运输合同的法律时，只能选择下述地点所在国的法律：

（a）旅客的惯常居所地；

（b）承运人的惯常居所地；

（c）承运人的管理中心所在地；

（d）始发地；

（e）目的地。

3. 未进行法律选择时，如从整体情况看，合同明显与第 1 款或第 2 款所指国家以外的另一个国家有更密切联系，则适用该另一国的法律。

第 6 条　消费者合同

1. 在不影响第 5 条及第 7 条规定的原则下，自然人非出于商业或职业目的（"消费者"）而与从事商业或职业活动的另一方（"商家"）订立的合同，应适用消费者惯常居所地国法，如果商家：

（a）在消费者惯常居所地国从事商业或职业活动；或者

（b）通过某种手段，将此种活动指向了该国或包括该国在内多个国家，

并且该合同属于该活动的范围。

2. 尽管有第 1 款的规定，双方当事人仍可依第 3 条的规定选择符合第 1 款要求的合同的准据法。但此种选择的结果，不得剥夺未选择法律时依照第 1 款本应适用的法律中不能通过协议加以减损的强制规则给予消费者提供的保护。

3. 如不能满足第 1 款第 a 项或第 b 项条件的，则适用于消费者和商家之间的合同的法律，应依第 3 条和第 4 条规定确定。

4. 本条第 1 款和第 2 款的规定不适用于：

（a）专门在消费者的惯常居所地之外的其他国家向消费者提供服务的合同；

（b）除 1990 年 6 月 13 日（欧洲经济共同体）理事会《关于包办旅游、包办度假与包办旅行的第 90/314 号指令》[①] 所规定的一揽子旅游合同之外的其他运输合同；

（c）除《第 94/47 号（欧共体）指令》所规定的不动产分时使用权合同之外的其他与不动产物权或者不动产租赁有关的合同；

（d）与金融工具相关的权利和义务，以及作为发行、向公众发售或公开收购可转让证券的条件以及认购和购回共同投资企业股份条件的权利和义务，但以这些活动不涉及提供金融服务为限；

（e）在第 4 条第 1 款第 h 项所指体系下订立的合同。

第 7 条　保险合同

1. 本条适用于第 2 款所指的合同——无论承保的风险是否位于某一成员国境内——以及承保位于成员国境内的风险的所有其他保险合同，但不适用于再保险合同。

---

① 　OJ L 158，23. 6. 1990，p. 59.

2. 承保欧洲经济共同体 1973 年 7 月 24 日《关于协调有关从事人寿保险以外的直接保险业务的法律、法规和行政规章的第 73/239 号第一指令》① 所规定的大风险的保险合同，适用当事人根据本条例第 3 条规定所选择的法律。

当事人未选择准据法时，保险合同适用保险人惯常居所地国法。如从整体情况看，合同明显与另一国有更密切联系，则适用该另一国的法律。

3. 对于第 2 款范围外的保险合同，当事人只能根据第 3 条的规定选择如下法律：

（a）订立合同时风险所在地的成员国法；

（b）保单持有人惯常居所地国法；

（c）人寿保险中的保单持有人国籍国法；

（d）当保险合同承保的风险仅限于风险所在地成员国以外的其他成员国发生的风险事件时，则为该其他成员国法；

（e）如果本款所指保险合同的保单持有人从事商业、工业或自由职业，且保险合同承保的是两项或多项与此活动有关的、位于不同成员国的风险，则为各相关成员国法或者保单持有人的惯常居所地国法。

在第 a、b、e 项所指情况下，如果相关成员国赋予当事人在选择保险合同适用的法律方面享有更大的自由，则当事人可以充分利用该项自由权利。

如果当事人未依本款规定选择准据法，则该合同应适用订立合同时风险所在地的成员国法。

4. 如果成员国对某些风险规定了强制保险义务，则对于承保此类风险的保险合同，适用下列另行规定：

（a）只有在保险合同符合课加强制保险义务的成员国有关该保

---

① OJ L 228，16.8.1973，p. 3. 该指令最后被欧洲议会和欧盟理事会《第 2005/68 号（欧共体）指令》（OJL 323，9.12.2005，p. 1）修订。

险的特别规定时，该保险合同才具有承担保险义务的效力。如果风险所在国法与课加强制保险义务的成员国法彼此冲突，则后者优先适用；

（b）各成员国可以通过减损本条第 2 款和第 3 款的方式，规定保险合同适用课加强制保险义务的成员国法。

5. 如保险合同承保的风险位于多个成员国境内，则为第 3 款第 3 段和第 4 款之目的，应认为该合同由几个合同组成，且每个合同均只涉及一个成员国。

6. 为本条之目的，风险所在国应根据欧洲经济共同体 1988 年 6 月 22 日《关于协调有关除人寿保险以外的直接保险的法律、法规和行政规章以便有效实施提供服务自由的第 88/357 号第二指令》① 第 2 条 d 项之规定确定，对于人寿保险合同，风险所在国所指《第 2002/83 号（欧共体）指令》第 1 条第 1 款 g 项所指义务的国家。

第 8 条　个人雇佣合同

1. 个人雇佣合同应适用当事人根据第 3 条规定所选择的法律。但该法律选择的结果，不得剥夺未作法律选择时依本条第 2 款、第 3 款和第 4 款规定应适用的法律中那些不得通过协议加以减损的强制规则给予受雇人提供的保护。

2. 当事人未选择适用于个人雇佣合同的法律时，则该合同应适用受雇人履行合同的过程中惯常地从事其工作的国家的法律，若无此种国家，则适用受雇人为履行合同惯常地从事其工作的出发地国家的法律。如果受雇人暂时受雇于另一国家，则不应认为其惯常从事工作的国家发生了改变。

3. 如根据第 2 款不能确定应适用的法律，则合同应适用受雇人所受雇的营业所所在地国家的法律。

4. 如从整体情况看，合同明显与本条第 2 款或第 3 款所指国家

---

① OJ L 172, 4.7.1988, p.1. 该指令最后被欧洲议会和欧盟理事会《第 2005/14 号（欧共体）指令》(OJL 149, 11.6.2005, p.14) 修订。

以外的的另一个国家有更密切联系，则适用该另一国的法律。

第 9 条　优先性强制规则

1. 优先性强制规则是指，一国认为在维护其诸如政治、社会或经济组织等公共利益方面至关重要而必须遵守的规则，以至于对属于其适用范围的所有情况，不论根据本条例适用于合同的是何种法律，它们都必须予以适用。

2. 本条例的任何规定均不得限制法院地法中优先性强制规则的适用。

3. 应在其境内或已在其境内履行合同之债的国家，其优先性强制规则也可被赋予效力，但该强制性规定不得使合同的履行归于非法。

在决定是否赋予这些规定以强制性效力时，应考虑其性质、目的以及适用或不适用该规则将产生的后果。

第 10 条　同意与实质有效性

1. 合同或合同任何条款的成立及效力，应根据假设该合同或条款有效时依本条例应适用的法律确定。

2. 但如情况表明，按第 1 款规定的法律来确定一方当事人行为的效力是不合理的，则该当事人可援用其惯常居所地法以确证他并未同意该合同。

第 11 条　形式有效性

1. 合同各方当事人或其代理人在订立合同时在同一国家的，合同如果符合依本条例在实体上应适用的法律或合同缔结地国法所规定的形式要件，则在形式上为有效。

2. 合同各方当事人或其代理人在订立合同时不在同一国家的，合同如果符合依本条例在实体上应适用的法律、一方当事人或其代理人订立合同时的所在地国法或者一方当事人订立合同时的惯常居所地国法所规定的形式要件，则在形式上为有效。

3. 旨在对既存的或拟订立的合同产生法律效力的单方行为，如符合依本条例在实体上应适用或将适用的法律、行为实施地国法或者已实施行为的当事人当时的惯常居所地国法所规定的形式要件，则在形式上为有效。

4. 本条例第 6 条范围内的合同，不适用本条第 1 款、第 2 款和第 3 款的规定。此类和的形式，应适用消费者惯常居所地国法。

5. 尽管有第 1 款至第 4 款的规定，以不动产物权或不动产租赁权为标的的合同，应适用该不动产所在地国法有关形式要求的规定，如依该国法：

（a）不论合同在何国订立，也不论合同适用何国法律，均须符合这些形式要求，或

（b）这些形式要求不能通过协议加以减损。

第 12 条　准据法的适用范围

1. 依本条例适用于合同的法律，应具体支配下列事项：

（a）合同的解释；

（b）合同的履行；

（c）在诉讼程序法授予法院的权力范围内，关于违背合同的后果，包括依法律的规定估算损害赔偿金额；

（d）债务消灭的各种方式，以及诉讼时效；

（e）合同无效的后果。

2. 关于履行的方式及在履行具有瑕疵的情况下须采取的步骤，应考虑履行地国法律。

第 13 条　无行为能力

在同一国家的双方当事人之间订立的合同中，依该国法律应属具有行为能力的自然人不得依另一国家的法律主张其无行为能力，除非合同的另一方当事人在订立合同时明知或因疏忽而不知其无行为能力。

第 14 条　自愿转让和合同代位

1. 基于自愿转让而发生的让与人与受让人之间的关系，以及对另一人（债务人）的债权基于合同而发生的代位，应由根据本条例规定适用于让与人与受让人间的合同的法律支配。

2. 债权的可转让性、受让人与债务人间的关系、对债务人行使转让权和代位权的条件以及债务人的债务是否已被解除等问题，应由适用于被转让或代位的债权的法律决定。

3. 本条中所指的"转让"之概念包括债权的完全转让、为设立担保而进行的债权转让以及在债权上设立抵押权或其他担保权的转让。

第15条 法定代位

当一人（债权人）对另一人（债务人）拥有合同上的请求权，而第三人有义务清偿该债权人，或事实上已向债权人履行了清偿义务，则该第三人是否有权以及能在多大范围内有权行使原债权人对债务人基于支配他们之间关系的法律所享有的权利，应由支配该第三人清偿债权人义务的法律决定。

第16条 多方债务

如一个债权人对数个负有连带责任的债务人享有债权，而其中的一个债务人已经全部或部分清偿了其债务，则支配该债务人对债权人义务的法律亦适用于该债务人要求其他债务人予以补偿的权利。其他债务人在支配他们对债权人义务的法律的许可范围内，可以对该债务人行使他们对债权人所享有的抗辩权。

第17条 抵销

如当事人未能就抵销权达成一致意见，抵销应由适用于设定抵销权债权的法律支配。

第18条 举证责任

1. 依本条例适用于合同之债的法律，如其关于合同之债的规定中，有涉及法律的推定以及举证责任的条款，各该条款亦一并予以适用。

2. 旨在产生法律效力的合同或行为，可以通过法院地法所认可的任何证明方法加以证明，或以依第11条所指的据以认定该合同或行为在形式上有效的法律所认可的证明方法加以证明，但以此种证明方法能为法院执行为限。

第三章　其他规定

第 19 条　惯常居所地

1. 为本条例之目的，公司或其他企业以及法人或非法人团体的惯常居所地为其管理中心地。

在从事商业活动中实施法律行为的自然人的惯常居所地为其主营业地。

2. 如合同是在分支机构、代理机构或其他机构的经营过程中订立的，或者根据合同规定，由该分支机构、代理机构或其他机构负责履行合同，则该分支机构、代理机构或其他机构所在地应被视为其惯常居所地。

3. 在确定惯常居所地时，以合同订立时为准。

第 20 条　反致的排除

凡适用依本条例确定的任何国家的法律，系指适用该国现行的法律规则而非适用其国际私法规则，但本条例另有规定的除外。

第 21 条　法院地国的公共秩序

凡依本条例规定所适用的任何国家的法律，仅在其适用明显地违背法院地国的公共秩序时，方可予以拒绝适用。

第 22 条　多法域国家

1. 如一国包括几个领土单位，而每个领土单位在合同之债方面均有各自的法律规则，则依本条例确定应适用的法律时，每个领土单位应应被视为一个国家。

2. 各成员国内的不同领土单位在合同之债方面有各自的法律规则时，对于纯属此种领土单位之间的法律冲突，不受适用本条例的约束。

第 23 条　同其他共同体法规定的关系

除第 7 条外，本条例不应影响在特别领域内解决合同之债法律冲突的共同体法规定的适用。

第 24 条　同《罗马公约》的关系

1. 本条例在成员国之间应取代《罗马公约》，但属于公约的地域适用范围，且根据《建立欧洲共同体的条约》第 299 条不适用本条例的成员国领土除外。

2. 就本条例取代《罗马公约》的规定而言，对该公约的的援引均应视为对本条例的援引。

第 25 条 同现存国际公约的关系

1. 本条例正式通过时，如果一个或多个成员国已成为某些制定了合同之债的法律选择规则的国际公约的缔约国，则这些国际公约的适用不受本条例影响。

2. 但是，就仅由两个或多个成员国签署的涉及本条例调整事项的国际公约而言，本条例在这些成员国之间应优先适用。

第 26 条　公约清单

1. 在 2009 年 6 月 17 日之前，各成员国应将本条例第 25 条第 1 款所涉及的公约通知欧盟委员会。在该日期之后，各成员国应将上述公约的废除情况通知欧盟委员会。

2. 欧盟委员会在收到第 1 款所指通知后 6 个月内，应在《欧盟官方公报》上公布：

（a）第 1 款所指的公约清单；

（b）第 1 款所指的废除情况。

第 27 条　复审条款

1. 在 2013 年 6 月 17 日之前，欧盟委员会应向欧洲议会、欧盟理事会和欧洲经济与社会委员会提交有关本条例适用情况的报告。适当时，在报告中可附上对本条例的修改建议。该报告应包括：

（a）有关保险合同法律适用的研究报告和施行该条款的影响评估，以及

（b）对第 6 条适用情况，特别是共同体法在消费者保护方面的一致性评价。

2. 在 2010 年 6 月 17 日之前，欧盟委员会应向欧洲议会、欧盟理事会和欧洲经济与社会委员会提交一份报告有关债权的转让或代位对第三人的效力以及被转让的债权对其他人权利的优先性等问题

的报告。适当时，在报告中可附上对本条例的修改建议和施行该条款的影响评估。

第 28 条 适用时间

本条例适用于 2009 年 12 月 17 日后订立的合同。

第四章 最后条款

第 29 条 生效和适用

本条例将于《欧盟官方公报》上公布之后第 20 天生效。

本条例自 2009 年 12 月 17 日起施行，但第 26 条除外，该条款将自 2009 年 6 月 17 日起施行。

根据《建立欧洲共同体的条约》，本条例在整体上具有拘束力，并且直接适用于各成员国。

2008 年 6 月 17 日订于斯特拉斯堡

欧洲议会议长   欧盟理事会主席

H. – G. Pöttering   J. Lenarčič

汉斯 – 格特·珀特林   简奈兹·莱纳凯奇

附件 B

《罗马条例 I 》初步实践的案例
——Finverto v. Glassmoble 案

一、案情陈述

原告 Finverto[①] 是意大利帕多瓦省（Padua）蒙塞利切市（Monselice）的一家公司，被告 Glassmoble 则是西班牙卡斯特利翁省（Castellon）的一家公司。1999 年 6 月 15 日，双方当事人在意大利帕多瓦省签订了一份有关一种特殊百叶窗的品牌授权制造协议。该协议规定：意大利的 Finverto 公司应向西班牙的 Glassmoble 公司提供生产"Veltech"牌和"Flextech"牌百叶窗的必要组件和设备，而后者则享有这两种品牌百叶窗在西班牙的独家生产和销售权；该协议的有效期为 2000 年 1 月 1 日至 2006 年 1 月 1 日，为期 6 年；每年的特许权使用费为 51,645.69 欧元。

原告声称，2004 年，被告既没有向其采购原材料组件也没有支付该年度第 10 批的特许权使用费。鉴于被告的违约行为，原告请求法院解除该协议，并要求如下赔偿：（1）2004 年第 10 批的特许权

---

① Tripodi Leandro, "Case Translation of Finvetro S. R. L. v Glassmoble S. A", (2010) 14 Vindobona Journal 117.

使用费5,164.57欧元；（2）2004年4月20日的第309号发票金额1,939.14欧元；（3）2004年7月5日的发票的未偿还余额394,18欧元；（4）惩罚性违约金51.345,69欧元。

而被告声称，原告在2004年向其发送的组件存在诸多质量缺陷，引起了其客户的不满。此外，因原告未及时发送生产设备从而妨碍了其履行义务。因此，被告暂停了向原告的支付。被告还辩称，原告出售了45%的资本股份给其在西班牙的一家竞争对手 Echeveste SA公司，从而侵犯了其享有的在西班牙关于这两种品牌百叶窗的独家生产和销售权。鉴于以上情形，被告认为其终止履行合同义务是合理的，并就原告对其造成的经济损失请求损害赔偿。

该案于2009年4月22日由意大利的帕多瓦法院审理。按照当事人的约定，法院适用了意大利法来解决该争议。而根据意大利法的规定，被告的行为属于违约，原告有权解除该协议；被告应支付所有的拖欠款项、以每年的特许权使用费为基础的惩罚性赔偿和相关诉讼费用。

二、法院裁定的法律依据（merit）

总体上来说，本案涉及的是有关品牌授权制造协议的违约争议问题。双方当事人的协议规定了违约金条款和合同的解除情形。

法院适用《意大利民法典》第1456条的规定来解决该争议。根据该条的规定，受害方当事人有权解除合同，如果受害方当事人在解除合同前已经通知了对方当事人的，该解除是有效的。

法院认为，原告解除合同是合理的，因而有权获得违约赔偿。

三、法院关于管辖权的裁定

被告在法院出庭时并未对法院的管辖权提出任何异议。考虑到合同事项的当事人意思自治原则，可以视为当事人放弃了选择法院（a waiver of forum）。因此，法院裁定其有权根据相关国际规则即

《布鲁塞尔条例Ⅰ》① 的相关规定来审理此案。而《布鲁塞尔条例Ⅰ》所设定的基本规则是：当事人应在其住所地法院提起诉讼。

根据《布鲁塞尔条例Ⅰ》第二章第二节"特别管辖权"第5条的规定，在一个成员国有住所的人得在其他成员国被诉。而该条第1款规定，有关合同的案件，应由合同履行地法院行使特别管辖权，该款规定的b项还设定了确定"债务履行地"的两个标准：（1）货物销售合同的债务履行地应为合同规定的交付货物或应该已经完成货物交付地的成员国；（2）提供服务合同的债务履行地应为合同规定的提供服务或应该已经提供服务地的成员国。

在本案中，当事人双方所签订的协议所涉及的内容既包含货物的销售也包括提供服务。关于货物的销售，协议并没有明确其交付地。然而，法院认为，原告有义务在被告的营业地交付货物。此外，提供服务地应为西班牙境内。因此，根据《布鲁塞尔条例Ⅰ》第5条第1款b项所规定的两个标准，似乎不能确定意大利法院是否有权审理该案。

然而，法院为了避免招致非议，而对其是否能够依据《布鲁塞尔条例Ⅰ》行使管辖权进行了评估，主要评估内容和法院的观点如下：

评估内容	法院的观点
适用范围	《布鲁塞尔条例Ⅰ》直接适用于西班牙和意大利，并对这两个国家均具有法律约束力。
涉案标的	本案涉及"民商事事项"，且不属于《布鲁塞尔条例Ⅰ》第1条第2款的排除适用范围。
管辖权的默示接受	被告在一审判决中出庭，并未以任何方式抗辩法院的管辖权；被告的行为可以推定为其默示接受了帕多瓦法院的管辖权；没有违反《布鲁塞尔条例Ⅰ》第22条有关"专属管辖权"的规定。

---

① 从2002年3月1日起，《布鲁塞尔条例Ⅰ》直接适用于除丹麦之外的所有欧盟成员国。

　　因此，法院最终裁定帕多瓦法院对该案拥有管辖权。法院的裁定与《布鲁塞尔条例Ⅰ》第 24 条的规定是一致的。根据该条的规定，"除了根据本条例其他规定的管辖权之外，一个成员国法院对出庭应诉的被告有管辖权"。此外，该裁定也符合当事人意思自治的原则。

四、法院关于适用的法律的裁定

　　法院发现，双方当事人的协议中有法律选择条款，根据该条款的规定，因该协议产生的争议应适用意大利法。因此，法院应基于《罗马公约》的相关规定来裁定当事人的法律选择问题。

　　当事人的法律选择自由被誉为《罗马公约》的"黄金规则"（The golden rule）。该公约第 3 条第 1 款的规定：合同依当事人选择的法律。法律选择必须通过合同条款或具体情况以合理的确定性加以表明或表示。双方当事人可自行选择适用于合同的全部或部分的法律。《罗马公约》也允许当事人可在任何时候以协议变更其合同所适用的法律，只要其变更不损害合同形式效力或对第三人的权利造成不利影响。① 但是，如在法律选择时与当时情况有关的所有其他因素均位于所选择的法律所属国以外的一个其他国家，则当事人的选择不得影响该其他国家的强制规则的适用。②

　　有鉴于此，法院认为当事人选择适用意大利法是有效的。

　　值得一提的是，帕多瓦法院第一次在司法判决中提到了《罗马条例Ⅰ》，法院的相关评论如下：

　　我们注意到，根据新的《关于合同之债法律适用的第 593/2008 号（欧共体）条例》（即《罗马条例Ⅰ》），我们也会得出同样的结论，该条例也将当事人意思自治作为一种重要的连接标准。

---

① 《罗马公约》第 3 条第 2 款。
② 《罗马公约》第 3 条第 3 款。

事实上，有关当事人明示选择合同准据法的问题，《罗马公约》第 3 条第 1 款与《罗马条例 I》第 3 条第 1 款的唯一区别是措辞语言上变化，即"合理的确定性"（reasonable certainty）被变更为"清楚地表明"（clearly demonstrated）。在本案中，并没有出现这种特殊的差异，因为双方当事人的选择是明确的。

因此，法院坚信，当事人意思自治仍是欧盟关于商事合同事项的冲突法规则体系的基石之一。①

① 这句话实际上是援引了《罗马条例 I》详述部分第 11 条的规定。根据该条的规定：当事人选择准据法的自由应成为合同之债冲突法规则体系的基石之一。

后 记

又是一个寂静的夜晚，我督促自己给本书划上了最后一个句号。这个句号对于我的艰难写作过程而言是一种阶段性的解脱，但对于本书的出版，我仍然觉得忐忑不安，因为书中仍存在的诸多不够完善的地方。

合同冲突法的统一一直是我感兴趣的研究领域，而欧盟的相关立法无疑是走在了世界的前列，《罗马条例Ⅰ》对我国的借鉴价值是毋庸置疑的。但我深知自己的研究仅涉及了其中的皮毛，本书完稿之际，我仍有许多内容有待充分论证，还有很多议题留待探讨，但愿这些遗憾能够激励我前行的步伐吧。

本书是在我的博士学位论文的基础上修改完成的。完稿之际，我要特别感谢帮助我完成这一艰难旅程的师长、朋友和家人。

首先，我要特别感谢我的导师刘仁山教授！在博士论文的写作过程中，从论题的选择到文章的谋篇布局，甚至语言措辞、注释的规范，刘老师都倾注了大量心血。博士论文答辩后，刘老师主动帮我联系出版，并撰写了书序。十多年来，恩师对我鞭策激励，不倦教诲，浓浓师恩，终身难忘；刘老师学识渊博、治学严谨。其虔诚敬业的学者风范，谦和坦诚的待人态度，都是我毕生学习的楷模！

衷心感谢中南财经政法大学法学院的徐伟功教授、韩龙教授、吴志忠教授、邓烈教授、简基松教授、向在胜副教授、粟烟涛副教授、钟丽副教授！感谢武汉大学法学院郭玉军教授和何其生教授！他们为我的论文写作与答辩提供了无数的帮助和支持！他们渊博的知识和精湛的讲义，给我无限的教诲和启迪！

感谢台湾东海大学陈隆修教授、亚洲大学蔡佩芬博士、瑞士洛桑大学的波诺米教授、法国奥格斯堡大学的沃克·贝尔教授、德国特里尔大学的海恩教授、德国马普所的皮斯勒教授、英国杜伦大学的戴文尼教授，是他们在我写作的最艰难时期，给我惠寄了第一手的研究资料！

感谢师兄朱勇，同窗好友吴乾辉、热依汉古丽、王辉、赵红梅、王海蓉，张美榕、黄志慧、汪晶、乔慧娟、谢宁、李婷等师弟师妹！

感谢长江大学经济学院的黎东升院长、樊帆书记、何蒲明副院长、徐辉副院长和曹静江主任！感谢长江大学法学院的徐前权院长、李华成副院长和陈礼旺博士！他们为我的学习和工作提供了无尽的帮助，在此谨致以诚挚的谢意！

感谢我的父亲、母亲和岳父、岳母，焉得谖草，言树之背，养育之恩，无以回报，他们永远健康快乐是我最大的心愿！

感谢我的夫人彭蓉女士，在我学习以及论文写作期间，她在生活上无微不至的关怀和精神上的鼓励，是我完成学业的坚强后盾！

最后，我要感谢中国法制出版社的赵宏编辑，是她的学术热情和对法学著作出版事业的热心才使得这本书得以面世！也感谢本书的责任编辑为本书的出版所付出的辛劳与汗水！

关切之情铭记在心，感激之情溢于言表，我将继续尽己所能，努力跋涉前行！

凡启兵

2014 年 9 月于荆州古城名仕居

图书在版编目（CIP）数据

《罗马条例Ⅰ》研究 . ／凡启兵著 . —北京：中国法
制出版社，2014.11

　　ISBN 978 - 7 - 5093 - 5847 - 4

　　Ⅰ.①罗… Ⅱ.①凡… Ⅲ.①国际私法 - 研究 Ⅳ.
①D997

中国版本图书馆 CIP 数据核字（2014）第 258719 号

责任编辑：赵宏（health - happy@163.com）　　　　封面设计：杨泽江

《罗马条例Ⅰ》研究
《LUOMA TIAOLI Ⅰ》YANJIU

经销／新华书店
印刷／三河市紫恒印装有限公司
开本／640×960 毫米 16　　　　　　　　　　印张／19.75　字数／292 千
版次／2014 年 11 月第 1 版　　　　　　　　　2014 年 11 月第 1 次印刷

中国法制出版社出版
书号 ISBN 978 - 7 - 5093 - 5847 - 4　　　　　　　　　　定价：58.00 元

北京西单横二条 2 号　　　　　　　　　　值班电话：66026508
邮政编码 100031　　　　　　　　　　　　　传真：66031119
网址：http：//www.zgfzs.com　　　　　　编辑部电话：**66010483**
市场营销部电话：**66033393**　　　　　　邮购部电话：**66033288**

（如有印装质量问题，请与本社编务印务管理部联系调换。电话：010 - 66032926）